# 日本古代の道教・陰陽道と神祇

下出積與著

吉川弘文館

# 目次

# 序章　緒論に代えて――神祇信仰・仏教と道教・陰陽道――

## 第一節　道教と仏教の関わり

### 1　道仏伝来のあり方の違い

改めていうまでもなく、道教も仏教も日本に在来からあった宗教ではない。いわゆる固有信仰に起源を発するものではなくて、大陸からの外来宗教である。周知のように、既に中国大陸から朝鮮に伝わっていた仏教は、その朝鮮から六世紀初頭に日本へ伝わってきた。道教はそれより早く、遅くとも五世紀ごろまでには伝わっていたようである。このように、伝来の時期にはある程度の遅速の違いが認められるにしても、両教とも、等しく大化前代に大陸（朝鮮半島を含む意味で）から伝わってきた外来宗教であって、しかも、以後の日本民族の生活に重大な影響を及ぼした宗教であった、という点では共通している。しかし、六世紀以後の日本における両教の展開をみると、共通しているのは上記の二点だけであって、宗教としてのあり方のほとんどの点において、きわだった相違をみせているのである。ここでは、まず、歴史的にみて重要と認められる三つの相違点をあげ、その各々について若干の考察を加えたいと思う。

その第一は、道教と仏教の伝来のあり方その状況の違いである。『古事記』は仏教伝来のことを全く記さないが、

『日本書紀』には、「欽明紀」から「推古紀」「舒明紀」にかけて詳細な記事がある。百済関係のことを中心として高句麗系のものがこれに次ぎ、新羅関係については敏達八年（五七九）条ぐらいと密度のバラツキはあるが、田村圓澄氏の研究によって、事実は、新羅系もかなりのものであったことが明らかにされた。とにかく、六〜七世紀を通じて、仏教は、朝鮮三国から相当の勢いで日本へ伝来してきたのは周知のことである。その状況は既に早くから明らかにされていることなのでここでは繰り返さないが、ただ、それらの伝来のあり方には、他の時期の場合と比べて、いくつかの注目すべき特色のあることだけは指摘しておきたい。

㈠　伝えたのは百済王朝を代表とする外国の王朝であって、それを受容したのは大和朝廷であったということ。伝来当初は確かに大豪族の蘇我氏が中心であったが、蘇我氏と天皇家との関係ならびに大和王権内に占める位置などからみて、その蘇我氏を含めて受容主体を大和朝廷であった、と規定して支障はないであろう。

㈡　教理・教義を説く経典や仏教の思想のみの伝来といった抽象的な意味の伝来でなく、きわめて具体的な伝来であったということ。

すなわち、信仰の具体的対象である仏像、そして教理・教義を説くのみならずそれを実践する専門家である律師・禅師など各級の僧侶、ならびにその信仰を表明する儀礼に欠くことのできない仏具等を伴うこと、これらを核心とする伝来であったということ。同時に、異教の地において、信仰の実践ならびに布教を実行する専門機関としての寺院の造営にあたるための、造寺工・造仏工・画工・瓦師など多くの技術者を伴っている伝来、それが仏教伝来というものの内実であったのである。一般に、古代における文化の伝播というのは、抽象的でなく具体的であるのが普通であるが、日本の歴史においては、仏教の伝来の場合以上に具体的な内容を具備していたものはないといってよかろうと思う。

㈢　仏教は、単に偶然に一回きりで伝えられたものではなかった、ということ。十六世紀にみられた鉄砲伝来のように、偶然の機会に突発的に起ったものでもなく、また、キリスト教伝来の場合のように、ある意図に基づいて渡来してきた宣教師による、一方的な恣意的なものでもなかったということ。「欽明紀」の十三年（五五二）壬申十月条を嚆矢に、『日本書紀』は、以後約一〇〇年にわたって仏教伝来について一連の多くの関係記事をかかげているが、これは、仏教の日本への伝来は長期にわたる連続した歴史事象であったことを示している。しかもそれは、単に連続していたということだけでなく、「欽明紀」十五年（五五四）の二月条に、

百済（中略）五経博士王柳貴、代二国徳馬丁安一。僧曇慧等九人、代二僧道深等七人一。

とあることから、僧侶は、前年の十四年六月条に、

別勅、医博士・易博士・暦博士等、宜依レ番上下。今上件色人、正当二相代年月一、宜下付二還使一相代上。

とある医博士以下の技術者と全く同様であったこと。すなわち、渡来したまま日本に永住するのでなく、一定年限で本国との間を交代勤務するのを原則としていたことを推定させる。つまり仏教の伝来というのは、無秩序に単に思いつきのように継続されたのではなくて、百済の王朝と大和朝廷との間で、長期にわたって組織的に計画的になされたものであった。つまり、有力者や個人間の私的なものであったのではなく、いわば、国家機関による移出であり導入であったわけである。仏教とほぼ時を同じうして儒教も日本へ伝来しているが、これについて井上秀雄氏は、当時の儒教は単なる教養や個人の信仰ではなくて、政治理念であり政治方策であった。いわば、大型の綜合文化であるから、日本と百済両国の政治機関がその需給に責任をもち、組織的にしかも長期にわたって伝来を続けねばならなかったと、書紀の一連の記事を解された。(1)仏教の場合も、これと全く同様のケースといってなんら差支えないであろう。

以上の諸点を綜合していうならば、古代における仏教のあり方は、現在、宗教学や仏教学のいうような宗教として

の意味だけにとどまるものでは、決してなかった。自然・人文・社会科学を綜合した一つの偉大な先進文明であったのである。仏教学の見地から論ずるならば、そのあり方は夾雑性に富み、宗教的な純粋性には劣っているではあろう。しかしながら、歴史的にみるならば、仏教がこれほどまでに偉大な先進文明であった時期は、古代をおいては他にないといって過言ではないであろう。

一方、道教の伝来の方はどうであったろうか。

道教はいうまでもなく中国で発生した民族信仰で、思想・宗教として発展形成されていったものである。その中核をなす神仙思想は既に紀元前三世紀に盛行しているのであるが、教団組織をもったいわゆる成立道教＝教団道教の形成されてくるのは、比較的遅い。その萌芽は、原始道教といわれる後漢の太平道・五斗米道に認められるが、いずれも宗教教団としての展開は未熟で、前者は早くも二世紀後半までにほとんど消滅し、やや教団めいたものが組織され始めた後者も、三国時代の三世紀初頭には史上から姿を消す。宗教教団として一応の組織と体裁をそなえた成立道教の名に価するものの出現してくるのは、北魏時代の五世紀初頭である。その教団は寇謙之の組織したものであるが、先の五斗米道を天師道ともいったことから、この寇謙之の教団を新天師道とも呼んだ。

ところで、儒教が日本へ伝えられたことは『古事記』『日本書紀』はともに明記し、仏教については『日本書紀』に詳記しているが、道教の伝来については、記紀ともに一言片句も触れておらない。大陸では、儒仏はいうまでもなく道教も、五世紀代には盛況を呈しており、道教の場合は朝鮮へも、五世紀末には高句麗をはじめ成立道教が伝わっていた形跡があり、以後七世紀までに朝鮮三国には相当普及していたと推定される。(2) してみれば、道教は日本へも伝わってくるのが当然であって、伝わらない方がむしろおかしい。だが、記紀ともにその伝来記事がないのだから、記紀による限り、道教の日本への伝来はまずなかったということになる。しかしながら、例えば古墳出土の鑑鏡には、神仙像や神獣を鋳たものがかなりある。だから、道教の神々を信仰したか否かは別として、既に古墳時代において神仙思想を知ったことは明らかである。また、『延喜式』の巻八祝詞にのせる大祓詞に続いて、東文忌寸部《やまとのふみのいみきべ》が横刀を献る時の呪詞がある。(3) この呪詞は、皇天上帝以下の道教の神々に対して、銀人や金刀を以って捧げることを主とする道教の祭祀の儀礼であって、道教の祈りを捧げることを中核とするものであることを示している。それを唱える東文忌寸すなわち大和と西文忌寸すなわち河内の文部は、いずれも百済系の渡来氏族であった。大祓が宮廷祭祀として定着するのは、記紀の編纂された八世紀初頭以前であるにもかかわらず、こうしたはっきりした事実がありながら、記紀にはともにその種の道教の伝来記事は全くないのである。

このように、道教については、仏教や儒教の場合にみられたような記事が記紀にはないというのは、いいかえれば、道教という宗教の専門家としての道士・女冠や、その信仰の対象として具像化された道像などの渡来の記事がない、ということである。そもそも五世紀以後の中国における道教のあり方は、教団道教すなわち王朝公認の成立道教といま一つの民間道教の二つに大別されるのであるが、成立道教は、道像を安置し道教の儀礼を行う施設である道観と専門家である男女の道士・女冠を必須条件とする。これに対し、民間道教はかならずしもそれらを必須の条件とはしないものである。したがって、記紀に道教の伝来記事のないというのは、成立道教の伝来がなかったということにほかならない。このことを逆にいえば、日本へ伝わってきたのは、道士や道像などをかならずしも必須条件とはしない民間道教であった、ということになるわけである。

そもそも仏教や儒教の伝来は、百済の王朝から大和の朝廷へというコースであったことを、記紀は明示している。換言すれば、相互の国家機関を媒介としたものであったからこそ、『日本書紀』は詳細な記事にしたことになる。成立道教は主として支配層を基盤としたが、民間道教は庶民層のものであって、支配層にとっては無縁の存在に近かった。だから、日本へ伝えられた道教は、大陸や朝鮮の王朝から大和朝廷へというコースを採るはずがない。主として、朝鮮から渡来してきたかの地の民衆から伝えられたもの、すなわち、民間道教であったがため記紀に記事化されることがなかったのである。渡来人のなかには、漢氏や秦氏のように、日本において一定の地位を確保し、豪族化していったものは確かにある。しかし、かならずしも彼らは、すべてが故国において権力を握っていた支配層に属していた豪族や貴族であったわけでは、決してなかった。また、かの地の支配層の代表として、皇帝の命令を奉じて日本へ渡来してきて定住したものでもなかった。確かに、彼らをも含めて、多くの渡来してきた人々のなかには成立道教の信者もいたではあろう。だが、彼らは、信者ではあっても専門家としての道士や女冠ではなかった。あるいはまた、民間道教の家に育ち、いつしか生活の規範をそこにおくようになっていった人も、いたことと思われる。しかし、彼らもまた道士ではなく、第三者からも、道士と目されることのなかった人々であったことはいうまでもない。こうしたいわゆる渡来人の大多数は、地方の各地域に定着していったのである。したがって、彼らの生活圏と直接の交渉をもったのは、そのほとんどは日本の支配層には属していない人々、すなわち庶民層であった。日本への道教の伝来は、こうしたコースを採るのが主流であったのである。そして、ここにこそ、同じ大陸からの外来の宗教でありながら、仏教と道教の日本への伝来のあり方に存在する最も根本的な相違であった、といわなければならない。

私が、道教については、仏教の場合に慣用されている〝伝来〟の語を不適当とし、〝流伝〟という語の使用を主張する所以も、実はここに存するのである(4)。

## 2　教団の重層構造

第一の、伝来のあり方の違いについて少し筆を費しすぎたが、これは、日本における道教と仏教のあり方の相異点のうちで、最も基本的なものと思ったからにほかならない。で、項を改めて、ここでは第二・第三の相異点について記述することにしよう。

第二は、仏教はいうまでもなく否定の論理の宗教であるが、道教は、その対極に位置する肯定の論理の宗教であるということについてである。したがって中国では、道仏の対立相剋はかなり激しかった。仏教側から三武一宗の法難といわれるように、五世紀代の北魏から宋代以前の十世紀ごろまでは、とくに激烈であった。このように、少なくとも宋代までの中国では、思想上の問題がストレートに政治上の問題に拡大されていっているのである。してみれば、大陸から渡来してくる文物に対する反応がとりわけ鋭敏であった古代において、こうした基本的な性格を異にする道仏二教が既に伝えられていたのであるから、日本においても、この両教間の対立相剋がかなり鮮明な形態をとって発現してきてよいはずである。少なくとも、思想上の問題としての対論が顕わにみられるのが当然であろう。しかしながら、古代においては、こうした事象が予想外に表面化しておらないのである。管見の範囲内では、『日本書紀』が皇極三年（六四四）のことと伝えている東国における常世神事件が、道仏相剋の表面化したほとんど唯一の事象である。[5] そのほかでは、医学の技術上の問題として、平安初期の宮廷において道術医方を主張するものと従来の宮廷医との間に対立がみられたことがあった。[6] それと同質のことが、道呪と仏呪の関連について僧尼令が触れているぐらいにすぎない。[7] 大陸における道仏との関係とはもちろんのこと、日本での仏教と神祇信仰の間にみられたあり方と比べると、この場合の道仏の関わりのあり方は、きわめて対比的な状況を示しているのである。

このことをもって、日本の思想には、元来、厳密な論理性に導かれたきびしさが乏しいことを示すものという論が提出されるかもしれない。最初、対立していたかにみえた神祇と仏教も、平安時代までには既に神仏習合が充分に完成されていったのも、このことを証する、と一応はいえるかもしれない。しかし、それらは日本における歴史的条件を捨象した単なる形式論にしかすぎなかろう。中国においての三武一宗の法難というのは、確かに道教と仏教の対立という思想上の問題が基礎にある。だが、ここにみる仏教弾圧の主体者となっているのは、北魏・北周・唐という中国の王朝であったことを軽視してはいけない。すなわち、道教といっても王朝と結合している道教、つまり成立道教であって、民間道教は、この法難と関わりをもたなかったということを見逃してはならないのである。宋代以後、中国民衆の実践道徳の規範を具体化したものとしてあらわれている多くの善書は、周知のごとく道教の倫理書であるが、その内容は民衆の実践道徳を目途としただけに素朴ではあるものの、それだけに浸透力の強い道教・儒教・仏教の三教一致論である。この善書のいう道教は、成立道教でなく民間道教を中心とするものであることはいうまでもない。既に述べたように、日本へは成立道教は伝来せず、流伝してきたのは民間道教であった。つまり、支配層の直接目標としたものとは無縁のものであった。したがって、百済王朝から大和朝廷へと、相互の国家機関を通して当初から支配層と結びついていた仏教との間に、深刻な対立相剋を生み出さなかったのは当然であったろう。だから、記紀に道仏対立の記事のないのは、決して、日本民族の精神構造が、否定と肯定の論理の相異に不感症のためであったから、というのであったのではなかったのである。本地垂迹説が構成していった神仏習合が、社会的に定着していくまでの間はもちろんのこと、それ以後においても、仏教が、日本の支配層の政治理念であった在来信仰の神祇――それは肯定の論理の生み出したもの――との間に、絶えず対論と相剋、また装いを新たにした融合が繰り返されていることが、そのことをよく示しているのである。

第三は、日本の宗教が重層構造で、いわば一種の複合構造をもつことは改めて揚言するまでもないが、第三に指摘したいのは、実はこれについてである。

まず重層構造という視点からみるならば、日本へ伝わった民間道教は古代社会の中層以下の底辺に位置し、仏教は儒教とならんで表層に位置する。これは、中国における儒・仏・道の状況と比較的よく似ている。(8) さらに留意されるのは、成立道教においても、その神学・儀礼・方術・倫理など諸要素の体系的な組織や緊縛度などは、儒仏に比していささか緩やかであるが、民間道教ではそれがよりルーズであることである。したがって、道教が神祇信仰や仏教、とりわけ密教に習合して、複雑きわまる複合構造を生み出していくのが一般であった。例えば、神道において、四方拝のような儀礼や泰山府君を祀るといった祭祀、鎮宅霊符神とか星宮神社のような信仰がある。現在、星宮の祭神は『日本書紀』に出ている香香背男命(「神代紀」下、天孫降臨・第二の一書)とされているのが多いが、本来、それは北斗星であって、その信仰をもたらしたのは道教であった。この道教の北斗星信仰が仏教と習合したのが妙見菩薩であり、その妙見菩薩が神祇信仰と習合しているのが妙見宮であって、いずれも現在に至るまで多くの庶民の信仰と崇敬を集めている。また、密教系寺院に星曼荼羅図のかかっているのが多いが、これもまた、道教が密教に習合された結果の産物であって、この絵図に対して中世とりわけ近世以後の庶民は、安穏息災・福寿増長の祈りを捧げた。(9) 庶民層を中心とする信仰生活のなかでは、道教・神祇・仏教が、それぞれ単独ではなく複合構造をなして存在していることを示しているのである。

しかし、だからといって、こうしたあり方をしているものを、もはや道教と呼ぶことは許されないであろう。四方拝の儀礼は、あくまでも神道の儀礼であって道教のそれではない。霊符神社や星宮神社、それは神社であって道廟ではない。星曼荼羅図が掲げられていても、それは決して道観ではなくてあくまでも密教系の寺院なのである。いかに道教があったればこそそういった信仰や習俗が形成され、あるいは建造物が出現されたにせよ、習合して生まれ出てきたものは、もはや道教と呼ぶことはできない。つまり、表層に露呈しているのは仏教であり神道なのであって、道教の要素はその内に蔵され、裏に隠されているのである。そして、こうした状況であるのが、日本の宗教の重層構造下における道教の位置と仏教の地位の、大きな相異点なのである。

私は、この意味において、同じ外来宗教ではあったけれども、仏教を表の宗教、いわば「表の文化」といい得るのに対して、日本におけるこうした道教のあり方は、裏の宗教すなわち「裏の文化―サブ・カルチュア」であると位置づけることができると思うのである。

## 3　僧侶の道教観

以上のような状況が日本における道教のあり方であったことは、それが、大陸や朝鮮の王朝からといったいわゆる国家機関を通じての〃伝来〃ではなくて、かの地の民衆から日本の庶民へという〃流伝〃であったことの必然的な結果なのである。したがって、日本においては、仏教の場合とは異って、道教の教義についての論究が行われなかったのはもちろんのこと、宗教的行業においても、一部の道呪にかかわることを除いては、主体的に道教を専行しようとする宗教者はほとんど出現しなかったといってもよい(10)。だから、奈良時代以後の僧侶をはじめとする宗教者においては、道教を仏教に相対峙するものとしてはいうまでもなく、教団組織をもつものとしてはもちろんのこと一つの宗教として認識することすらない、というのが一般であった。要するに、日本では僧侶一般の道教観はきわめてあいまいであって、後述する空海クラスの僧を除いては、これを僧侶として至当でかつ正統な対論の対象になるものとする意識も、動きも全くなかったといえよう。

例えば、平安初期の嘉祥二年(八四九)の春、宮廷でひろげられた奈良の大寺興福寺の大法師らの言動に、このことがよく示されている。すなわち、病弱であった仁明天皇が宝算四十歳を迎えたので、その祝賀のため、興福寺の大法師らが天皇の宝算に因んで四〇体の聖像(観音像)を造り、金剛寿命陀羅尼経を四〇巻写したうえ、四万八〇〇〇巻に満つるまで転読して献上した。さらに加えて、天女が不老不死の仙薬を捧げるさまとか、浦島子が昇天して仙衆と交り長生を得るかたち、吉野の仙媛と若者の味稲《うましね》がともに手を携えて神仙界を往来する状況などを像に刻んで、これに、次のような長歌を副えて献上した。

（上略）就中《そがなか》に　大海の　白浪開《わけ》て　常世嶋　国成建て　到住み　聞見る人は　万世の　寿を延べつ　故事《ふるごと》に　言ひ語《つぎ》来る　澄江の　淵に釣せし　皇《きみ》の民　浦嶋の子が　天女《あまつめ》に　釣られ来りて　紫の　雲泛引《たなびき》て　片時《ときのま》に　将《い》て飛往きて　是ぞ此の　常世の国と　語らひて　七日経しから　限り無く　命有しは　この嶋にそ有けらし　三吉野に　有し熊志禰《くましね》　天女の　来り通て　其後は　譴蒙《せめかがふ》りて　毗礼衣《ひれごろも》　著て飛にきと云《いふ》　是も亦　此の嶋根の人にこそ　有きと云なれ　五種《いつくさ》の　宝雲は　大悲者《だいひさ》の　千種の御手の　人の世を　万代延る　一種を　別《こと》に荘《かざり》て　万代に　皇を鎮《いは》へり　磯上の　緑の松は　百種の　葛に別に　藤の花　開き栄えて　万世に　皇を鎮へり　鸎《うぐひす》は

枝に遊びて　飛舞て　囀り歌ひ　万世に　皇を鎮へり　沢の鶴　命を長み　浜に出て　歓舞て　満潮の　断《たゆる》時《とき》なく　万代に　皇を鎮へり　薫修法《くすほう》の　力を広み　大悲者の　護りを厚み　万代に　大御世成《なせ》ば　八十里《やそさと》なす　城《き》に芥子拾ふ　天女は　挙手《ただむき》て　拾はず成ぬ　八百里なせる　磐根に　毗礼衣　裾垂れ飛ばし　払ふ人　払はず成て　皇《おほきみ》の　護の法の　薬《みくすり》を　擎持て　来り候《さぶら》ふ　是のごと　鎮へる事は　事《こと》ごとに　劣《おじ》なけれども　物ごとに　数にあらねど　旅人に　宿春日《やどかすが》なる　山階の　仏聖《ひじり》の　奉り　献《あげた》まふなり　大御世を　万代祈り　仏にも　神にも申し　上《たてまつ》る　事の詞《ことば》は　此の国の　本詞《もとつ》に　逐倚《おいより》て　唐の　詞を仮《か》らず　書記《ふみしる》す　博士雇はず　此の国の

言伝ふらく　日本の　倭の国は　言玉の　富《さきほふ》国とぞ　古語《ふるごと》に　流れ来れる　神語に　伝え来れる　伝え来し

事の任《まに》まに　本世《もとつよ》の　事尋ば　歌語《うたごと》に　詠反《うたへかつ》して　神事《かむわざ》に　用ひ来れり　皇事《きみごと》に　用《つか》ひ来れり　本の世に　依《よ》り遵《したがひ》て　仏にも　神にも申し　挙陳《ことあげ》して　禱りし誠は　丁寧《ねむごろ》に　聞こし食てむ　嬰児の　咳語《あざとひごと》に　折箸の

本末知らに　乱絲の　乱れて有れど　九重の　御垣の下に　常世雁　率ゐ連《つらね》て　狭牡鹿の　膝折り反し　候《さぶらひ》て　聞ぞ言す　何《いか》に聞えむ　汗流し　競恐る　何に聞えむ[11]

上略した部分はこの長歌の全体の約四割強の分量であるが[12]、ここでは観音像四〇体、金剛寿命陀羅尼経四万八〇〇〇巻転読で天皇の長寿の実現をはかり、記紀の理念を導入した仏法の功徳で万代に栄え奉らんことを祈る意を詠じている。既に仏教者の首導下に神仏習合の進行している平安前期であるから、この省略した部分にみられる教理的な混濁さは、一応、不問に付してもよい。しかし、全体の五割強を占める後半の部分は、全文を引用したので明瞭であるが、それを一読しただけで気づかれるように、軽々に見過し得ないことがあまりにも多い。もちろんこの部分も、仁明天皇に祝意を表し、その長寿を祈る歌意に満たされている点においては、省略した前半の部分と全く変りはない。問題は、前半とは異ってなにをもってその祝禱の証しとし、その効験を顕在化せしめようとしているかということである。いくつか指摘されるのであるが、まず注目されるのは、日本の国を常世国だと規定していることである。すなわち、仏教徒が一般にいう仏法東流による仏国土だとするといった観点を、全く採り上げていないことに留意される。そしてその上で、日本が常世国たる所以を、浦島子や吉野仙媛にまつわる伝承をもって説明しているのである。このことは、彼ら興福寺の大法師には、常世国は神仙界なりとの認識しかなかったことを明示しているといわねばならない。さらに、芥子を拾う天女や毗礼衣で巌を払う天女達が、不老不死の仙薬を天皇に捧げるのも、天女達が天皇の長寿を祝禱せんがためであると、天女らによるこうした慶事を表現する像を献上した趣旨を、長々と詠じている。しかも、ここで注目されるのは、これら慶祝の祈りをこめた像を献上するのは、興福寺の僧の私的な献上ではなくて仏・聖が献上するのであると、いっていることである。したがって、末尾を、賀祝のために宮中に伺候する僧達の行列を、不老不死の国である常世国から訪れる雁にたとえることで結んでいるのは、この詩想の生んだ当然の結びであったの

であろう。『続日本後紀』は、この長歌について、

夫倭歌之体、比興為レ先、感二動人情一、最在レ玆矣。季世陵遅、斯道已墜、今在二僧中一、頗存二古語一、可レ謂礼失則求二之於野一、故採而載レ之。(13)

と、人情を感動せしむるもの、宮廷歌人にはもう既にみられない古語を僧侶中においてはよく存している秀歌だと賞讃している。だからこそ、宮中から退出後、右大臣藤原良房の屋敷に滞在している大法師らに、右近衛少将橘貞道を使者として遣して「御被を施」したのみならず、四十余人の興福寺の雑色にまで調布を賞賜したのであろう。(14)

しかしながら、歌謡としてはこの長歌はいたずらに長いのみで、『万葉集』に比較するまでもなく秀歌とは一寸いいかねる。いかに天皇の長寿を祝禱せんとしたがためだからといっても、まずこの歌が僧侶の詩想に相応しい作品といえるであろうか。大法師の行動について三月庚辰条や長歌の前半部には、観音像の造像や長寿を祈る金剛寿命陀羅尼経の写経などのされたことが、あることはある。また長歌の後半にも、「大悲者」と観音のことが詠みこまれてはいる。しかしそれとても、その観音の四十二手中の第二十八手を、五色雲手と称し人の齢にかかわるいわゆる仙道の手とされている意味をとくに採り上げて、「一種を別《こと》に荘《かざ》りて　万代に　皇《きみ》を鎮《いは》へり」と詠んでいることで明らかなように、いかにもつけ足しの発想にすぎない。詩想の中心は、浦島子や吉野仙媛などの神仙の称揚と、それを謳歌するのにあることは歴然としている。いかに長寿祝賀の意を披露するものとはいえ、興福寺のような官大寺の大法師なる僧としては、仏教の本義を離れて、神仙というものの表面だけをとらえて、現世主義を強調したものといわざるを得ない。その文学精神の混濁していることはいうまでもないとしてよいと思うが、思想的にいっても、いかにあいまいな道教観しかもっていなかったかと判断せざるを得ないのである。

おそらくこれは、平安貴族層の志向の反映であり、彼ら貴族なる外護者の志向に仰合することが習性化したともい

える奈良諸大寺の官僧らの、一般的な傾向を示すものとしてよいであろう。

## 4　『三教指帰』について

度々述べたように、日本へ流伝してきたのは、教団道教ではなくて民間道教であった。そして、日本においては、この民間道教が教団道教へと展開することは、ついになかったのである。したがって、日本の宗教ならびに宗教者においては、真正面から道教と対決するとか、あるいは、これを思索の対象に採り上げるといったことは、まずほとんどなかったといっても過言ではない。しかしながら、それでも、まだ古代においては、それが比較的露わな形態で機能することのあったのがかなり認められる。つまり、庶民層の生活においてのみでなく、貴族層の社会においても、ある程度の関心の的であった。だが、奈良平安時代の仏教の展開の中心をなす官僧社会においては、前項の三で述べたような傾向が一般的であった。ただ、そのなかで唯一の例外といってもよいのが空海であった。

これは、空海の学問・思想のスケールが大きかったことによるのはもちろんであるが、いま一つ、私は、空海の宗教が真言密教であるということが基因であったのではなかろうか、と考えている。というのは、密教はインド・チベット・日本などで展開しているが、とりわけ日本で育成されて繁栄した。顕教の象徴ともいえる天台宗も結局は密教化していったということが、このことをよく示している。しかし、周知のように、中国ではほとんど発展せず、唐末以後は姿を消してしまった。このように、中国では、密教はすっかり道教に吸収されてしまうのである。

その意味においても空海と道教の関わりが注目されるのであるが、空海の道教観、それも仏教に対比しての道教観は、彼の入唐前の青年時代に既に明確にされている。空海の出家宣言の書とでもいってよい延暦十六年（七九七）二十四歳の時、儒教・道教・仏教の三教の優劣を論じた著書である『三教指帰』において、まず注目されるのは、道教

の代表者とした道士の虚亡隠士の紹介を、

虚亡隠士、先在二座側一、詳レ愚諭レ智、和レ光示レ狂、蓬乱之髪、踰二登徒妻一、濫縷之袍、超二華威輩一。[15]

と、その風貌の外観の説明から始めているが、これは、仏教の代表者として登場せしめている仮名乞児を、

漆髪剃隕、頭似二銅瓮一、紛艶都失、面疑二瓦堝一、容色顦顇、体形䯏爾、（中略）市辺乞人、押レ頬俯羞、縄床綑負、獄傍盗士、抱レ膝仰歎、[16]

と叙しているのと、まことに類似していることである。これは空海が、律令社会が尊重する儒教の徒より、道教をより高く評価していたことをあらわすといってよい。このことは、儒教の代表者たる亀毛先生に対して、虚亡隠士が、

矧太上秘録、言逸二凡耳一、天尊隠術、如何妄説、[17]

ところで、それならば空海の道教観はいかなるものであったか。次の一文が端的に語っている。

汝等恭聴、今当授レ子、以二不死之神術一、説レ汝以二長生之奇密一、令下汝得中蜉蝣短齢、与二亀鶴一相競、跛驢駑足、与二応龍一斉駿、竝二三曜一以終始、共二八仙一而相対、朝遊二三嶼之銀台一、終日優遊、暮経二五岳之金闕一、達夜消遥上。[18]

道教の基礎は神仙思想にあり、そのための神仙術が道教の中核をなすと適確に指摘している。のちにこの道教観には、例えば『秘蔵宝鑰』に、混沌の一気から陰陽の二気を生じ、さらに天・地・人の三才を生成して、それによって万物が創造されて無限につながる（第一異生羝羊心）と記すとか、あるいは『秘密曼荼羅十住心論』巻一に、

一切法皆自然而有、無二造作之者一。如二蓮華生色鮮潔一誰之所レ染、棘刺利端誰所二削成一。故知、諸法皆自爾也。（中略）大唐所レ有老荘之教、立二天自然道一。[19]

と述べているように、明確な形で老荘思想が加えられている。だが、その神仙論には、空海青年時代とほとんど変化はない。すなわち、不死の神術・長生の奇密ということと、三嶼の銀台に終日優遊とか達夜逍遙という表現が象徴す

るもの、この二つが基本になっている。このうち、後者に対する空海の立場はきわめて明瞭である。すなわち、『三教指帰』において仮名乞児をして、

綢繆妻孥、無レ異三楚宋之夢遇二神女一、磊砢宝蔵、宛同三鄭交之空承二仙語一、（中略）無常暴風、不レ論二神仙一、奪レ精猛鬼、不レ能二以レ財贖一、不レ得二以レ勢留一、延レ寿神丹、千両雖レ服、返レ魂奇香、百斛尽燃、何留二片時一、誰脱二三泉一。[20]

といわしめて、無常の風の前には神仙も全く無力であると、簡単にこれを否定している。のちに『秘蔵宝鑰』において、人は死ぬと陰陽の二気に還元してさらに後の生を受けないといった論をなすものがあるが、こういったたぐいのものを「断見」と名づくのだと論定しているのは、この神仙否定論をさらに徹底したものといえよう。

これに対して、いま一つの前者、すなわち不死の神術とか長生の奇密といっているものについてはどうであろうか。結論的ないい方を先にするようであるが、これについての空海の態度は、既に指摘している後者のときのものに比べると明確度はかなり弱い。この前者というのは、神仙になるための呪法、神仙術のことであって、いわゆる道術と称されるものである。すなわち、一般に仏呪に対して道呪といわれているものを指す。空海はこの道呪についてかなり筆を費しており、虚亡隠士論の大半を占めている。それだけに、神仙そのものについては予想以上に関心を寄せていたことを推測せしめるのであるが、その内容は、おおよそ二つに分けることができよう。少なくとも空海は、そう考えていたようである。まず最初に、道呪を会得するための前提条件をあげている。すなわち、

手足所レ及、豸蟓不レ傷、身肉之物、精唾不レ写、身離二臭塵一、心絶二貪欲一、目止二遠視一、耳無二久聴一、口息二麁語一、舌断二滋味一、克孝克信、且仁、且慈、擲二千金一以如二蔑芥一、臨二万乗一而如レ脱レ躧、視二繊腰一如二鬼魅一、見二爵禄一如二腐鼠一、怕呼無為、澹然滅レ事、然後始学、不レ異レ指レ掌、但俗人尤所二翫好一、則道侶甚所二禁忌一耳、若能離レ此、得レ仙非レ難、[21]

と、世間一般の人々のもてあそび好むことを断念することが絶対的な前提であることを示し、次に、なぜそれらを断念しなければならないかの理由として、

五穀者腐レ腑之毒、五辛者損レ目之鴆、醴醪者断レ腸之剣、豚魚者縮レ寿之戟、蟬鬢・蛾眉伐レ命之斧、歌舞踊躍奪レ紀之鉞、大笑・大喜極忿極哀、如レ此之類、各多レ所レ損、一身之中、既多二如レ此敵一、若不レ絶二此讎一、長生久存、未レ有レ所レ聞、[22]

と、いろいろ具体的に例をあげて説く。そしてこの部分の最後に、

離レ此於レ俗尤難、絶レ此得レ仙尤易、必須先察二其要一、乃可二服餌一耳、[23]

と、神仙術に必須の前提条件の眼目を強調する。そのうえで、道呪の内容と効能の具体的な説明に移っている。

白朮、黄精・松脂・穀実之類、以除二内痾一、蓬矢・葦戟・神符・呪禁之族、以防二外難一。呼吸候レ時、緩急随レ節、扣二天門一以飲二醴泉一、堀二地府一以服二玉石一、草芝・宍芝以慰二朝飢一、伏苓、威僖以充二夕憊一、則日中淪レ影、夜半能書、地下徹瞻、水上能歩、鬼神為レ隷、龍騄為レ騎、呑レ刀、天レ火、起レ風、起レ雲、如レ此神術、何為不レ成、何願不レ備、[24]

これは、多くの道呪を内痾・外難を防ぐものの二つに分ってまことに適切に概括している。さらに空海が、道呪中の精髄としてあげているのは、

又有、白金、黄金乾坤至精、神丹・練丹薬中霊物、服餌有レ方、合造有レ術、一家得レ成、合レ門凌レ空、一銖纔服、白日昇レ漢、其余呑レ符、餌レ気之術、縮（僅）レ地、変レ体之奇、推而広之、不レ可二勝計一。[24]

と。これまた適確であって、その関心の深かったことを如実に示している。そして、その最も重要な効能として特筆しているところは、

若叶二彼道一、若得二其術一、即改レ形、改レ髪、延レ命、延レ寿。死籍数削生葉久長。(25)

と、不老長生にあるとまことに適確に要約しているのである。

周知のように、空海は、儒教よりは道教を高く評価し、その道教は、遙かに仏教に及ばないとする。だが、こうした道教観も、儒教・道教・仏教の三宗教の優劣比較を目的としているこの『三教指帰』を詳細に検討してみると、神仙思想そのものは簡単に比定し去るにしても、神仙術すなわち道呪に対しては、かなりの関心を寄せているという微妙な差があることに気づかれよう。もっとも、その道呪についても、「神仙之小術、俗塵之微風、何足レ言乎、亦何足レ隆哉」(26)とか、同書末尾にのせる十韻の詩の第三と第四・第五の三句で、

変転聃公授　依伝道観臨
綱常因レ孔述　受習入二槐林一（傍点筆者）(27)

と詠じているように、最終的には依拠するところのものとなっているのではない。『秘密曼荼羅十住心論』においても、例えば、巻三嬰童無畏経の巻において、

第十六、計二吉祥一論者、謂、依二尋思一、或依二静慮一、但見二世間日月博食・星宿失度一、為二事不一レ成故、勤供二養日月星等一、大誦レ呪、安二置茅草一。謂暦数者、作二如レ是計一。（傍点筆者）(28)

と、暦数すなわち陰陽道の道士の説くぐらいの軽い意味しか含まない位置のものとしか認めていないのである。しかしながら、空海が、儒教や神仙思想の理論についてよりも、むしろ、実践的な道教の呪術に対してはかなりの関心をもっていた事実までをも、抹消し去ることはできないと思うのである。

渡辺照宏・宮坂宥勝両氏によれば、日本の古代における仏者には、大切な必須条件が二つあったという。その一つは、難解な仏教学に通暁しなければならなかったということ。いま一つは、第一の条件を満たす以外に、さらに不可

思議な呪力を備えていて、加持祈禱の神力がなければならなかった、というのである。[29] まことに妥当な論と思う。ここに両氏のあげている第二の条件というのは、いわば仏呪の問題である。しかし、古代においては周知のようにいろいろの呪術が存在していて、それぞれに機能を発揮していたのであるが、そのなかにあって仏呪に匹敵し得るものとしては、道呪以外にはなかった。空海は、既に入唐前において、自己の研学と修行中の私度僧らとの交渉によって、おそらくこのことを知ったに違いない。それが、さらに入唐中の見聞によって、このことを改めて再確認したことは充分に考えられることである。すなわち、仏呪と道呪がまさに競合関係にある大陸の実情をである。空海は、自らの奉ずるのが真言密教であるだけに、その状況の認識の与えた影響は、おそらく、我々の想像以上に深刻であったのではなかろうかと思う。

教団道教＝成立道教でなく、民間道教の流伝だけしかみなかった日本において、空海のみが、道教とりわけ道呪を、その本質において把えることのできた理由は、ここに存すると思うのである。

# 第二節　道教と神祇信仰

## 1　神道と鬼道

日本は海に囲まれた島国ではあるけれどもアジア大陸の東端に近接した位置にあるので、日本列島の思想と生活には、いつの時代においても大陸からの影響が大きかった。とりわけ古代においては、その影響がとくに強かったのである。

ところで、いわゆる神道というのは日本の民族信仰であって、これは、日本の固有信仰であったといわれる。その形成は既に弥生時代に始まると推定されるので、その意味では民族信仰とするのは穏当であるが、固有信仰というのを、日本列島以外に現在においては展開していない信仰という意味以上の価値を含むものと解するのは、かならずしも妥当ではない。すなわち、日本で独自に発生し独創的に展開して完成されたもの、したがって、日本民族にとっては唯一にして絶対的な信仰であるとの価値観を未来永劫本質的に具有している、といったような理解をすることは誤りである。が、固有信仰という表現の語は、ややもすれば、そういった把握をされがちな言葉であることは否定できなかろう。その意味で、〝在来信仰〟という表記のほうが――仏教や儒教・キリスト教などを外来信仰ないし外来宗教というのに対して――むしろ適当と考える。

ついでながら、神道という語についても一言しておきたい。「神道」なる語は、早くも『日本書紀』に橘豊日天皇は「仏法を信《う》けたまひ神道を尊びたまふ」（用明即位前紀）とあることなどから、古代において、既に民族信仰をあらわす用語であったとしてよさそうである。しかし、津田左右吉氏が既に明らかにされたように、これは中国で仏教をも含む宗教そのものを指す語で、とくに道教が成立して以後は、主として道家の思想や道教の方術などをさす呼称として使われることが多くなったものであって、[30]『日本書紀』などの古典はそれを援用したものにすぎない。すなわち、この語は、本来的に日本の民族信仰をあらわす歴史用語として現在使用されているような意味のものではなかった。したがって、現在においても古代の民族信仰をさす場合に、神道とかあるいは古神道という語が慣用されているが、これはやはり誤解を招くので、改められるべき慣用語ではないかと思う。

さて八世紀ごろから表面にあらわれ始めた神仏習合は、平安中期ごろまでに個々の神々の本地垂迹の形成となって完成されていくが、この神仏習合を通して、外来宗教である仏教は貴族層以下の庶民層に至る人々の生活のなかにまで定着していった。世界的宗教として、教理・哲学において格段に組織化・理論化され体系化されている仏教が、このように日本人の生活に定着し始めたのであるから、これは、民族信仰にも当然変化を起さずにはおかない。結果として、民族信仰が仏教のなかに解消しきらないためには、好むと好まざるとにかかわらず、その教理・哲学の刺激を受け、いままでの原始形態を変容せざるを得なくなった。そして、本来は整然とした教理・教義をもたなかった民族信仰が、自らのなかにそれを形成してくるのである。それがいわゆる神道であって、その時期が鎌倉時代である。

鎌倉時代以後に神道の理論形成が著しく進展してくるのを、禅僧によって移入された宋学の影響によるものだとする考えもある。しかし、これはその一つの要素にしかすぎなかったのであって、神道の形成が中世になってとくに進展していくようになった原動力は、あくまでも仏教の発展の顕著であったことの影響であったのである。

そもそも民族信仰にとって、神道の成立ということ、おそらくこれ以上に大きな変化はないであろう。この変化を重視する立場から、古代のそれを固有神道とか原始神道と呼び、鎌倉時代以後のものを理論神道とする説もある。(31) しかし、これも適切ではない。既に述べたように「神道」という語は、鎌倉時代以後になって初めてあてはまるのであって、それ以前においては、民族信仰に対していかなる意味においてもこの用語を使用することは妥当ではない。それで私は、古代の場合には「神祇信仰」という表記を採りたいと思う。本節において、慣用されている神道の語を避けて、ことさら「神祇信仰」なる表記を標題にしたのは、この意味からなのである。

『日本書紀』には、先に触れた「用明即位前紀」以外に、「孝徳即位前紀」にも天万豊日天皇は「仏法を尊び神道を軽《あなづ》りたまふ。生国魂社の樹《き》を断りたまふ類、是なり」とか、同天皇の大化三年（六四七）四月壬午の詔の分註に「惟神は、神道に随ふを謂ふ。亦自づからに神道有るを謂ふ」などとあるが、いずれも今日一般にいわれるような意味でのいわゆる神道を意味する語ではなく、中国の文献からとった修辞の一つにすぎない。しかし、修辞であるにしても、仏教を指す語でないことは当然として、また儒教をも意味しない語であることは、「敏達即位前紀」に、渟中倉太珠敷天皇は「仏法を信けたまはずして、文史を愛《この》みたまふ」とあることからも推定できる。したがって、『日本書紀』のこの部分の「神道」というのは主として在来の神祇信仰をあらわす意が強い語であるとすることは、それほど見当外れではない。

ところが、周知のように、既に三世紀以後の中国の典籍では、道家の思想や神仙の術ならびに種々の呪法、すなわち道教ないし道教的なものを神道の名で呼ぶのが一般的であった。(32)『書紀』にあらわれる漢字の熟語は、その出典を中国に仰ぐものがほとんどであることは、既に先学によって明らかにされている。「神道」の語の場合も、これをその例外とする積極的根拠はない。してみると、神道は在来の神祇信仰をあらわす意の強い語と考える限り、古代において、それには道教、少なくとも道教的なものに類する信仰と把握される要素を含むものであった、と考えてもそれほどの大過はないことになろう。

これに関連して想起されるのは、邪馬台国の女王卑弥呼の鬼道について、重松明久氏の提唱した見解であり、そして上田正昭氏の考えである。(33)『魏志』倭人伝の、卑弥呼が「鬼道に事《つか》へて、能く衆を惑す」の有名な一節は、卑弥呼それ自身がシャーマニズムの女王であったことを示すというのが通説であった。しかし前記両氏の新説はそれを否定して、かならずしもシャーマニズムに限定できないとする。『魏志』を含む『三国志』などの中国文献において、「鬼道」の語がいかなる意味で使われているかを刻明に調査し、鬼道とは鬼神道のことで鬼神に事える鬼神信仰であること、そして張魯や張魯の母の鬼道は、五斗米道なる原始道教とかかわりをもつものと説くのである。すなわち、卑弥呼の鬼道を道術（道教の方術）と断定はしないまでも、『三国志』などの用例からみて、「陳寿における『鬼道』の用例を考えるのに参考となる」という。この見解は大化前代も初期の神祇信仰（原神道という人もある）の研究に、新生面を開拓する卓見というべきであろう。

ただ私は、『三国志』にあらわれる鬼道は、儒教の儀礼や仏教でないことが確実なだけで、他のなにものであるのかはっきり限定できないのではないか。つまり、俗信・邪教に類するものをすべてひっくるめて鬼道と表記したのではないか、と思う。『三国志』の著者の陳寿は三世紀後半の人である。教団道教の成立が五世紀前半の北魏時代であることを併考すると、陳寿のころは、道教も俗信もまだ区別していない時期である。太平道や五斗米道の原始道教と他の俗信を区別して、原始道教を鬼道と表記するような意識は、三世紀末の陳寿にはまだないと思うからである（原始道教などについては後述）。

それはともかく、三世紀の倭の信仰が大陸の信仰と類似したものと魏の使節が観察し、その報告に基づいて、陳寿に代表される中国の士大夫層は、それを大陸の鬼道と同類のものと判定したということは事実である。卑弥呼の鬼道は、決して日本の民族信仰である神祇信仰と無縁のものではない。とすれば、たとえ間接的な判定であるにしても、『魏志』の倭人伝に「鬼道」と表記されている意味を看過することはできないであろう。

ところで、『日本書紀』の「神道」という表記は、いうまでもなく日本で書かれたものである。つまり他国の者が外面からでなく、日本人が自ら自分自身に対して直接に下した判定である。してみれば、神祇信仰についてもつ意義の重さは、『魏志倭人伝』の比ではない。古代の神祇信仰を形成している要素として、大陸に起源を有する信仰、つまり大陸で道教的世界を構成していたものを除外できないことを、明白に示しているといわなければなるまい。

しかし論者によっては、『日本書紀』の編纂に関係した者には渡来系の人が多い。渡来系でないものであっても、中国の文物に心酔していた。したがって、「神道」という表記には衒学的な意味以上のものはなく、間接的なものとして無視してよいとの否定論を提出されるかもしれない。もちろん私も、古代の神祇信仰が道教であるというのでは決してない。が、いかに渡来系の史官であろうとも、道教的なものが皆無のものに対して、つまり全く大陸の信仰形態と無関係のものに対して、道家の思想を混和し種々の神仙術に類するものを含めて称することが周知されている「神道」なる漢字の熟語を当ることが、果してあり得たであろうか。いいかえるならば、単なる修辞として、紙の上だけに用いられた文字にすぎないとするのは、どうしても妥当とは考えられないと思うのである。

## 2　道教・儒教の伝わり方

日本が、古代においていろいろの大陸文化に接触する過程で、とくに選びとったのは儒教であった。そしてまた、老荘思想の影響は認められはするが、それは儒教に比べれば問題にならないくらい僅少にしかすぎなかった、というのが一般にひろく説かれているところである。

この、いわば通説の根拠とするところは、ほぼ次のようなところにある。すなわち、儒教は、集団・個体を問わず具体的な人倫組織における実践のしかたを教えるのに対し、老荘思想は集団的にはもちろんのこと個別的な人倫組織からも脱して、おのれ一人の静安な生活を求める、いわば一種の隠遁主義であるのを主体とする。多くの日本人は、この老荘思想のような傾向をあまり好まなかった。しかも、儒教は宗教と呼びうるかどうか問題とされるほど現世的な教説で、人倫に即しての行動をもっぱら規定しているから、移入にあたっても、在来の思想・信仰とならんでも、ほとんど摩擦を生じなかった、とするところにある。という見解が妥当であろう(34)。このことは、また後にも述べるように、老荘思想は道教の神学の中核であるから、道教の影響は僅少であったということになろう。したがって、それは儒教と正反対のものであったから、移入に当って在来の信仰と摩擦を生じた結果である、ということにもなるわけである。在来の思想信仰とはいうまでもなく神祇信仰にほかならないのであるから、通説は、神祇信仰と儒教の関わりは認めるが、道教とのつながりは否定するものといわざるを得ないわけである。が、果して通説のいうとおりであったとしてよいのであろう。その意味で、まず儒教と道教、それぞれの日本への伝わり方から吟味を始めようと思う。

応神朝に百済から王仁によって論語・千字文などが伝えられたとの伝承があるが（『古事記』『日本書紀』）、それ以上に注目すべきものは、次にあげる『日本書紀』にいう継体朝以後の一連の記事であろう。これは、六世紀の前半から後半にかけて、日本と朝鮮との間に展開された事実と考えてよいものである。

継体七年（五一三）夏六月、百済、姐弥《さみ》文貴将軍・州利《つり》即爾将軍を遣して、穂積臣押山に副へて、五経博士段楊爾を貢る。同十年秋九月、百済、州利即次（爾）将軍を遣して、物部連に副って来（中略）、別に五経博士漢高《あやのかう》安茂《あんも》を貢りて、博士段楊爾に代へむと請ふ。請《まう》す依《まま》に代ふ。欽明十五年（五五四）二月、百済（中略）五経博士王柳貴を固《こ》徳《とく》馬丁安に代ふ。僧曇慧等九人を僧道深等七人に代ふ。別に勅を奉りて、易博士施《せ》徳《とく》王道良・暦博士固徳王保孫・医博士奈率《なそち》王有陵陀・採薬師施徳潘量豊・固徳丁有陀・楽人（施）徳三斤・季《き》徳《とく》己麻次・季徳進奴・対徳《たいとく》進陀を貢る。皆請《まう》すに依りて代ふるなり。

五経博士はいうまでもなく漢の武帝の時に始まる制で、儒教の教官としてだけでなく、民衆の教化にもあたった。五経は『詩経』『書経』『易経』『春秋』『礼記』をさし、儒教の最も尊重する重要な経典である。おそらく百済は、それを、中国南朝の梁との国交を通じて移入していたのであろう。この一連の記事は、日本への儒教の伝来は単なる思いつきによる一時的な事象であったのではなく、百済の王朝と大和朝廷との間で組織的に長期にわたって、計画的になされたものであったことを示している。すなわち、十六世紀にみられた鉄砲伝来のように、偶然の機会に突発的に起ったことでもなければ、またキリスト教伝来の場合のような、ヨーロッパからの渡来人による単なる一方的な恣意によるものでもなかったのである。

したがって、この儒教伝来のことを図式的にいうならば、王朝から王朝へという形式であった。決して、王朝から民衆へとか、民衆から民衆へという形での伝来ではなかったのである。このことについて井上秀雄氏は、以下のようにいっている。要約するならば、当時の儒教は単なる教養や個人的信仰でなく、政治理念であり政治方策であった。大型の綜合文化であるから、その伝来については両国の政治機関がその需給に責任をもち、組織的に長期にわたらなければ推進されない。つまり、断片的な文字の知識だけでは儒教文化の社会的意義は見出せないので、「欽明紀」の記事にあるように、医・卜・暦まで含んだ総合的な文化となって始めて儒教の合理性が有効に作用する。だから、その導入は、個人の力の及ぶところではなく、国家機関による文化導入が必須条件であった、というのである。(35) 参考すべきまことに妥当な見解だというべきである。

七世紀以後の日本における儒教の展開は、まことに順調であった。律令の官制によれば、学問と実技の専門家の養成とその技能の中枢機関であったのは大学寮・陰陽寮と典薬寮であるが、そのなかで最も重視されたのは儒教を基本とする大学寮であって、その大学・国学の制度は、単に教学面を代表するだけでなく、実に官僚養成の中心をなしていた。また、思想的にみても、大化改新の運動の指導理念が儒教であったこと、その意味で、律令国家はまさに儒教の理念にその存立の重要な基調の一つをおいていたことなど、改めていうまでもないであろう。

このようにみてくると、儒教は古代の政治的な公的生活を規制するだけでなく、人々の内的な生活の規範、少なくとも律令国家の中核を構成する貴族・官人層の信仰にまでかかわるものになっていったのではなかろうか、とも予想される。しかし、次の一、二の事例をみると、単純にそうとばかり推定することもできないようである。

天平宝字八年（七六四）の恵美押勝＝藤原仲麻呂の失脚と敗死は、孝謙上皇の勅による徴発兵士の員数を仲麻呂がひそかに増加したことを、大外記高丘比良麻呂や大津大浦らの密告によって発覚したことから始まる（『続日本紀』同年九月壬子条）。彼らは、仲麻呂の腹心であった。しかも当時の仲麻呂は、周知のように太師として律令官僚体制の極官にあり、政治機構のほとんどを支配下におく全盛時であった。その極盛期において腹心の輩下から裏切られたのは、孝謙上皇のよって立つ神秘な力のため、すなわち「血の直系」という大化前代以来貴族層を支配している倫理のためである。しかもこの「血の倫理」は、単に天皇につながりがあればよいというだけでなく、高度の純粋性が要請されたことは、壬申の乱（六七二）の結末のよく示すところであった。近江朝廷の大友皇子が敗死したことについては、皇子が采女の伊賀宅子娘を母とするのに対して、大海人皇子（天武天皇）が天智天皇の同母弟、すなわち皇極天皇（重祚して斉明天皇）を母としていたということを無視できないのである。血の倫理は、出生の母系の身分の高下に強く作用されると考えられた。天武天皇は、八年（六七九）正月に、

其の諸王は、母と雖も、王の姓に非ずば拝《をが》むこと莫《まな》。凡そ諸臣は、亦卑母を拝むこと莫。正月の節に非ずと雖も、復此に准へ。若し犯す者有らば、事に随ひて罪せむ。（『日本書紀』）

と詔した。卑母の観念は、古代貴族層の信仰から導かれた崇高で重要な価値観であったのである。ここにおいては、儒教の重要な特色である易姓革命の論理は、全く無力であった。「ひつぎ＝日嗣」の皇統観の血の倫理が、絶対的なものとなっているのである。

このように考えてきたことに対して、神護景雲三年（七六九）の道鏡に対する和気清麻呂の行動を採り上げて（『続日本紀』）、反論されるかもしれない。つまり、清麻呂が道鏡の即位を阻止したのは、その儒教的教養のためとするのが通説である。道鏡を天皇にと願ったのは女帝の称徳天皇である。それを清麻呂は非として退けたのだから、そこに働いているのは日本的倫理ではなくて、律令貴族としてもつ儒教的教養から出た政治理念が基準となっているとの論

は、一見、妥当のようである。なるほど称徳天皇は血の直系のその人であるから、その意に背くことは血の倫理に反する。が、道鏡には皇統の血になんらの繋がりがない。血の倫理が神祇信仰から導かれた価値観になっている貴族にとって、現実に血の繋がりのないものを天皇すなわち血の倫理の根元にすえるということは、いかに現在の血の倫理の根元である称徳天皇の命令とはいえ、耐えられるところではない。下級貴族にしかすぎなかった和気清麻呂が、あえて称徳天皇の意に逆らったのは、逆らうこと自身が、血の倫理がかれらの信仰から発していることを、最も雄弁に語るといってよいであろう。

後世になって道鏡皇胤説の生まれたのを、儒教倫理のしからしめたものだとする説が多い。だが、そうではないので、私は、称徳天皇の意によって発生した血の倫理の矛盾を解決する方法として、日本的思惟のもとに作為されたものと思う。外面的な類似をもって、その本質にまで及ぼして論定するのは、ことがらをかえって誤らしめるものとなるのである。

松木裕美氏は、飛鳥寺系の『元興寺縁起』によって、蘇我氏が仏舎利を法興寺の塔に納めるときに行った儀式について、注目すべき見解を出されている。[36]それによると、蘇我氏が推古元年（五九三）正月に行った儀式は、インドの王族出身の仏陀を、インドの王族としての身分待遇で、中国式の葬送儀礼で執行しており、その記事は一概に後世の造作文とはできないという。大宝・養老両令とも、その「喪葬令」に仏教的葬儀が認められないことは、既に和田萃氏が明らかにされた。[37]しかも松木氏によると、「喪葬令」には中国的葬礼の用具が存するという。[38]

これらはいずれも喪葬に関する指摘であるだけに、興味深い事実といわなければならない。

## 3　現世主義のあり方

改めていうまでもないことだが、仏教や儒教が百済から日本へ伝えられたことは、『古事記』『日本書紀』に明瞭に記されている（ただ仏教伝来については『記』になし）。しかし、同じ外来宗教でありながら、道教については、『記』『紀』ともにその伝来について一言一句も触れるところはない。

大陸では、儒仏道の三教は、既に五世紀代までに盛況を呈しており、『三国史記』などによれば、朝鮮でも、仏儒は早くから伝わっており、また道教についても遅くとも六世紀には成立道教（後述）が伝わっていた形跡がある。してみれば、日本へも道教が伝わってくるのが当然であって、伝わらない方がむしろおかしいといってよい。だが、『記』『紀』ともにその伝来記事が認められないのであるから、『記』『紀』による限り、道教の日本への伝来はなかったということになろう。しかしながら、例えば『延喜式』には巻八祝詞に載せる大祓詞に続けて、東文忌寸部が横刀を献る時の呪を載せている。

謹請、皇天上帝、三極大君、日月星辰、八方諸神、司命司籍《さく》、左は東王父、右は西王母、五方の五帝、四時の四気、捧ぐるに禄人をもちこし、禍災を除かむことを請ふ。捧ぐるに金刀をもちてし、帝祚を延べむことを請ふ。呪して曰く、東は扶桑に至り、西は虞淵《ぐえん》に至り、南は炎光に至り、北は弱水に至る、千の城百の国《みや》、精治万歳、万歳万歳。（原漢文）

皇天上帝以下は、道教の重んずる神々と神仙であり、禄人や金刀を以てする作法は道教の祭祀の儀礼であり、呪の内容は道教の祈りである。大和と河内の文部忌寸が、大祓に際してこの呪をとなえるのだが、両氏とも百済から渡来してきた氏族である。この渡来系のものが、道教一辺倒の呪詞を、六月と十二月の年に二回行われる大祓という神祇信仰の代表的祭式に際して唱えられるのであるから、既に道教は日本に伝えられていて、宮廷の祭祀にまで採り入れられていたことを明瞭に示している。

これほどはっきりした事実がありながら、どうしたことか『記』『紀』にはその伝来記事はない。大祓関係のものは、『記』『紀』の編纂された八世紀初頭以前に成立したことが確実であることを考えると、同じ外来の信仰とはいうものの、儒教や仏教の伝わり方と道教のそれとには、かなり性格を異にするものがあったのではなかろうか。つまり、儒教や仏教は百済の王朝から大和朝廷へ、いいかえれば、異国の支配者からわが支配者へ組織的に伝えられたのであるのに対して、道教の場合は、違ったコースを違った意味をもって伝えられたのであったのではないか、といったことなどが予想されよう。

で、次にはこの予想が果して妥当かどうかを考えるのが順序であるが、その前に、道教そのものについて触れておかなければならないことが若干ある。

道教は、古代から現代まで（新中国になってからの事情は不詳）中国の大衆に最も浸透していた宗教であるが、かならずしも特定の教祖による創唱宗教ではない。神仙説を中心として古代の雑多な民間信仰を集大成し、それに老荘などの道家や易・陰陽・五行・卜筮《ぼくぜい》・讖緯《しんい》・天文などの説や巫祝の信仰を加え、仏教にならって宗教的な体裁や組織などをまとめたものである。一言でいえば、不老長生を主な目的とする宗教といってよい。

この道教は、歴史的なあり方からいえば、成立道教と民間道教（民衆道教）の二つに分かれる。成立道教は、教団組織の体裁を備えているものであって、仏教の場合の寺院に相当する道観を布教や修道の中心にして、そこを拠点とする僧尼に当る道士や女冠によって維持されているものである。民間道教というのは、教団を整える以前の段階から民間にひろく信じられていたもの、また、成立道教が民衆の間に入っていくにつれて再び民間信仰と結びついて変形していったもの――成立道教の立場からいえば崩れた形のものになる――こういった一切の道教的信仰や行為である。

したがって、民間道教では、布教・修道のための道観と宗教人としての専門家である正統な道士や女冠を、絶対的な必要条件とはしないわけである。[39]

　ところでまた道教は、内容的にみるならば、成立道教も民間道教もともに次の四つの分野から成り立っている。第一は哲理的なもので、いわば道教の神学である。天地万物の根元である天道について説くのであって、道家の説といわれているもの、いわゆる老荘思想が中心であった。神仙とは、この天道の実践者というわけである。

　第二は、不老長生を得るためのものであるが、直接的には肉体的生命の維持を目標とする分野である。したがって、現世利益的な宗教としての特徴を示すものは、この分野に多い。いわゆる医学的なものが中心であって、さらに五つに分けられる。五穀を食べないで、草根木皮など火を用いて料理しないものを食とする辟穀《へきこく》。各種の仙薬を作りそれを服用する方法などを示す服餌《ふくじ》。いわば一種の深呼吸法である調息《ちょうそく》。マッサージとか柔軟体操式のものともいえる導引《どういん》あるいは按摩《あんま》。男女の和合と陰陽の気の調和をはかる房中《ぼうちゅう》。ただこれら五種の細分野は、一体化されて道教の医術を構成するというのではなく、どちらかといえば、理論的に融合されるというのではなく、各々がばらばらに独自の方向に展開していくという傾向が強かった。

　次の第三は方術であるが、これは先の医術とともに、道教の重要な内容をなす分野である。すなわち、神仙になるための方法を、人間の肉体の側から追求するのが医術的分野とすれば、人間をとりまく外界、いわば自然界の側から求めるのが方術であったともいえる。したがって、まことに複雑怪奇で、不可解な神秘的なものになっていった。禁《きん》呪《じゅ》とか呪禁《じゅごん》といわれるいろいろのまじないや呪文。いわゆる「お札《ふだ》」に当る符籙《ふろく》（神符ともいう）。これは祟りなどを消滅するだけでなく、鬼神を自由に駆使する積極的威力もあるとされ、ほとんど絶対的に信頼された。神々のための祭祀とその儀式である斎醮《さいしょう》と科儀《かぎ》。これらが方術の主なものであるが、最後の斎醮と科儀は成立道教には必須であっても、民間道教ではかならずしも必須条件であったわけでなく、たとえこれらを欠いていても脈々と生き続けることのできたのに留意しなければならない。

最後の第四は倫理的な分野で、いかに前の三分野を忠実に守っても、悪事をすればすべて無効になって不老長生の目的は達せられない、というのが道教の倫理である。しかし、こうした道教の倫理といっても、別に道教のみで規定する特殊な道徳があったわけではなく、一般的な意味での善悪である。ただ儒教の場合とは違って、善そのものが目標ではなく、あくまでも不老長生のための手段にすぎなかった。大悪を行うと生命をつかさどる神の司命《しめい》は三〇〇日の命を奪い、小過失の時は三日の命を奪う。だから、長生するためには悪を避くべしという道徳観だから、儒教のそれとは性格を異にする。したがってこの倫理的分野は、儒教や仏教のように、それ自身が概念化されたり思想化されたりする方向を、かならずしもとるものでなかったのは当然であった。

以上のように四分野から成っているといったが、それは、この四分野が相互に有機的に体系化されて道教という一つの宗教を形成している、という意味ではない。むしろ、各分野が雑然と重なり合いながら混合されている、というのが実体であった。したがって、どの分野を欠いてもそれは道教とはいえないと理屈の上では規定し得るが、その反面、単独にどの分野だけを採り上げても、それは道教ではないともいいきれない、そういう性格の宗教でもあったことに留意しておかなければならない。

さらに注意すべきことは、中国以外の諸国への道教の影響といっても、それは、この四分野がそれぞれ均等に影響するといったものではないということである。本来、有機的に体系化されたものでない以上、こうした波及のあり方は当然であろう。中国周辺の受容する諸民族の側からいうならば、かならずしも四分野を均等には受け容れてはいない。つまり、時代による影響分野の相違、受容側の歴史的条件に応じて四分野間に消長が惹起すること、これが道教をめぐる必然的条件であったのである。(40)

さて、問題をもとにかえして、『記』『紀』に道教伝来の記事のないことの意味を考えよう。儒教や仏教の場合にみられるような記事が認められないということは、具体的には、道教の専門家としての道士・女冠ならびに信仰の対象として具像化された道像などの渡来がなかった、ということである。これは、いいかえるならば、道像を安置する道観とその祭祀を主催する道士を必須条件として具備する成立道教、つまり教団道教の伝来はなかった、ということにほかならない。ということは、日本へ伝わってきたのは、両者を必須条件とはしない民間道教であった、ということになるわけである。朝鮮までは、確かに成立道教が伝わってきた証跡がある。しかし、それがさらに日本へも伝わったとは認められないのである。

そもそも、古代における支配者、単に政治権力や経済の実権だけでなく、ひろく文化一般をも独占しようとする傾向が非常に強い。古代の支配者達は、ほとんど例外なく思想を強く統制し、宗教をおのれに奉仕する位置に秩序づけようとする。大陸における儒教や仏教がそうであったし——日本へ伝わってからの展開もそうであった——教団道教もその例外ではなかった。したがって、道教といっても教団道教の場合は、古代においては、大陸におけるその消長の主導権は時の支配層の手中にあった、といってよいのである。このようにみてくると、『記』『紀』に道教の伝来記事がないというのは、単に教団道教の伝来がなかったというだけでなく、日本の道教は、大陸や朝鮮の支配者が大和朝廷へ伝えてきたものではなかったことを、明示することになろう。そうではなくて主として、朝鮮から渡来してきた、かの地の民衆から伝えられたものなのである。渡来してきた多くの人々のなかには、秦氏や漢氏の氏上層などのように、渡来してきて日本の中央での位置を確保し、日本での支配層に昇華していったものは確かにある。しかし、彼らは故国においてかならずしも権力を握っていた支配者であったわけではない。また、大陸や朝鮮半島の地の支配者の代表として、日本へ渡来してきたわけでもない。彼らをも含めて、多くの渡来人のなかには成立道教の信者もいたことであろう。だが、彼らは信者ではあっても道士ではなかった。また、民間道教の家に生まれ、いつしか生活の絆をそこに置くようになった人々も、かなりいたことでもあろう。だが、彼らも道士ではなく、もちろん第三者からも道士とは目されることはなかった。

こうした渡来人の大多数は、一部を除いて、中央ならざる地方の各地域に定着していった。彼らの生活圏と直接に交渉をもつのは、ほとんどが支配層に属さない人々、すなわち日本の民衆であった。

私が、道教については、儒教・仏教の場合に慣用されている〝伝来〟の語をことさらに避けて〝流伝〟の語を使用するのは、もっぱら上述の理由によるのである。

日本へ流伝してきた道教の流れが、支配層から民衆へとかまたは民衆から支配層へというのでなく、民衆から民衆への方向を中心として展開していったというのは、それが〝伝来〟でなく〝流伝〟であったことの必然的結果である。儒教や仏教の場合と、道教の場合の最も大きな性格の相違はここにあるというべきであろう。在来の信仰である神祇に対して、仏教は、その教理に基づく本地垂迹説を構成していった。だからといって、道教の場合においても、そうした整然たる体系的展開を求めることは、まさに非歴史的なドグマにすぎない。繰り返すようであるが、道・神に対して仏・神的な関わりを求めようとするのは、支配層から支配層のコースを採って伝来する外来宗教と、民衆から民衆へのコースを採るものとの差のもつ意義に、ほとんど考慮を払おうとしない――極言すれば、非歴史的な独断的な考え方であると思うのである。

## 4　神祇信仰との関わり

六月・十二月の大祓に際して、中臣氏の大祓の祝詞に続いて東西の文部が横刀を献る時の呪をとなえるが、それが全く道教信仰に基づく内容であることについては、既に前項で触れておいた。このときにまた仰《み》贖物《あかもの》の儀が行われるのであるが、その場合、天皇がなかに息を三度吹きこめた壺を祝禱する祓いがその一部を構成していた（『西宮記』）。これは陰陽道の祓いというよりはむしろ、滝川政次郎氏のいわれるように道教の方術に拠ると考えられる。また、遅くとも九世紀末までには、平安宮廷を中心とする京都においては、正月元旦の朝にひろく行われ、以後長く恒例の年中行事的神事となった四方拝の儀で拝された神々は、かならずしも在来信仰による神ではなかった。北斗七星をはじめ太歳・天一・太白・竈神など、ほとんどが中国に発源する神々である。それらの本来の姿はみな道教の神々であったことは、既に郡波利貞氏により、初唐時代の鈔本『三洞奉道科誡儀範』巻第五によって明らかにされている。源為憲が天禄元年（九七〇）に撰録した『口遊《くちすさみ》』には、拝する神々の最後近くになってようやく在来信仰に基づく神として「氏神」と記されているのである。

これらは、いずれも階層的には貴族層や、地域的には京都を中心にみられた例であるが、道教と神祇の交渉する信仰は地方でもかなりひろく認められた。八世紀の中葉、摂津国のある富農の当主が、漢神の祟りを免れんとして牛を殺して漢神を祭った話を『日本霊異記』が伝えている（巻中ノ五）。この場合においては、漢神の祭りの効はほとんどなかったことになっているのは、『日本霊異記』が仏教説話集であることからみて当然ともいえようが、この漢神信仰というのは、なにも摂津国といった畿内の農村だけで行われていたのではなかった。延暦十年（七九一）の四月、伊勢・尾張・近江・美濃・越前・紀伊などの広範な地域にわたって、百姓達が牛を殺して漢神を祭るのに用いることを禁ずる太政官符が出ている（『続日本紀』）。とりわけ越前で盛んであったらしいことは、一〇年後の延暦二十年四月にも、同様な禁令が越前の百姓あてに発せられていることからも察することができよう（『類聚国史』）。地方の農村においても、百姓達の間で、非常に貴重な財産であるはずの牛を殺してまで信仰された漢神は、道教に系譜をひく信仰で

であろう。

あった。[41]おそらく彼らは、在来からの神々に祈りを捧げるのと同じ気持で、この漢神に対して現世利益を期待したの

以上の一、二の例をみただけでも、道教が在来からの神祇信仰と深い関わりをもったことが推定されるのであるが、この両者の習合過程を、具体的な事象を通して改めて考えてみようと思う。

改めていうまでもなく、道教信仰の中心に神仙思想があることは既に周知のことであるが、その神仙思想のもつ不老長生の概念を具体化したものが神仙それ自身であることは、今さら揚言するまでもない。この神仙はいろいろの形態をとってあらわれるのであるが、性別の面からみるならば、大陸においては、どちらかといえば女性よりはむしろ男性の場合が歓迎される傾向が強かった。しかしながら日本においては、女性の神仙、すなわち仙女を中心とする世界に神仙思想が帰一されていくケースが圧倒的に多いのである。[42]しかも日本での仙女は、例えば大陸での西王母の場合にみられるように、常に同じような性格でもってあらわれるとは限らなかった。そのことを最もよく示すのが、『風土記』などからさぐり得る仙女説話である。

駿河の三保の松原に天降った神女が、羽衣を漁人に隠されて止むを得ず彼と夫婦となった、という話はよく知られている。神女はやがて隠された羽衣を見つけて、雲に乗って天へ帰るのであるが、漁人もまた後に仙人となって天に上ったという（『本朝神社考』）。ここでの仙女は、最も典型的ないわゆる羽衣説話の形態であらわれている。仙女が古代人の憧憬の的であったことを、素朴であるだけに強くあらわしているものといってよかろう。

近江国の伊香《いかご》の小江（現在の余呉湖《よごのうみ》という）に、八人の天女が浴みをしていた。それをみた伊香刀美《いかとみ》という村の若者が、仙女に間違いないと認めたので、犬を使って仙女の一人の羽衣を取って隠した。残りの七仙女は羽衣で天に昇り帰っていったが、羽衣を隠された仙女は地上にとどまらざるを得ず、やむなく伊香刀美と夫婦になった。やがてこの

夫婦の間に男児二人、女児二人の子供が生まれたのであるが、羽衣をさがし出した妻の天女は天上に帰り、地上の民たる伊香刀美は独り嘆いて天を仰ぐのみであった（『帝王編年記』）。これが養老七年（七二三）の事件だといわれているが、別にその年次にとらわれて考える必要はない。

肝心の点は、ここでも地上の民が仙女と結ばれているということである。つまり、地上の普通の男にすぎない伊香刀美は仙女に象徴される幸福をわが手にしたのであるが、その仙女はやはり天上へ帰っていった。が、男は地上に留まったままで、三保の漁人の場合のように続いて昇仙はしておらない。その点では、幸せは永久に去ってしまったことになるわけであるが、しかしながらこの場合の仙女は、わが分身を現実に地上に残していった。そして、この残していった子供たちが伊香連《いかごのむらじ》の祖先であると伝えられていることは、とりも直さず、伊香連は仙女の子孫であるということにほかならないわけである。すなわち、仙女は単に古代人の憧憬の対象であるというのにとどまらず、仙女と地上の民たる古代人は、古代社会において最高に重視された血縁によって結びつくという理解のしかたが、形成されてきたということである。上述のように、古代人の価値観において血縁なる概念がいかなる位置を占めていたかを考えると、同時にまた、それは神祇信仰を構成する重要な要素の一つであったことを併考すると、この仙女祖先譚が古代人の信仰にもつ意味の大きさに注目させられるのである。

丹後国の比治山の頂に、真奈井《まない》という泉があって、ここに天女たちが浴みに天降ってきた。それを見かけた老夫婦が、こっそり天女の一人の羽衣を隠した。そのため隠された天女はやむなく子のない老夫婦の請うのに従わざるを得ず、彼らの娘となった。ところで、この娘となった仙女は、いかなる病でも少し飲めば全治する働きをもつ酒を醸《かも》すことができた。それで、この仙女の醸した酒を求めるため財宝を車に積んで訪れる人が多く、一〇年ほどの間に老夫婦は非常な大金持になる。と、彼ら老夫婦は急に態度を豹変して、天女に家を出ていけと迫った（この場合は、天女と地上の民との結婚はない)。ここから、天女の天を仰いで嘆く哀しい流浪の旅が始まるのである。

天女《あまつおとめ》、涙を流して微《すこ》しく門《と》の外に退き、郷人に謂ひけらく、「久しく人間《ひとのよ》に沈みて天に還ることを得ず。復、親故《したしきもの》もなく、居《を》らむ由《すべ》を知らず。吾《あれ》、何《いか》にせむ、何にせむ」といひて、涙を拭《のご》ひて嗟歎《なげ》き、天を仰ぎて哥《うた》ひしく、

天《あま》の原《はら》　ふり放《さ》け見れば
霞立《かすみた》ち　家路《いへぢ》まどひて
行方《ゆくへ》知らずも

遂に退り去きて荒塩《あらしほ》の村に至り、即ち村人等に謂《い》ひけらく、「老父老婦《おきなおみな》の意《こころ》を思へば、我が心、荒塩に異なることなし」といへり。仍《よ》りて比治《ひじ》の里の荒塩の村と云《い》ふ。亦、丹波の里の哭木《なきき》の村に至り、槻《つき》の木に拠《よ》りて哭きき。故《かれ》、哭木の村と云ふ。復《また》、竹野《たかの》の郡船木《ふなき》の里の奈具《なぐ》の村に至り、即ち村人等に謂《い》ひけらく「此処《ここ》にして、我が心なぐしく成りぬ」といひて、乃《すなは》ち此の村に留まり居りき。斯《こ》は、謂はゆる竹野の郡の奈具《なぐ》の社に坐す豊宇賀能売命《とようかのめのみこと》なり。(『風土記逸文』丹後国)

ここでの仙女は再び天に還ることもできず、またわが分身を老夫婦のところに留めることもなく、あてもなく各地を流浪するのであるが、最後は、竹野郡奈具村に至ってその地の神となった。その神名を「豊宇賀能売命」という。『記』『紀』によれば、豊宇賀能売命とは食物を司る穀霊の神である。これは軽々に看過することのできない神名である。

そもそも食物神というのは抽象的な観念神ではなく、実際に現実的な祭祀の対象になっていた神で、始源的には、豪族層よりはむしろ庶民層の現実の信仰生活のなかで形づくられ、発展してきた神格である。したがって、天女が流

浪の末に豊宇賀能売命になったということは、単に、仙女が観念的に日本の神になったというだけのものではなくて、庶民の実際の信仰のなかに現実的な利益を与える神として基礎を据えた、ということだと解してよいであろう。日本へ流伝してきた道教の神仙思想は、いままでみてきたように、神仙のなかではとくに仙女への志向が選択され、それがやがて現実の大和の人間と結びついて、その祖先の一人となる。そして、ついには神祇信仰との習合が図られていった。私は、これをもって神仙思想の日本的展開というべきであると思うのである。

このことをまた逆にいえば、日本の神仙思想は、成立道教から、つまり教団を構成する道士を通して直接に伝えられたものではなかった。それだけに、神仙思想が民衆の生活のなかに己が立場を求めるためには、ゆきつくところ、日本の在来からの神の観念に習合されざるを得なかったのである、といってもよいと思うのである。

## 5　現実肯定の論理

日本へ流伝してきた道教は、それが成立道教への道を歩むことが当初から困難であった事情を考えれば(43)、それが日本での場所を見つけていくに際して、神祇信仰への道をたどり始めるのは必然の方向であった。そして、その習合されていく場合の性格を一言で要約するならば、それは、現世利益への祈りであったといってもよいであろう。

既にみてきたところでも明らかなように、道教は中国における現実肯定の論理の展開の一方の代表である。すなわち、中国では、政治・道徳・宗教・文化などすべての根源は天にあり、これを天道と呼んだ。この天道を知るのが最高の智識であり、それに従うのが人間の最高の道と考えた。したがって、天道の目的は仁義礼智信の人道にあり、これによって身を修め家を斉え国家を治めるのが人間の真実の道だ、としたのが儒教である。これに対して、儒家の説くのは人為的で不可であって、天道とは、もっぱら無為自然にして無名の道であるとしたのが道家であり、それをおのが神学としたのが道教であった。したがって、儒教と道教はその展開の方向は正反対ではあったが、いずれも現実肯定の論理のうえに構築されたものである点においては変りはないのである。

その意味においては、日本の神祇信仰も、同じように現実肯定の論理の結実であったといってよい。ともに日本の神祇は、それが農業神であれ霊異神であれ、本来は、個としての人間の魂を対象とするものではない。程度の差はあっても、ほとんどが共同体の守護を本来の機能とするものであった。八百万の神々といわれるほどの多神教であったが、個人の祈りの対象としての意味はほとんど第二義的なものであったのである。

ところが道教の祈りは、個としての人間を主たる対象とする。少なくとも、共同体への祈りは個人のそれと同等のものとするか、あるいは、それ以下の重さをもつものとしてしか考えられなかった。だから、同じ現実肯定の論理のうえに展開した宗教であるといっても、神祇信仰と道教との間には微妙な相違があったのである。私は、両者の間のこの微妙な相違、ここにこそ道教が神祇信仰のなかに食い込んでいく鍵があった、と考えている。

古代の人は、確かに現実肯定のいわゆる自然児的性格がとくに強かった。彼らの生活を守る農業神や霊異神の八百万の神々、とりわけ祖先神とか氏神といわれる神々は、いずれも共同体の守護を本来の機能としていた。いいかえれば、こうした神々に彼らの生活を委ねるというのが古代人の志向であった。しかし、その志向がいかに強かったとはいっても、それが、共同体の範囲内に――大は国家・氏族などから小は村落・家などに至るまで――いつまでも限定されたままで完結されるはずはなかった。もちろん、共同体というのは、基本的にはその内に個をとりこんでいる。その意味で、個を全く抹殺してしまうものではない。しかし、そうしたものではあるにしても、やはりそれとは別に、個は個として追求しようとする志向が当然生まれてくる。この場合、共同の祈願を中心とする神祇信仰の欠を補うものとして、個への祈り、これを主とする道教にひかれる心が表面化してくるのは、自然の成り行きではないだろうか。

私は、ここに道・神習合の必然性と意義がある、と考えるのである。

註

(1) 井上秀雄『朝鮮からの渡来文化』以下の諸論考。

(2) 『三国史記』『三国遺事』『旧唐書』など。

(3) 『延喜式』巻八祝詞「東文忌寸部献二横刀一時呪」(新訂増補国史大系『延喜式』一七〇頁)。
謹請。皇天上帝、三極大君、日月星辰、八方諸神、司命司籍、左東王父、右西王母、五方五帝、四時四気、捧以二銀人一、請レ除二禍災一。捧以二金刀一、請レ延二帝祚一、呪曰、東至二扶桑一、西至二虞淵一、南至二炎光一、北至二弱水一。千城百国、精治万歳、万歳万歳。

(4) 拙著『道教と日本人』(「現代新書」)。

(5) 拙稿「皇極朝における農民層と宗教運動」(『史学雑誌』六七編九号)。

(6) 拙稿「律令時代における道士法の存在形態」(金沢大学法文学部論集第一号)。

(7) 拙著『日本古代の神祇と道教』第四章第一節「道士法の存在形態」(二〇六頁以下)。

(8) 興亜宗教協会『道教の実態』、拙著『〃日本の道教〃研究八十年』(一五頁以下)。

(9) 註(4)参照。

(10) 拙著『道教―その行動と思想』(「日本人の行動と思想」十巻)。

(11) 『続日本後紀』嘉祥二年三月庚辰条(新訂増補国史大系六巻二二三頁)。

(12) (11)を含め原文はすべて万葉仮名であるが、ここでは現行の仮名交り文で記す。
其の長歌の詞に曰く、日本《ヒノモト》の　野馬臺《やまと》の国を　神祖《かみろき》の少彦名か葦菅《あしすげ》を　殖生《うえおふ》しつつ　国固め　造けむより　沖の波
起《た》つ毎年《としのは》に　春は有れど　今年の春は　毎物《ものごと》に　滋り栄えて　天地《あめつち》の　神も悦び海山も　色声《いろね》変じ　梅柳　常より殊に
敷《しき》栄え　咲《え》まひ開て　鶯《うぐひす》も　声改めて　八千種《くさ》に　奇事《くすしきこと》は　茜さし　天照国の　日宮《ひのみや》の　聖の御子ぞ　ひさかたの
天の橋立　践み歩め　天降り坐しし　大八洲
天日嗣の　高御座　萬世鎭《いは》ふ　五八《よそとせ》の春に有けり　我国の　聖の君は　尊《たふとく》も　御坐か　日宮の　聖の御子の　天下

に　御坐しまして　御世御世に　相承襲《あひうけつぎ》て毎皇《ぎみごと》に　現人神と成給ひ　御坐ませば　四方之国　隣皇《となりのきみ》は　百嗣に　継云《つぐといふ》
とも　何してか　等しく有らむ　所以《そのゆゑ》に　神も順《うべな》ひ　仏さへ　敬給ふ益益《ますます》に　今我帝《きみ》は往古《むかし》にも　不御坐《おほましまさ》じ　将来も
何　申《いかにもふさ》む　釈迦の法《のり》　弘め給ひて　出家の人　法《のり》の族《やから》を　罪有れど　赦《ゆるしたまひ》　賜つ　咎《とが》有ど　宥め賜つ　无譬《たとへな》き　御恵の
異《けに》広く　御座《おおまし》ませば　出家人　法族は　御世《おおみよ》を　恒に惜むを　年月を　堰《せ》かへ留て　不過《すぐさ》ずて　鎮《いはは》むとこそ　誓願《こひ》ひ
　禱申《こひのみまを》せ　然れども世の理りと　歓《よろこび》の　春に有けり　何《いか》にして　帝《きみ》が御世　万代に　重ね飾て　奉令栄《さかえしめたてまへらむ》と　栢《つみ》の枝
の由求れば　仏こそ　願成《ねがひな》したべ　聖《ひじり》のみ　験《しるし》はいませ　所以《そこゆゑ》に
　帝を鎮《いは》ふに　験ます　陀羅尼の御法　卌巻を　写し繕《ととの》へ　護成《まもりな》す　聖の御像　卌軀《はしら》　奉造て　卌の師の　悟開けて
行ふ　人を調《ととの》へて　誠を致し　四萬に　八千巻添て　誓願ひ　奉読り　飾祈《かざりのみ》　鎮《いはひ》申せり　行へる　此の所為《し》の態《わざ》を
何にして　陳《の》べ聞えむと　茜さす　終日《ひる》はすからに　烏玉《うばたま》の　狭夜《さよ》通《とほる》まで　時日経て
思忖《おもひはかる》に　落淵《たぎつせ》の　堰《せか》へも賀禰天《かねて》　世中《よのなか》の伊須賀志《いすかし》態《わざ》を　添餝り　申しぞ上る

(13)(14)　註(11)に同じ。
(15)　『三教指帰』巻中「虚亡隠士論」(日本古典文学大系七十一巻『三教指帰・性霊集』一〇四〜一〇六頁)。
(16)　『三教指帰』巻下「仮名乞児論」(同上書一六一頁)。
(17)(18)　註(15)に同じ。
(19)　『秘密曼荼羅十住心論』巻一「異生羝羊心、羝羊外道条」(日本思想大系『空海』五七・五八頁、三一七頁)。
(20)　註(16)に同じ。
(21)(22)(23)(24)(25)　『三教指帰』巻中「虚亡隠士論」(註(15)前掲本一〇九・一一一頁)。
(26)(27)　巻下「仮名乞児論」(同上書一四五・一四七頁)。
(28)　十六外道嘔陀南の条(日本思想大系『空海』「秘密曼荼羅十住心論」三三四頁)。
(29)　渡辺照宏・宮坂宥勝共著『沙門空海』第三章三教指帰の述作(三九頁以下)。
(30)　津田左右吉『日本の神道』。
(31)　清原貞雄『神道史』。
(32)　津田左右吉『日本の神道』ならびに『古典の研究』。

(33) 重松明久『古代国家と道教』、上田正昭『倭国の世界』。
(34) 中村元『聖徳太子』。
(35) 井上秀雄「朝鮮からの渡来文化」(『古代王朝の謎に挑む』)。
(36) 松木裕美「二種類の元興寺縁起」(『日本歴史』三二五号)。
(37) 和田萃「殯りの基礎的考察」(『史林』五二巻五号)。
(38) 松木裕美前掲註(36)参照。
(39) 拙著『道教—その行動と思想』。
(40) 拙著『日本古代の神祇と道教』。
(41) 前掲(40)に同じ。
(42) 拙著『神仙思想』新装版。
(43) 註(39)(40)に同じ。

# 第一章　神仙思想をめぐる問題

## 第一節　日本における神仙思想の位相

### 1　神仙思想の類型

不老不死というのは太古以来の人類共通の願望であるが、アジア大陸の中国民族において、この願望から生成されてきた宗教が道教であることは改めていうまでもない。そして、その願望を母胎に中国民族が具象化し、彼らの民族信仰として生み出してきたのがいわゆる神仙思想（女性の場合は仙女）である。したがって中国の勢威がアジア大陸にひろがり、紀元前三世紀ごろから漢・隋・唐などといった世界帝国を形成するにしたがって、当然のことに周辺諸民族に影響を及ぼしてくるのである。

この神仙思想による宗教が道教であるが、既に緒論で述べたように、この道教は渡来人を通じて遅くとも五世紀ごろまでには日本へ伝わり、およそ八世紀の奈良時代までにはひろく一般の庶民層に至るまで広まったであろう、と推定される。しかもそれは、渡来人の庶民層を中心に日本の庶民層へという形での流伝が中心であったから、哲理・儀礼・医法・方術などの総合的な宗教体系と、教団組織をもついわゆる成立道教ではなく、民間道教が主流であった。

そういう意味において、日本における道教の場合は、日本民族の思想のなかにおいて神仙思想というのはどういう位置を占め、どういうあらわれ方をしているかということが核心になる。そしてそれは、まず大雑把ないい方になるが、日本における神仙思想には三つの類型があると考えられる。

第一は、神仙そのものを中心とする類型である。ただし、神仙そのものは日本においても大陸の場合と決して変りはないわけだが、大陸の場合はこの神仙そのものを中心として、その神仙になるための修練を行い、その技能を求め修行をする。すなわち単に神仙説というだけにとどまらず、いわば神仙道といいますかそういう展開をみせるわけだが、日本においてはそういう神仙道という展開はみせておらない。また神仙すなわち仙人というと、大陸の場合は非常に年令を重ねた白髪で白い鬚を伸ばし、手に藜《あかざ》の杖をついた男の老人の姿をとっているのが一般である、といってもよいくらい普及している。もちろん西王母《せいおうぼ》のような女性の仙人もいるが、まず性別で見ると男性の仙人が断然多い。このことは、やはり神仙思想が神仙道に展開したことと関わりがあるのではないかと一応考えてよいと思う。

しかしながら日本では、神仙思想の伝来はあったもののそれが神仙道への展開がなかったためか、男性の神仙はきわめて少なくて無いに等しく、ほとんどがみな仙女である。しかもその仙女の最もプリミティブなあらわれ方は、美保の松原の天女に象徴される説話の示すもの、いわば美保の松原式のものである。つまり、仙女というのは幸福のシンボルという受け取り方を中心とするあらわれ方である。仙女が天から舞い降り、それを見た漁師の若者は仙女に恋いこがれ、天女の羽衣を隠してその仙女と結婚し幸せな生活をおくる。しかし、後にその仙女は羽衣を見つけ出して天へ帰っていったというのだが、本来の形は漁師の若者も仙女に続いて天へ行くというのが原形らしい。とにかくこの場合は、天女によって漁師の若者は幸せそのものの生活を送る。そして、最後はまた自分も仙人になって仙女の所へ行くようだから、いわば仙女は幸福のシンボルそのものであるというのが眼目になっている(1)。つまり、古代人の憧れの対象というあらわれ方である。

このことをさらに展開した代表的な話が、京に近い北近江にある。琵琶湖の少し北の方に余呉の湖というのがあるが、その湖にまつわる奈良時代に溯る古い仙女伝承である。

近江国伊香《いかご》郡与胡郷《よごのごう》の南にある伊香の小江に仙女が天下って来て水浴びをしていると、それを見た伊香刀美《いかとみ》という村の若者が飼犬に仙女の一人の羽衣を隠させる。天に帰れなくなったその仙女は、やむなく村の若者と結婚して子供が生まれる。間もなく羽衣を見つけ出して仙女は天へ帰っていく。三保の松原式の時とは違って、この場合はその若者は天へ行くことはできず、ただ天を仰いで嘆き悲しんだという結末になっているが、ただこの場合は、仙女は若者と結婚して子供が生まれ、仙女はその子供を地上に残して天へ帰る。そしてこの仙女の残していった子供が、伊香の土地の豪族になったという結末になっている。(2)『新撰姓氏録』によれば、その地には伊香連《いかごのむらじ》と川俣《かわまた》連という地方豪族がいるが、それら豪族の祖先が伊香刀美と結婚したこの仙女が、地上に残していった子供である、というのが最も典型的な仙女祖先譚である。この豪族は、古代において近江の湖北地方を中心に繁栄するわけだが、その富み栄える淵源というのは何かといえば、祖先が天女であったからだというところに、その理由づけを求めておるわけである。

ところで、この仙女祖先譚を別の面から言い換えれば、今度は仙女それ自身が、彼女の生んだ子を通して現実の地上の人間になるわけであって、日本では、そういう方向で神仙思想が展開するといった面が認められる。もちろんこれは奈良時代に多くみられる形式で、しかも、中央でなく北近江のような地方での話であり、この場合も別に若者が修行した結果天女と結婚することができたというのではなくて、あくまでも偶然の機会でということに注意する必要がある。

それからいま一つの形は、仙女が中心であることでは同じであるが、丹波を中心とする地域に最も代表的にみられる例である。

やはり天女が天下って来るわけであるが、その仙女と関わりをもつのは今度は若者ではなくて、老夫婦である。仙女の天下るのを見ていて、若者の時と同じようにそのうちの一人の仙女の羽衣を隠す。で、天へ帰れなくなった仙女は、やむなく老夫婦の望みに従ってその養女になるわけで、今度の場合は若者がいて仙女と結婚するという形での展開ではない。ところで、老夫婦の養女になったこの仙女は非常に霊妙な働きをする酒、つまりこの酒を飲むと万病がみな治るという酒を造ることができた。道教の医術でいえば、いわゆる服餌の仙薬に相当する酒を造れる仙女であった。それでその霊酒を求めようとして、人々か至る所から財宝を車に積んで老夫婦の所へやってくる。そのために、たちまちのうちに老夫婦は大金持ちになるし、その村は富み栄える。しかし、そういう結果になると、どうしたことか今度は老夫婦はその仙女に向かって、お前は私たちの本当の子供ではない、だからとっとと出ていけといって追い出す。やむなく仙女は、もう自分は人の世に長く住み着き過ぎて再び天へ帰ることができなくなってしまった、といって嘆き悲しみ、各地を放浪して歩く。すなわち、

　天を仰ぎて哥ひしく

　　天の原ふり放《さ》け見れば霞立ち家路まどひて行方知らずも

　遂に退き去りて荒塩《あらしほ》の村に至り、即ち村人等に謂ひけらく、老夫・老婦の意を思へば、我が心、荒塩に異なることなしといへり。仍りて比治の里の荒塩の村と云ふ。亦、丹波の里の哭木《なきき》の村に至り、槻の木に拠りて哭きき。故、哭木の村と云ふ。復、竹野《たかの》の郡船木の里の奈具《なぐ》の村に至り、即ち村人等に謂ひけらく、此処にして、我が心なぐしく成りぬ（古事に平善《たいらけ》きをば奈具志《なぐし》と云ふ）。といひて乃ち此の村に留り居りき。斯は、いはゆる竹野郡の奈具の村に坐す豊宇賀能売命《とようかのめのみこと》なり。(3)

と、放浪したあげくのはて、奈呉村《なごむら》という村の所へ行きついたら「ここにして初めて心が和《なご》しくなりぬ」と言ってそこへ留まり、豊宇賀能売命という神になったという結末である。この神の神性は酒を醸むというのが本来だが、同時に御食津神の神格をもつのだから、村人達が飢えないように食料を司る神になったという意味にほかならない。

これはいままでみてきた伝承という形だけではなく、実際にこの仙女を神として祀った神社というのが古代において出現したということである。しかも食物神を祀る神社は古社たる重要な標準になる式内社、すなわち『延喜式』にのる神社として日本海沿岸の丹波から但馬、丹後にかけて、およそ一〇社あまり認めることができる。(4) だから仙女が食物を司る神になったということは、単に観念的にそうなったというのではなくて、少なくとも平安時代の始め頃までには、実際に村人達が仙女を日本の在来からの村の神と同じような扱いで祀りをした、そのことによって村はもう飢饉にならないという信仰が生まれており、鎮守の神にするという形になったと考えられよう。いいかえれば、庶民の実際の日常生活における信仰に基礎を据えたのだと推定しても誤りではなかろう。

以上述べてきたケースが、神仙そのものを中心としたタイプである。

第二のタイプは、神仙ではない普通の人間を中心として展開するものである。その最も典型的なのが浦島子すなわち例の浦島太郎の話で、普通の人間、すなわち漁師の若者を主人公とするものである。すなわち、丹後国の漁師の若者が漁に行って、海で亀を釣り上げる。ところがこの亀は仙女の化身であって、亀姫の仙女と一緒に神仙境に行って非常に楽しい生活を送るが、二、三日たつと急に故郷が恋しくなったので、一度家へ帰って両親に挨拶をしてまた帰ってくるからといって、仙女から決して開けてはいけないとされた玉手箱をもらって帰る。ところが、二、三日しか経っていまいと思っていたのが、あにはからんやもう既に三〇〇年も経っていたわけで、若者は嘆き悲しんで仙女から開けるなと厳重にいわれていた玉手箱を開けたら、一度にヨボヨボの老人になってたちまちその場で死んでしまったという話が、丹後を中心に日本海沿岸に伝えられている。

ところが既に古代において、次のように丹後の各地で、

島児神社　竹野郡網野町浅茂川
西浦福島神社　同上所（浅茂川沖の小島）
網野神社　同郡同町字網野
六神社　同郡同町字下岡
宇良神社　与謝郡伊根町本庄浜

と、この浦島子を神として祀っている。都の知識のある貴族とは違って田舎の普通の人達、すなわち庶民層は、神仙思想そのものを追求して、その根底をなすいわゆる不老長生というものを、理論的に考えてゆくといったようなやり方は採らない。しようにもそういった能力がない。つまり、その理論を基礎にしてそこから神仙道を創り出すとか、あるいは中国で形成されている神仙道そのものを受容するといった能力はない。ただ浦島子という一つの具体的な人物について、とにかく彼は三〇〇年も長生きをし、楽しい生活をおくった。それも偶然の機会にめぐまれてそうなったのだ、という話が伝わっているのを知っているだけにしかすぎない。そうすると、彼らの浦島子像は、なるほど最後は浦島子は死んでしまうけれども、一度は幸福な生活と不老長生を手に入れた。つまり、浦島子は普通の庶民の一人にすぎないのだけれども、特別なことも修行もしていないのに、その当り前の普通の人間が偶然のことで一度は安楽で不老長生という人間の一番に憧れ求めているものを、確実に手に入れた。

この話の原型ができあがる飛鳥奈良時代の平均寿命というのは、おおよそ三十歳未満であったと推定されている。そういう短命な時代に三〇〇年もの長寿を保つというようなことは、夢にも考えられないことである。平均寿命が八

十歳を突破しようとしている現代の人間が長生きしたいと希望する時代とこの時代の長生の欲望とを対比すると、おそらくその強さと深度において、現在とは想像できないほど質的に違うといってもよいくらいの差があろうかと思う。そうした時代に、神仙思想の理念によってではなく浦島子という漁師の若者をとおして、初めて庶民層には不老長生というものが自分たちの実感として浮んでくる。そうしたことから、彼らが浦島子を人間の生命を司る長寿の神として祀るようになるのは自然の勢いであろう。

ところで、浦島子のこういうような展開の仕方は田舎での展開の仕方であって、中央の貴族層の間ではこういう展開の仕方をしていない。すなわち、地方ではこういう展開をして室町時代にまで到っているが、京都では、つまり公家の間ではこういった展開ではなくて、次のような展開を示す。

最初のは漁師の若者であった。これは地方と変りはない。浦島子は漁師なのだが、奈良時代になると、その若者が風流の士ということになる。奈良時代において風流の士というのは、中央の貴族たちの子弟である公達のことであるから、漁師の若者であった浦島子はそれと同じような身分のものになるという意味で、そうした変容をとげる。(5)

これのみに留まらず、続く平安時代になると、浦島子は地仙という種類の仙人であったのだという展開になる。(6) そして、平安時代の中頃になると上古からの仙人であった。つまり本来からの仙人であったということになる。(7) だから、当然のことに天仙の亀比売とともに神仙境へ行って楽しい生活をおくり、そこから再び地上へ帰って来てからも天仙である仙女の亀比売と歌を交換するという形で展開していく。こうした変容をとげていくのである。すなわち、さきほどの地方の庶民の受けとめ方と全く違った変容をみせているのである。おそらくこれは、貴族の立場としては、たとえ伝承の話であったとしても、貴族ならともかく、身分の卑しい漁師の若者のような普通の人間が、そのような不老長生の神仙境へ行ったなどという馬鹿げたことがあるはずがない。伝承に対してのそういった感覚の受けとめ方から、先にいったようないわばロマン的な、つまり一つのロマンとして受けとめていくという展開の方向になってしまう。これはもう信仰とか伝説というより、むしろ文芸の世界のものにすぎない。すなわち、神仙思想の展開として浦島子を中心にした文芸の世界の物語が、奈良時代から平安時代へと続いて出てくるわけである。これが二番目のタイプである。

さて最後の三番目のタイプというのは、特別な才能の持ち主を主人公にしたタイプである。その最も典型的なのが著名な徐福伝承である。

春秋戦国時代末の紀元前三世紀に中国を統一して大帝国を作り上げた秦の始皇帝の命令で、徐福という中国の方士が仙薬を求めるために東海へ向って船出した。しかし、結局のところ徐福は母国の秦へはついに帰らなかった。すなわち、徐福が仙薬を求めて船出して着いたのは日本で、彼はあちらこちらとその仙薬を求めて歩き、それを見つけてもそのまま日本へ留まって秦へは帰らなかった、というのがいわゆる徐福伝説の大綱である。この徐福伝承のうち始皇帝の命を受けて東海へ向って船出したがついに帰ることはなかったという前半までは、中国最古の歴史書『史記』に「徐市《じょふつ》」という名で出ているが、日本へ着いた以下の後半は全くの伝承である。しかも、この伝承は古代において言い伝えられはじめた話ではなく、いかに早くみても鎌倉時代以後になってから起ってきたと推定される一つの話にしか過ぎない。

以上みてきた三つのタイプ、これが日本における神仙思想のあらわれ方つまり展開の仕方である。要約すれば、第一番目、これは仙女を中心とするもので、神仙そのものであった仙女も結局のところは日本の神になるという展開。次の二番目、これは漁師の若者にすぎない浦島子のように本来は神仙と全く関わりのなかった普通の人間、すなわち庶民であるもの、その場合においても、結局は神として祀られる。そして一番目・二番目いずれも祀られることによって、これは命の神として長生きせしめるとか、また食物を司る神として村人の生活を護るとか、そういう信仰になっていく。これらの神の信仰は一時的ではなく、江戸時代に至るまで非常に長く続いており、いわば日本の在来からの神と全く同じ事になってしまう、というあり方を採る。

この二つに三番目と、日本における神仙思想の展開の仕方は以上の三つのタイプということになる。

## 2　人間の神秘化

最後に神仙思想と日本の思想文化の関わりについて、いま一つ付け加えておきたいことが二点ある。

まず第一点は、日本では非常に偉大な人物を神秘化する、歴史上の人物としても神秘化してしまう傾向があるということについてである。これは、日本だけに限らずどこの国でもみられることではあるが、日本の場合、ある一つのタイプがとりわけ目立つ傾向があることに注目される。まず欧米の場合と比べて大きい違いは、政治家とか英雄といった者を神秘化したり、その神秘化したものを信仰の対象として仰ぐといったことはあまり著しくない。すなわち日本の場合は、神秘化の対象としては政治家や武将よりはむしろ宗教者が中心であって、これが欧米との非常な大きい違いとしてよいと思う。

もちろん日本でも武将とか政治家といったものを、全く神秘化しないわけではない。しかし、ただ武将とか政治家などの場合は社会においての人気だとか、または推賞の仕方というのは時代によってあるいは地域によってその好悪の変動が非常に激しいというのが普通であって、ほとんど例外はないといってもよい。例えば藤原道長・源義経あるいは頼朝、足利尊氏・織田信長や豊臣秀吉また徳川家康・吉宗など、こういった人物は一般には確かに武将としてまた政治家として優れた偉い人物だとするけれども、しかし、好き嫌いの評価の変動はかなり激しい。人によって、あるいは時代によって、非常に尊敬され称えられる時と、そうではない時がある。ところが聖徳太子とか空海だとか親鸞などとか、こういった宗教家の場合、別に時代によって人気が無くなるとか評価しないなど、そういったことはほとんど無いといってよい。ただ宗教家であっても天海僧正だとか沢庵和尚などといったように、政治のいわゆる黒幕になったりするようなタイプの場合は、宗教家としては先にあげたものと同じであっても、これは政治家や武将などと同じ扱いになっていることが多い。このことも、注意すべき変動点としてよかろうと思う。

ところで、聖徳太子・空海・親鸞という人物については、いつの時代においても尊敬され、結局のところ神秘化されていっているのだが、その場合にどういう形での神秘化が多いかというと、ほとんどの場合これら対象としているのを神仙化しているということである。聖徳太子が黒馬に乗って一夜のうちに富士山へ行ったとか、あるいは弘法大師空海が杖をもって水の少ないのに苦しむ村の土地を突いたら、そこから泉が吹き出したとか、親鸞聖人が諸国を行脚している時に、「おばあさん、その粽をくださらんか」と言ったが、やらなかったためにそこでは笹が生えなくなったとか、あるいは喜んで与えたために以後その地では非常にいいお餅ができるようになったとか、そういったような働きをする、普通の人間と同じ形をしておりながらそういったいわば中国における仙人式の神通力を発揮するといったやり方で、これら人物の宗教家像とそれに対する信仰が、民衆の間にひろく普及し信じられていくのが一般である。

そもそも、宗教人といっても神や仏ではないから、そういった行動が可能ということは本来無いわけだが、宗教家を神秘化する場合に直ちに彼らを仏や神にするのではなくて、まず神仙化することによって神秘化するわけである。こうした宗教家についての神秘化のやり方は日本で始まったのではなく、始源はいうまでもなく中国である。なぜ中国でこうしたことが始められたかというと、中国は先程来いってきたように、一般の民衆にとって最もぴったりくるのは神仙という観念であり、言葉である。それで仏教の原典であるサンスクリットの仏典を漢訳の仏典にする時に、仏を讃える所は仏の翻訳語である神仙、つまり全部神仙を讃えるのと同じ表現になる。そういう漢訳の仏典によって中国の民衆は初めて仏教を信仰するようになった。改めていうまでもなく、その漢訳の仏典がそっくりそのまま日本へ伝えられ、それによって日本人は仏教を信仰するようになった。したがって、日本の場合も宗教家を神秘化する場合には、これを神仙化するといった形によって始めるということになるのも、自然の勢いであろう。こういうやり方の神秘化が知識人や学僧などからは好ましくないと排斥されても、一般の民衆にはこの神仙化の方が一番受けるわけである。

それから、いま一つの第二点というのは、各地に霊山とか名山といわれる山があることについてである。具体的にいえば、加賀の白山とかあるいは越中の立山、駿河の富士山などに代表される古来からの霊山・名山と称されているのに、象徴的なものとして認められる伝承に共通して認められるのは、その名山を開いたのは中央の都で著名な高僧ではなくて、すべてといっても過言ではないくらい、ほとんどがそれら名山の山麗にいる民間の仏教的な宗教者によって開かれた、と伝えていることである。白山の場合でいえばそれは泰澄だが、彼らは本来は民間の宗教者であったのだが、時代が下るにつれてこの無名の宗教者をみな高僧化していく。しかも、その高僧化する場合に最も多く認められるのが、まず彼らを神仙的な高僧にみなしていくやり方である。

以上、日本における神仙思想のあり方をいくつかの面からみてきたわけであるが、それを要約するならば、神仙思想つまり日本における道教というのは決して表層文化ではないということ、いいかえれば基層文化だということである。したがってこの基層文化を神祇思想と同じように表層文化的に扱うとか、あるいは、最近の道教ブームに応じて、表層文化的にみるということは、これはやはり歴史の実像ではなくて、虚像にしかすぎないことになろう。そういう意味において、道家と道教を混同して全く同じ位相の扱い方をするということ、これもやはり実像ではなくて単なる虚像にしかすぎないと思うのである。

## 第二節　卑弥呼の鬼道道教説の再検討

### 1　重松明久説

重松明久氏が昭和四十四年（一九六九）に発表された『邪馬台国の研究』なる著書において、高塚式古墳のなかで七世紀以前の天皇に対応する大王陵がほとんど前方後円墳であることについて、その宗教思想的背景を追求されているが、その結論は前方後円という形式は道教に基づくというのであって、初めて道教起源論を提出された。さらに重松氏は、昭和五十三年の『古墳と古代宗教』、六十一年の『古代国家と道教』において、自説を補強展開されている。

その重松説の論旨を要約すると、『魏志』の東夷伝に伝える邪馬台国の問題から出発するのであるが、その主要点はおおよそ左に述べるように三点に集約される。すなわち、

(一)『魏志倭人伝』の邪馬台国の条に、

其国本亦以㆓男子㆒為㆑王、住七八十年、倭国乱、相攻伐歴㆑年。乃共立㆓一女子㆒為㆑王。名曰㆓卑弥呼㆒、事㆓鬼道㆒、能惑㆑衆。（傍点筆者）

という女王卑弥呼の鬼道というのは道教である、とすること。

㈡　同書に、魏の明帝が景初三年（二三九）に邪馬台国からの遣使である難升米に与えた詔書に、

特賜㆓汝紺地句文錦三匹・細班華罽五張・白絹五十匹・金八両・五尺刀二口・銅鏡百枚・真珠・鉛丹各五十斤㆒。皆装封付㆓難升米㆒。（傍点筆者）

とある賜物中の銅鏡一〇〇枚はすべて三角縁神獣鏡であって、それはいわゆる鬼道系道教の祭具である。

㈢　同書のまた同条に、

卑弥呼以死、大作㆑冢、径百餘歩、徇葬者奴婢百餘人。（傍点筆者）

と記す卑弥呼の墓は前方後円墳であって、その前方後円なる墳形は道教の説く天円地方観の表現である。

以上の三点である。

この重松説はまさに興味と興奮を覚える新説であるが、しかし、残念ながら私にはその新見解に賛同するにはかなりの疑問がある。その意味において、以下、重松説を中心に私見を述べたい。

## 2　鬼道の五斗米道系道教説とは

まず、第一点の鬼道からみていくことにする。

重松説が、七世紀以前の大王陵に比定される古墳が前方後円墳の形式を採るものの多い宗教的背景には道教が存在する、と主張する出発点となったのは『魏志』東夷伝の邪馬台国論である。すなわち、卑弥呼が女王として君臨した邪馬台国の宗教は、日本の在来からの民族信仰である神祇信仰であったのではなく、二世紀末遅くとも三世紀初頭からは、大陸から伝来してきた鬼道系の道教であって、それはほとんど国教化されていた、との見解を展開された。後にも触れるが、これがまた重松説の最大の根拠ともなっているのである。

さて、この見解の眼目というのは、前項で紹介した陳寿（二三三〜二九七）の撰述した『魏志』東夷伝中のいわゆる「倭人伝」に、倭国の諸国は男王が継承している時は内乱が続いて盟主と仰がれるものは出現しなかったが、卑弥呼が共立されて邪馬台国の女王になって、初めて倭国の内乱が収まり、卑弥呼が盟主と仰がれることになった。「倭人伝」はその主要な理由として、彼女は「鬼道につかえて衆を惑はし」たと記す。その「鬼道」についての解釈、それが眼目である。つまり、鬼道というのは、当時の中国において、張魯を教主とする五斗米道と称された道教のことである。しかも陳寿は、『魏志』において、この張魯と卑弥呼の場合に限ってしか鬼道という語を使用していない。したがって、卑弥呼の奉じた宗教というのは、当然この中国で二世紀後半ごろから展開された張魯の鬼道をさすのであって、それが移入され女王になった卑弥呼の力によって、邪馬台国に流布して国教化された、とされるのである。

この考えは、着眼点がまことに非凡である。従来は、卑弥呼の鬼道とはおそらくシャーマニズムであろう。したがって、彼女をシャーマンとしての巫女と解するのが一般であった。現在でも、まずこれが通説であるといってもよい。それだけに、鬼道を張魯の道教に結びつけて考える重松説のとらえ方は、まさしく通説に一石を投ずるものであって、世の注目をひいた。私もかねて日本の道教を研究対象の一つとしていたので、敬意をこめて重松説に関心をもった一人である。したがって、全面的に重松説に賛同したいのだが、しかしそれにはまだ一、二の疑点がある。その意味で以下に若干私見を述べたい。

二世紀前半の後漢に、張陵が四川省方面において原始道教の五斗米道を唱え、孫の張魯に至って宗教結社としての組織が整えられて発展し、漢中の地において、三世紀初頭に至るほぼ二〇年間にわたって宗教王国さながらの勢威を張り、その教団を鬼道と称されたことはよく知られている。いうまでもなく、漢中とは唐朝に至るまでの歴代王朝の都のおかれた渭水盆地一帯の称であるが、地理的には黄河上流に近い陝西省を中心とする地域であるから、広大な華北平原からはかなり離れた秦嶺山脈の山間ならびに山麓地帯に属する。日本からみれば朝鮮半島西方の渤海沿岸ですら遠く離れた地であるのに、その地よりさらに遠く離れた遠隔の地から、張陵が創唱した時から数えても半世紀にも及ばない僅かな期間にすぎない三世紀前期ごろまでに、一体どのようなコースを経て鬼道と称された五斗米道が邪馬台国まで伝わり得たのであろうか。もっとも普通に考えられるのは、秦嶺山脈の山麗地帯の陝西省からまず黄河下流域の華北平原に出て、渤海の沿岸に沿って北上して東北部の遼寧省（旧満洲）に入り、遼東半島を経て朝鮮半島を北から南に下り、対馬海峡を渡って北九州に達するというルートであろう。すなわち渤海と黄海を直接横切ってというのではなく、儒教や仏教など六世紀以前の外来文化の伝来の状況から考えても、これが最も自然である。しかしながら、この伝来ルートと考えられるこれらの地域に、果して既に鬼道が伝わっていたであろうか。

黄河下流域の山東省や河北省には、二世紀末に黄巾の乱といわれる農民反乱が起っているが、この反乱は張角のとなえる太平道という宗教結社の信徒集団が中心をなしていた。いうまでもなく太平道も原始道教の一つであるから、五斗米道ではなかったにしても、華北平原が道教と無縁の地域でなかったことは確かである。しかし旧満洲の東北部と称される地域には、この時期、道教の存在したことを推定させる事実はない。しかしながら、この地域は三国時代の魏朝の勢力圏に含まれていたから、そうした事実は認められないにしても、太平道的なものの伝わる可能性まで完全に否定し去るわけにはいかないかもしれない。だが、倭と最も近い関係にある朝鮮半島の地域に、三世紀初頭までに鬼道の伝わった事実は全くないのである。半島北部の高句麗に五斗米道が伝わるのは七世紀前半の栄留王の七年（六二四）であるし、(8)百済に道教の認められるのは考古学的にも六世紀初頭を溯ることはできない。(9)したがって、こうした事実を無視して、朝鮮半島に道教の伝わるおよそ三〇〇年以前の三世紀初頭に、既に鬼道系の道教が邪馬台国に伝わっていたとは、到底考えることができないのである。

おそらくそのためであろうか、重松説は、卑弥呼は直接に魏から鬼道を直移入したと強く主張される。だが、その主張の根拠とするものを明確には示していない。ただ、関連事項として述べていることは、『魏志』に、卑弥呼は魏の明帝に奉献するため、景初三年（二三九）難升米らを使者として当時魏の支配下にあった朝鮮の帯方郡に派遣し、その太守劉夏の導きで魏の都洛陽に至った。そのとき卑弥呼の願を容れた明帝は、彼女に親魏倭王の称号と金印紫綬などを授けたとあるのを特記しておられるだけである。推量するに、重松説は、おそらくこれを根拠としてこの交流を通じて直移入した、とされるのであろうと思う。しかしながら、これは、直移入の根拠としての説得力はきわめて薄弱である。

というのは、鬼道そのものは、周知のように魏の王朝の創始者である太祖曹操（一五五～二二〇）の漢中平定戦に抵抗したため討伐され、建安二十年（二一五）ついに張魯は降服してその宗教王国は潰滅した。これは景初三年に初めて卑弥呼の使者難升米が洛陽に来た二三年前に既に起っていることである。そして、このとき辛うじて難を逃れた張魯の子の張盛は、魏の支配圏から遠く離れた揚子江南岸の江西省の遙か南の竜虎山へ遷り、教団だけは細々と続くという惨めな状況になるのである。すなわち、後漢末の社会不安と打ち続く戦乱で生活苦に陥った貧窮農民を信徒の主体としていた鬼道は、危険きわまる反体制の宗教結社として魏の太祖曹操の討伐を受けて以来、魏の王朝から弾圧され、すべて漢中の地から追放されてしまっていたのである。

そもそも邪馬台国の女王卑弥呼が魏の明帝に臣下の礼をとらんことを願ったのは、その魏朝の権威を背景にして、倭の諸国間で邪馬台国が盟主の地位にあることをより一層強国にせんがためであった。卑弥呼は景初三年を第一回として以後その死に至るまでの一〇年間に、四回も奉献してきた、と『魏志』は伝えている。彼女は、それほどまでに臣礼を尽して魏の王朝の保証を求めているのである。それが選りによって、魏の王朝の創始者である太祖曹操が反対制の宗教結社として二十余年前に討伐、潰滅せしめて長江の南はるか呉の地に逃れた鬼道を、果して直接移入するといった挙に出るであろうか。また、かりに移入したとすれば、既に鬼道は漢中の地から追放されて遠く江西省の竜虎山に移動しているのであるから、そこから移入したということになる。しかし、その地は魏と敵対関係にある呉の王朝の領域内である。いずれにしても、直接移入説は成立しないとするのが妥当であろう。

そもそも二世紀後期に張陵の創めた五斗米道とは、符と呪水の呪力によって病気を治し、鬼神の祟りを除くのを主眼と教法の中心にすえている原始道教である。まだ神仙説の宗教化は未成熟の段階で老荘思想の神学化もほとんど進展していない、いわば巫術を基本とするものであったが、宗教結社としては三国時代初頭の張魯の時に最盛期を迎えている。『魏志』を撰述した晋の陳寿（二三三～二九七）は、それを五斗米道とは記さずに当時の卑語である「鬼道」と表記した。おそらくこれは、後漢末の戦乱を平定して新王朝を建設せんとする魏の曹操に対して、反体制的なありかたをとって討伐された張魯を軽蔑し、その行為を非難する意から使用された用語であろう。宮廷尊重を基調とする史家であった陳寿としては、こうした卑語を使用することでその歴史観を表明するのはおよそ当然であろう。そしてまた、彼の基調としているその強い中華思想は、邪馬台国を東夷の一小国にすぎないと軽視しているのも当然である。したがって、既に魏の支配下にある朝鮮半島の楽浪・帯方に派遣されている官人などからの伝聞により、女王の卑弥呼が巫女であることを知るや、邪馬台国の宗教の実態のいかんにかかわらず、彼女の巫術に対して、同じく卑語である鬼道なる用語をあてて「鬼道に事えて衆を惑す」と記した、と推定するのが自然ではなかろうかと思う。つまり、陳寿は、卑弥呼の巫術が事実において五斗米道であったからそれを鬼道と記したのではなくて、彼の強い中国王朝の宮廷主義と中華思想の生んだ倭人夷狄観から、卑弥呼のそれはおそらく張魯クラスの卑しい呪法にすぎないとする価値判断に基づく表記であったのではなかろうか、というのが私見である。

以上が、卑弥呼の鬼道を五斗米道系の道教とする重松説に賛同し得ない理由である。

### 3　三角縁神獣鏡の鬼道系道教祭具説

次は、三角縁神獣鏡についての問題を考えたい。

周知のように、神獣鏡というのは、中国における民族信仰において神像として霊獣視された獣形を表現した文様のある鏡のことであって、古墳に多く副葬されている。そのうち、外側の縁の断面が平らでなく、三角形の山型をとるのを三角縁神獣鏡と呼んでいる。この形式の鏡は、現在までのところ日本の古墳から発見されるのがほとんどで、中国本土からは出土していない鏡であることも、よく知られている。

重松説は、この三角縁神獣鏡は鬼道系道教の祈禱具つまり祭具として製作されたものである、とするのである。したがってこの説は、日本の前期古墳に副葬されている鏡の主流がこの三角縁神獣鏡であるから、これを出土する有力首長を被葬者とする前期古墳を形成する宗教思想的背景には、明らかに道教が中心として存在している、との主張をするわけである。

重松氏は、この主張の主要な証拠として以下の五点をあげられた。すなわち、

㈠　三角縁神獣鏡には、「天王日月」とかあるいは単に「日月」を繰り返した銘文をもついわゆる日月鏡がかなり多い。そもそもこの語句は、道教の基本文献として著名な『抱朴子』や『雲笈七籤』などに多く見えるものであるから、この銘文を鋳出しているということは、それを有する三角縁神獣鏡は道教系の鏡として作製されたものという証拠を示すことになる。

㈡　最も原始的な前方後円墳の様相を呈する豊前国宇佐の赤塚古墳から出土した五面の三角縁神獣鏡は、箱式石棺

内の四壁にそれぞれ四面の鏡が立てられ、残る一面は中央に伏せられた形で発見されたと伝えられている。こうした鏡の配列の仕方は、『抱朴子』に記されている四規の形に似ている。したがって、この埋納の形式を採っていたというのは、赤塚古墳の被葬者を道教系鬼道の権威者と推測する有力な物証になる。

㈢　三角縁神獣鏡の銘文中には、先の日月鏡のほかに東王父・西王母・王子喬または王子高・赤松子などの神仙の名称や、あるいは玄武・蒼竜・朱雀・白虎の四神の名が記されているものが多い。これらの銘文は、いうまでもなく道教や陰陽思想にかかわるものばかりである。しかもこれらのなかで、道教系の著名な男女神とされる東王父と西王母がとくに多くみられるというのは、三角縁神獣鏡が道教系の霊具とされたことを推測する証左とすることができるとしてよい。

㈣　邪馬台国の女王卑弥呼が魏の明帝に使者を遣した景初三年（二三九）ないし正始元年（二四〇）の紀年銘を有する四面の三角縁神獣鏡は、(10)いずれも銘文中に「陳是作竟」とか「師出洛陽」との句を鋳出しているのが認められる。

この陳や師を鏡作りの工人を示すとするのが通説であるが、重松説はこれを否定し、まず陳は、中国江南で鬼道系道教の指導家であった陳氏を意味すると考える。また師は、鬼道の教祖である張氏は張魯の子の張盛に至って漢中から江南に移って自らを天師と称し、その下に師と呼ばれる地方教団の主宰者をおいた。その師が、魏の帝都洛陽出身であるのを示すことを意図するものとされた。いずれにしても、三角縁神獣鏡が道教系の霊具であったために用いられた表記である、というのである。

㈤　三角縁神獣鏡の文様の特色は、図像にも東王父・西王母が鋳出されていることである。また図像の四獣は玄武・蒼竜・朱雀・白虎を鋳出したのであろうが、それらはあまり四獣に似ておらなくて、むしろ鬼形に近い。つまり鬼神を表現したのではないかと思われる図像のあるのが、とくに顕著であることが注目される。以上の五点をもって、三角縁神獣鏡を鬼道系道教の霊具として製作されたものであるとの論拠とするのである。

そもそも三角縁神獣鏡の製作された宗教的立場の解明は、いままでの研究ではほとんど等閑視というよりはむしろ無視されていた。その意味において、銘文や図案を再検討することにより導かれた道教の霊具であるとする重松説の見解は、まことに貴重なものといってよく、確かに、この種の鏡のもつ謎の解明を一歩進めたものである。

ところで、これら五点はそれぞれ単独でも論義を呼ぶ点があろうが、私がとくにここで問題として採り上げたいのは、上記の五点を根拠として、重松説はこの三角縁神獣鏡と卑弥呼の邪馬台国との関わりを、次のように二つのことにまとめて論定されていることについてである。

すなわち、第一に論定されていることは、日本で多く出土している三角縁神獣鏡は、先にあげた『魏志倭人伝』に記す「銅鏡百枚」のことで、魏の王朝から邪馬台国の女王卑弥呼に贈られた銅鏡に当る。そして、魏の明帝がこうした行動をとった意味は、倭と親善外交を結ぼうとした魏朝としては、卑弥呼の鬼道用の祭具として三角縁神獣鏡を大量に恵送することが、政策上からも要請されたからである、とされていることである。

次に第二に論定されているのは、鏡の製作技術の面からいうならば、三角縁神獣鏡は漢中の魏で作られた魏鏡でなく、南の呉で製作された呉鏡と認められることについてである。この呉鏡と認められる鏡に、呉の当時の年号である「赤烏」でなく「景初」や「正始」という魏の年号を鋳出してあるのであるが、それは、三世紀前期の中国においては、三角縁神獣鏡のように道教色の強い鏡を製作する技術や、そうした鏡を製作せしめる宗教思想的環境は黄河流域を中心とする魏の領域内の華北には存在せず、楊子江以南の江南の呉以外にはなかった。そのため、魏は呉の鏡工に特別に注文して、邪馬台国向けに作らせたものである、とされていることである。

まず、第一の論定点からみていきたい。問題は、三角縁神獣鏡を鬼道系道教用の祭具と断定し、それをとくに選んで卑弥呼に贈ったのは、魏の王朝の政策上からだとされることについてである。前項の2で既に述べておいたように、魏の王朝は太祖の曹操以来、張魯の鬼道を王権を阻害する反体制の宗教結社として武力に訴えてまで排撃した。大敗を蒙った鬼道集団は漢中の地から追放され、魏の版図から遠く離れた揚子江の南に遷る。そして、魏と対立関係にある江南の呉の領域内で細々ながらようやくその命脈を続けることができたのである。このように鬼道を排撃している魏が、どうして倭に対してのみ鬼道用祭具を贈る政策をとる必要があったのであろうか。魏が卑弥呼に銅鏡百枚を贈ったのは厳然たる事実であり、その銅鏡が三角縁神獣鏡であるとするのも確かに妥当である、とは思う。しかしながら、その三角縁神獣鏡を重松説にしたがって鬼道系の道教の祭具とする限り、魏と邪馬台国間に交流が継続された事実の意味についての妥当性を、納得するのに苦しむ。つまり、いいかえるならば、三角縁神獣鏡を鬼道系道教の祭具と断定することにより、それを最大の前提条件にして邪馬台国や三角縁神獣鏡を出土する前期古墳の被葬者の宗教について論ずることが、果して妥当であるか否かということになろう。

そこで、次に第二の論定点に関連して、重松説の最大論拠となっている三角縁神獣鏡を鬼道用の道教祭具として作られたものと考えてよいかどうか、を再検討したい。

『魏志』倭人伝に記す鬼道は、確かに道教系の信仰である。しかしながら、そのあり方は治病や除災の巫術を中心とするものであって、その教法には、まだ神仙説はほとんど認められないいわゆる原始道教の段階のものであった。そもそも神仙思想というのは、三世紀代までの中国においては、紀元前の秦時代と同じように一般的には依然として漢民族のいわば民族信仰的なあり方を採っていた。したがって、神仙思想といえば直ちに五斗米道である鬼道とかあるいは太平道だけを意味するわけでは決してなかったのである。また重松説では、日月鏡の銘文の「天王日月」や

「日月」が道教の文献の『抱朴子』や『雲笈七籤』にみえる語句だから、これを有する鏡はみな道教系の鏡だとされるが、その典拠とされる『抱朴子』は四世紀前期の葛洪の著であり、『雲笈七籤』に至っては十一世紀前期の北宋の張君房の撰になるものである。このように、道教の神学が成立した以後の文献でもって、それの形成される遙か以前である三世紀前期の事象を証明する典拠としても、またそれによる解釈のみでは説得力はきわめて薄弱である。

また、銘文中に東王父や西王母などの神仙名が多く、文様としてもそれらの図像が認められること、とくにその図像からみて、三角縁神獣鏡は確かに神仙思想を濃厚に表現している鏡である。しかし、景初三年（二三九）や正始元年（二四〇）の紀年銘をもつものが出土していることが示すように、この形式の鏡は三世紀前半の製作であることは確実なのであるから、それらをかならず鬼道用の祭具に限定して考えねばならない必然性はほとんどない。むしろ、当時の中国思想の大勢が示すように、民族信仰的なあり方を採っている神仙思想、いいかえるならば、まだ成立道教の専有にはなっていない段階の神仙思想をあらわしているもの、と考えるのが妥当であろう。

したがって私は、たとえ三角縁神獣鏡が神仙思想を表現していても、それを鬼道用の専有祭具と限定することを否定する。と同時に、それが日本における前期古墳に副葬されている鏡の主流であるからといって、この形式の鏡を出土する古墳の被葬者をすべて鬼道系道教の権威者であると規定する重松説も、残念ながら成立しないといわざるを得ないのである。

## 4　前方後円なる墳形の解釈批判

最後に、前方後円の墳形のことについて考えたい。

周知のように、古代中国においては、その著しい厚葬思想に基づいて、特定のあるプランをもって高塚の墳墓を造営する風習が発達した。日本においても、三世紀後半ないし四世紀初頭から営まれ始める古墳が、中国におけるこの風習の伝わったものであることはいうまでもない。したがって、高く盛られた墳丘の各種の形式、円墳・方墳・双円墳・前方後方墳などいずれもみな中国に起源を発するものである。ただ、唯一の例外がいわゆる前方後円墳であって、この形態だけは日本で著しく発達し、他の地域ではほとんど見られないほどといってもよいくらい特殊なものである。このことも、改めていうまでもなく周知のことである。

こうした特異なプランの形態をとる墳丘を「前方後円」と呼んだのは、江戸時代後期に『山陵志』を編んだ蒲生君平（一七六八〜一八一二）らしいが、その形式の起りについては、江戸時代以後から現在に至るまで客車・盾・家屋などの器物模倣説、前方部祭壇説、円墳と方墳の結合説あるいは円丘・方丘結合説など多くの説が提出されている。このうち、いまのところ前方部祭壇説をさらに発展させた考え方を採るのが多いようだが、それでもまだその前方部祭壇説が通説といい得るほどのものにはなっていない、というのが現状であろう。

ところが重松説は、これら諸説のいずれをも否定して、道教の世界観を表現するところに起源を発するとの説を主張している。だから、それに従う限り前方後円墳も他の形式の古墳と同じようにその起源は大陸に発するものである。ただ、日本以外の他の地域ではほとんど採り上げられず、とくに日本において展開されたということになるわけである。

この重松氏の強調する道教起源説は精緻をきわめるが、その根拠とされる要点を簡潔に紹介するならば次のようである。すなわち、

㈠　「前方後円」の語は蒲生君平の『山陵志』など日本で創められた語や名称でなく、前漢の高祖劉邦（前二四七〜一九五）の木主（位牌）の形態に発する。その形が前方後円に作られたのは、中国では天を円丘で地を方沢で祭る

礼制であったのに基づき、高祖の霊が天地の神霊と一体となって国家を守護する意をあらわしたものであろう。

(二) 道教では、天地と人体は同じものとする。それが、天は円壇で地は方壇で表現する古来の伝統を受け容れた天円地方観となる。そして、さらにそれを墳墓に具象化したのが前方後円墳になったものであろう。具体的には河南省密県打虎亭村の後漢墓の形式にその原形が認められる。

との二点に集約されるであろう。そして、さらに注目されることは、これら二点を根拠とすることに基づいて『魏志』倭人伝が女王卑弥呼が死ぬや径一〇〇歩の塚をつくって葬ったと記しているのは、彼女の宗教の鬼道は道教であったのだから、その塚は当然この「天円地方」の思想をあらわす前方後円墳であったに違いない、とされることである。つまり、径一〇〇歩の卑弥呼の墓は、彼女によって邪馬台国の国教化されていた鬼道の天円地方なる宗教思想を背景にして営まれたもの、そして、これが日本における最初の前方後円墳であるということになるわけである。

したがって、もしもこの重松説に従うとすると、前方後円墳出現の始期について若干問題が生ずる。すなわち『魏志』倭人伝には、魏の少帝は、倭の女王卑弥呼と狗奴国の男王卑弥弓呼(卑弓弥呼の誤記だろうとするのが有力)の不和を諭す詔書を、正始八年(二四七)に塞曹掾史の張政らを使者として倭に派遣して齎したとあるのに続いて(正始九年)、

卑弥呼以死、大作㆑冢、径百余歩。

と記している。また唐の李延寿撰の『北史』九十四巻にも「正始中、卑弥呼死」とあることから、おそらく卑弥呼は正始八〜九年ごろに没したと推定される。重松説ではその墓が前方後円墳なのだから、日本における古墳とくに前方後円墳の出現する時期は、三世紀前半ということになる。これは、現在発掘調査の結果ほぼ通説となっている四世紀初頭ないし三世紀後期より、かなり早い時期になるわけである。

ところで、この前方後円墳の起源については、先にあげた諸説のほかに、国際関係に基づく外交儀礼とか政治的権

威の誇示などとする論もあるが、それらはいわば形式論・国際関係論・政治論の視点からの究明であって、いずれも古墳は遺骸を葬る宗教的営造物であるという原点からの視角は稀薄である点においては、従来からの諸説と変ることはない。その意味で、いかなる宗教思想を背景にしてこのような特殊な墳形が出現したのかを起点にした重松説は、従来の研究の盲点をつくものといってよく、まことに貴重である。しかも、推古朝以後の天皇陵に相応するそれ以前の大王の陵墓に前方後円墳が多いことからみて、それらが在来からの神祇信仰に関わりをもつのではなくて、道教を背景にして生み出された形式だとする見解は、まさに驚天動地と評してもよいであろう。

このようにまことに注目すべき見解であるが、私はこれについてもやはり若干の疑点をもつのである。

まず、重松説が根拠とする第一点からみていきたい。漢帝国を創始した前漢の高祖劉邦が、紀元前一九五年に没した直後に作られた木主（位牌）が、『漢旧儀』によれば、

高帝崩三日、小斂、室中牖下、作二栗木主一、長八寸、前方後円、圍一尺、[11]（傍点筆者）

であったと伝えられるように、その形式が前方後円の形をしていたということはおそらく事実であるとしてよいであろう。しかし、管見の限りでは、以後の前漢王朝歴代の皇帝、ならびに日本で古墳時代の始まる三世紀末までに、中国において継起した新・後漢と魏・蜀・呉の三国など幾多の王朝の皇帝で、前方後円形の木主を廟におさめたと伝えられているものは一つもない。この約四六〇年に及ぶ長い空白期間を全く考慮外において、漢の高祖の木主の形を直ちに日本の前方後円墳の形に直接繋りをもつものとするのは、およそ無理というべきであろう。

次は第二点であるが、重松氏が中国における前方後円墳だとされている河南省密県打虎亭村の古墳は、いわゆる前方後円墳の形式であるか否かは別として、確かに三世紀初頭の後漢墓であることは確実である。そして、この古墳の所在地が魏が都としていた洛陽の東南方に位置していることから、重松氏は、まだ文献上の証拠は認められないが、

卑弥呼の使者として派遣された難升米らが洛陽に滞在中にこの古墳を寓目する機会が、あるいはあったかもしれない、と考えられた。(12)

ところで、この古墳は中国の考古学者により一九六〇年から二年間にわたって発掘調査が行われ、その詳細な報告書も既に『文物』一九七号に発表されている。(13) その報告書には、古墳の各部の計測数値・内部構造・画像石による壁画などについて詳細に述べているが、古墳そのものの形態については、封土が連っている並列した二個の土塚である「両座大型漢墓」と記すのみであって、墳丘の形式についてはこれ以上とくに触れていない。前項で詳述したように三角縁神獣鏡とならんで古墳形態の前方後円墳の問題は、周知のように一九五〇年代以後の日中考古学界での重要な関心事の一つになっているのであるから、もしこの打虎亭村の後漢墓の墳丘の形式が前方後円であるならば、考古学の専門家がその専門雑誌に発表する論文に、「前方後円」の語を避けて果して「両座漢墓」という語を使用するであろうか。あるいは、両座というように接近して並んでいる二つの古墳の封土の連ることだけを示す語にとどめておいて、肝心の墳形についてはそれ以上の記述をしないでおくであろうか。むしろ、密県打虎亭の後漢墓の形式は前方後円墳でなかったから、発掘調査後のこの論文は「両座」というに留め、とくにそれ以上墳形について触れる必要がなかった、と解するのが自然であるだろう。

以上のように、重松説のいう道教起源論の最大前提とされた根拠については、いずれについても否定的にならざるを得ないのである。したがって、これを根拠とする卑弥呼の墳墓が前方後円墳でその墳形は道教を背景として形成されたものとするとの論は、成立しないとして大過ないと思う。

しかも、その前方後円の墳形道教起源論には、それ自身としても矛盾があると認められるので、最後に、それについての私見を述べることにする。

卑弥呼の鬼道を魏の張魯の鬼道を直移入したものとするのは誤りだということは、既に第2項で詳述しておいた。それだけでも卑弥呼の塚と道教の繋りを否定してよいと思うが、ここでは、前方後円なる墳形を道教の天円地方観を具像化したものとされていることについて、改めて考えることにする。

そもそも、天を拝し地を祀るというのは、数千年前からの漢民族の信仰である。そして、周知のように天を拝するには円壇を築き、地を祀るには方壇を作る儀礼が既に周代に成立していることも、改めていうまでもない。したがって、円形は天を象徴し方形は大地を象徴するとの天円地方観はいわば中国の民族的世界観であって、いわゆる諸子百家の思想には、程度の差こそあれこれを含まないものはほとんどないといってもよいであろう。だから、儒家とならんで、老荘思想を中心とする道家の思想にも天円地方観が認められるのは当然である。しかしながら、いわゆる道教が、教団を組織する方向を採るようになるに当って、この道家の思想を採り入れて自らの神学として形成するようになるのは、四世紀以後と推定されている。したがって、またその神学を儀礼として具体化した斎醮科儀が認められるのは、いかに溯っても五世紀である。しかも、さらに注目されることは、そうした斎醮科儀が成立した五世紀以後の道教の墳墓の形式において、天円地方観を反映した墳形のものは発見されていない。つまり、出現していないのである。

既にたびたび述べてきたことであるが、張魯の鬼道の全盛時代は、二世紀末から三世紀初頭までであった。そして、卑弥呼が初めて魏と交渉をもったのが三世紀中葉である。そして、この三世紀代の中国において、天円地方観は決して道家の独占思想ではなかった。いわんや、神学のまだ形成されていない原始道教の段階にすぎなかった鬼道の専有物でもありえなかったことは、改めていうまでもないことである。

ところで、また、張魯に円壇を築いて天を拝し、方壇を作って地を祀るといった信仰行為を採ったという事実は認められていない。まして、その鬼道教団が、天円地方を象った形態の墳墓を営んだ事実も全く認められないのである。したがって、かりに重松説に従って卑弥呼の鬼道が張魯の鬼道を移入したものとしても、その墳墓が、鬼道に基づいて天円地方を象徴する前方後円の墳形を採らざるを得なかったとする必然性は、いささかも存在しないのである。

以上の考察によって、私は、前方後円の墳形をもつ古墳は、起源を中国に発し道教を宗教思想的背景とすることによって出現した、とするとらえ方に否定的にならざるを得ないのである。

## 第三節 「天皇」の称号と神仙思想

### 1 「天皇」の称号について

天皇は、古くは国内的には「大王《オオキミ》」と称し、対外的には「倭王」とか「倭国王」などと号し、また大陸の国々からもそう称されていたことはよく知られている。したがって「天皇」なる称号は当初からのもの、すなわち本来的な固有名称なのではなく、大和国家発展のある時期になってとなえられ始めたものであろうということも、あまねく知られていたところである。

しかしながら、「天皇」の称号の始期はいつか、ならびに、何故にその称号が公的に用いられるようになったのかという「天皇」称号採用の意味についての歴史学的解明ということになると、管見の限りでは、津田左右吉博士が「天皇考」と「神僊思想の研究」の二論文を公表されるまでは、ほとんどなかった。(14) 津田説の発表されたのは、前者は大正九年(一九二〇)、後者は同十三年であって、既に半世紀余の以前であるが、以後、今日に至るまでこれに対する異論をほとんど聞かない。(15)こうしたことからも津田説の考えは、今日では通説というよりはむしろ定説の扱いを受けているといってよいであろう。それをしも、再びここで採り上げようというのは、私が津田説に反対だからというのではなく、「天皇」称号採用の理由について、理由としては、津田説の軽視している意味の方がむしろ重要であって、津田説が第一次的理由として重視されているのが実は二次的なもので、軽視すべきなのはむしろこの方であったのではないか、と考えたからである。

だが、かりに私見が大過ないにしても、津田説の根本を否定するものではもちろんない。その意味では私見を開陳する意義は薄いのであるが、あえてここに採り上げて述べようとするのは、次の理由からである。

そもそも津田博士が「天皇考」を公表されたのは、博士の言を借りるならば、

我が国の上代に於いてシナ思想がどれほどまで政府者の頭に入ってゐたか、また其のシナ思想が如何なる方面のものであったか、といふことを考へる一材料ともならうと考へる。(16)

というのが、その目的であった。この視点は、かねてから私も関心していることである。そして、この視点から「天皇」称号の問題を考える限り、津田説と私見の重点の置き方の相違は、津田説が二次的とするのを私は一次的に、津田説の一次的を逆に二次的のものとするのであるから、結局は外来思想と在来思想との関係の把え方の違いということになると思う。

以下、小論を提示して諸賢の叱正を仰ぎたい所以である。

## 2　津田左右吉説の「天皇考」

立論の便宜上、最初に津田説を私なりに概括しておきたい。

津田博士は「天皇考」で卓見を初めて開陳し、四年後の「神僊思想の研究」でその補遺を行っているのであるが、その所論は、大きく二つの部分に分けられる。

第一部は、「天皇」称号の用いられた始期の追求である。『古事記』に景行・成務・仲哀・欽明・崇峻の五代のみが「天皇」称号であるのは伝写の際の誤り、そして『日本書紀』や記の本文などに天皇とあるのは、『記』『紀』の編者もしくはその材料となった帝紀・旧辞の書いたものと断定された津田博士は、推古朝の十五年丁卯年（六〇七）の作とされる法隆寺金堂薬師如来像の光背銘に、用明天皇のことを「池辺大宮治天下天皇」とあるのを天皇称号の初見とされた。そして、信憑性のある史料から発見される天皇の称号は、いずれもこれ以後の年代であるから、推古朝すなわち七世紀初頭ごろから、「天皇」という称号が用いられ始めたとされるのである。

第二部は、「天皇」という漢語は、中国の成語かあるいは日本においての新熟語であるかとの詮索であるが、つまるところ、中国の用語を七世紀になって日本が使用するに至ったものであるとの事情の究明であって、津田説の主要部をなすところである。そしてその内容は、ほぼ次に示す三つの論点から成っている。

第一は、中国に「天皇」なる成語が既にあったかどうかということについてである。すなわち、政治上の君主の地位を示すためにこういう名称を用いた形跡はほとんど認められないが、しかし古代帝王に擬せられた説話上の個人名として地皇・人皇・とならんで天皇氏の存在したこと。それから、こうした個人名でなく、ある意味をもつものとして天皇なる称号が、先秦時代の緯書にあらわれることを指摘する。すなわち、『春秋緯』の合誠図に「天皇大帝北辰星也」とあるという点を指摘される。

第二は、中国の「天皇」はいかなる意味をもっていたかということの解明を中心とする論説であって、津田説の最も精緻をきわめている点である。まず先にあげた『合誠図』の説に至る経過を『史記』の天官書や封禅書などに基づいて解釈される。つまり天皇大帝とは本来は天皇の称呼であって、北極星＝北辰星はその居所であった。そして、天帝とはいうまでもなく、天における五帝すなわち青帝・赤帝・白帝・黒帝・黄帝の上に立つ最高の天神のことである（『封禅書』）。それが、もともとは天帝の居所であった北極星が、やがて天帝の精だと解されるようになり、ついで『合誠図』にいう如く天帝そのものになった。一～三世紀初頭の後漢時代には、既にこの思想が一般化されたという。ところが、三世紀後半以後これに新たに二つの解釈が加わる。その一つは占星術的天文学の解釈で、神とか抽象的観念を一々具体的な星の名とするのである。これによれば、天皇は天帝のことであった本来の意味を失って、単なる北極星という一つの星の名となる（『晋書』天文志）。いま一つは、神仙説ならびに道教の考え方である。津田説は主として、東晋の代表的道家の葛洪（二八三～三四三）の著といわれる『枕中書』に基づいて解された。すなわち、太初に元始天王があらわれ、次に太元聖母が、そしてそれが天皇を生む。その天皇が扶桑大帝東王公という神仙にほかならず、太真西王母と対立させたところに道教としての意味があるとする。また道教の世界観としては、崑崙を世界の中心とし、そこに九宮があり、その中央を「天皇之宮」と名づけた。(17)この中央に、中国古来からの伝統である黄帝とか天帝あるいは太一の称呼を用いずに、「天皇」としたところに特色を認めるのである。

以上が隋代に至るまでの中国における「天皇」なる成語の意味であるが、いずれにしても宗教的性質のものであって、しかも比喩的または付随的意味において、政治的君主という観念がともなっているとするところに、第二の論点の中心をおかれるのである。

第三の論点は、以上のような意味と変遷をもつ「天皇」なる称号を、日本がいかなる理由からこれを君主の称号として採り上げたのであろうかという点であって、津田説の眼目というべきところである。すなわち、その眼目とする点は、中国の南北朝時代は神仙思想がとくに発達した時期で、その南朝と日本との交渉が時とともに密接になっていったことを思うと、推古朝前後には中国の思想をかなり多く受け入れていたことは充分推定できるという前提のもとに、『記』『紀』に出ている語句や説話・祝詞の大祓詞などの例を通して、とりわけ道教思想の影響の著しいことに注目される。そして、こうした大陸との関わりの深まった事情を背景に考えられたことから導かれた津田説は、「天皇」という称号はやはり中国の成語をとったものであり、

さうしてそれは、多分、神仙説もしくは道教に関係ある書物から来たものであらうと思はれる。枕中書に見える天皇が「扶桑大帝東王公」いふ名を有ってゐて東方の帝とせられてゐることも、考えの中に入れて置くべきである。（中略）さうしてシナに於ける天皇の称呼は、帝王としての意義を裏面には含みながら、宗教的観念が主になってゐるのであるが、これは恰もよく、上代人の思想に於いて政治的君主の地位に宗教的由来があり、その意味で神とも呼ばれ、そこからまた天つ神の御子孫として天から降られたといふことになってゐた、我が皇室の地位に適合するものであって、此の語の採られた主旨もそこにあったに違ひない。(18)

というのであり、これが津田説の結論ともいうべきものであった。

先にも触れたように、以上の津田説に対して、かつてすぐる第二次世界大戦時においてとくに盛況を呈した国粋主義的感情論を別にしては、真向うからこれに異論を唱える見解は管見の限りではほとんど存在しない。細部の論点についても否定的なものはなく、だいたい承認せられているようである。ことに三つの論点から成るとした第二部の中国における「天皇」なる成語の使用とその意義、ならびに隋代までに至る思想的経過の論に関しては、今日に至るまでほとんど無条件に承認といってよいほどである。

さて津田説の第一部の、日本における「天皇」称号の始期を推古朝（七世紀初）とする論は、ニュアンスの相違が多少あるぐらいといったほどの程度で、大方の論者に承認されている。強いていえば直木孝次郎氏が若干の異をとな

えるぐらいではなかろうか。[19] しかしその直木氏の見解も、精細にみれば決して津田説を否定し去ろうとしたものではない。

すなわち、津田説は推古朝始期の根拠として、丁卯年（推古十五）作の法隆寺金堂薬師如来像の光背銘と『日本書紀』の推古十六年（六〇八）条に、それぞれ「池辺大宮治天下天皇」とか「東天皇敬白西天皇」とあることをあげられた。これに対して直木氏は、法隆寺の薬師如来像の外に推古十七年の作とされる法興寺の丈六釈迦如来像の光背銘にも「天皇」の語がある。しかし前者の薬師像には白鳳期偽作の疑いがあり、法興寺の釈迦像は現存していないのだから確実な証拠とはならない。また「推古紀」の記事も、同二十八年条にみえる「天皇記」の語も含めて、もともとは「天皇」という表現でなかったものを『日本書紀』の編者が「天皇」と書き改めたのかもしれないとして、これまた推古朝始期の根拠にはならないとしりぞけられた。しかしながら直木氏は、津田説が根拠とした史料の表記の事実性を否定されただけで、推古朝始期説そのものを否定してはおらない。直木氏は推古朝末年製で中宮寺に現蔵されている『天寿国曼荼羅繡帳』の銘文に、「斯帰斯麻宮治天下天皇」（欽明天皇）など「天皇」の語が数ヵ所みえるのを確実な「天皇」用語の初見とされ、やはり天皇の称号は推古朝に使われたのであるとし、

たしかな証拠はないけれども、この称号は推古一五、一六年の遣隋使派遣にさいして聖徳太子がきめたものではあるまいか。[20]

と推定されている。したがって直木説も、天皇の称号の始期については津田説と同じように、やはり推古朝始期説になるわけとしなければならないのである。

ただ唯一の異説として、推古朝より半世紀ばかり溯る六世紀中葉の継体・欽明朝ごろではないかという説が、津田説以前から伝えられていたようである。その根拠とするところは百済に進攻する高句麗のことを伝える『日本書紀』

の欽明九年（五四八）四月条に、百済が倭の救援を願うことを伝える一節中に、

西蕃皆称二日本天皇一、為二可畏天皇一。

とあるのに基づき、朝鮮諸国では既にこのころから「天皇」という称号を使っていたとするのである。しかし、この「西の蕃はみな日本の天皇を称して可畏《かしこ》き天皇となす」というのは本文ではなく、分註として挿入されている部分であり、しかもそれは会話体のなかに注釈的な入れ方であって、かなり不自然な形であることは否定できない。したがって、果して編纂の当初から『日本書紀』に記入されていたものと断じてよいものであろうか。後人の注が、のちに伝写の際にまぎれこんだのかもしれない、との疑念を否定しきれないのである。また、かりに当初からあったにしても、編者が成書にするに当って八世紀の基準にしたがって、「天皇」と書き改めたのかもしれない。さらに、朝鮮諸国では既にそのころ日本の大王《おおきみ》に「天皇」の称号を使用していたのが事実とすれば、『日本書紀』だけでなく『三国史記』のような朝鮮の文献などからも、その用語例の見られるのが当然であろう。しかしながら、改めていうまでもなく、朝鮮諸国で天皇称号が使われていた痕跡も発見できないのである。こうしてみると、欽明朝始期説は上記の疑点が解決されない限り、これに従うことは無理であろう。

この意味において私も、天皇称号の使用は推古朝の七世紀初めごろに始まるという津田説に、異論をさしはさむ余地はないものと思う。

ところで問題は先に指摘した第二部の第三論点、すなわち、津田説の眼目であるところの日本が「天皇」称号を採用したのは、例えば『枕中書』のような神仙説や道教に関係ある文献からだ、とする点である。が、ここで問題だといったが、先にも触れたように今まで天皇の称号そのものが問題にされたことはほとんどない。それをしも問題だというのは、いたずらに平地に波瀾を起す感がないでもないが、冒頭で述べたような意味から、津田説が第一義として

推す神仙思想についてまだ再検討の余地があるのではないか、と考えたからである。

## 3　津田説の再検討

改めていうまでもないことだが、中国において神仙思想が大いに発達しいわゆる道教の形成されてきたのが、三世紀より六世紀に至る魏晋南北朝時代であったことは、あまねく知られているところである。そして、六世紀末より七世紀初頭に至る推古朝の前後の時期は、この中国の南朝とわが国の間に交流の多かったということも、既に多くの先学によって明らかにされているところである。したがって津田説が、とくにこの期間において多くの中国の文献が伝来したり、また渡来人などを通じても、かなり多くの大陸の思想が日本へ流入してきたと考えられたのには、全く異論がない。

『記』『紀』の文献などの用語の分析は、江戸時代以来の多くの学者によって究明されてきているが、それらに大陸思想のうちでも儒教以外のものとしては、老荘思想や神仙説・陰陽五行思想に淵源するものが案外に多いということは、よく知られている事実である。ことに田道間守の遠く弱水を超えて非時香菓の珍果を求める話（垂仁紀）や、浦島子と亀比売（雄略紀）に象徴される説話などが神仙思想に貫かれていることは、改めていうまでもないほど周知のことがらである。そのほか「風土記」や『万葉集』などには、『記』『紀』以上に神仙思想系統の説話や伝承が豊かな展開をみせていることについては、既に別著で詳細に論述しているのでそれに譲り[21]、ここでの再論は避けたい。

上記してきたように内外二つの条件と、「天皇」の称号が推古朝からあらわれるという事情を併考するとき、「天皇」という称号は中国の成語を採ったものであって、その根拠になったものは神仙説もしくは道教に関わりのある文献であると推定された津田説の主張するところは、ある意味において当然である。そして、これに対して、いわゆる国粋主義者の感情論的反論は別として、学的な意味での根本的な批判論はなく、今日においては通説というよりはむしろほぼ定説化されているといってもよいほどであることも、一応、無理からぬことであろう。だが、いま一度津田説の内容を検討してみると、その論旨が二つの要素から成りたっていることに気づかれよう。すなわち、「天皇」という称号は中国の用語であるということと、いま一つは、その出典は神仙思想に関することを中心とする文献であるということ、この二つである。そして津田説は、この二つの要素は密接不可分のものであるというのが最大前提となっているのである。

しかしながら、この二要素は、津田説がいうように、果して必然的に密接不可分なもの、すなわちストレートにお互いに直接するものなのであろうか。いいかえるならば、これ以外の考え方は全く許されないほど、完璧な論理性を有するものなのであろうか。このことを、いま少し検討することが必要なのではなかろうかと思う。

まず魏晋南北朝時代の中国で盛んであった緯書関係とくに『春秋緯』の合誠図に「天皇大帝北辰星也」とあることについて、津田左右吉博士は、

史記などの所謂正史や漢以後南北朝時代に盛に作られたかずかずの緯書や天文の書も読まれてゐたに違いないと思はれるが、我が国では星のことが全く閑却せられてゐて、神代史にも星の重要視せられたことが見えないから、北極星によって象徴せられてゐる、もしくは北極星の名となってゐる天皇の観念は深く顧慮せられなかったら う。(22)

と、しりぞけられていることから検討を始めたいと思う。

日本の神話では星辰が重視されず、崇拝の対象としても、古代ことに八世紀以前においては、星辰信仰が稀薄であったということはおそらく事実であろう。だから「北極星即天皇」という意味での天皇を津田説は天皇称号の採用の

理由とされぬことは、うなづける点である。しかし『合誠図』が「天皇大帝北辰星也」とするまでには、三段階の変遷を経ていることに注意する必要がある。すなわち、最初は天帝の居所が北辰星であり、それが次には天帝の精となり、最後に北極星自身が天皇となったので、この北辰星の三変することは、周知のように津田博士自身が自ら明らかにされたところである。しかも、この三変遷を通じて基調となっているのは、北辰星ではなくて「天帝」の観念であるということに注意しなければならない。北辰星の名がでるのは、それが運行する衆星のなかにあっても永遠に動かないという現象が、天の統治者として天神すなわち天の最高神たる天帝＝太一をいかにも象徴するもの、と考えられたからであって、いわば北辰星というのは副次的なものである。一貫する基本概念は、あくまでも統治者としての天帝であった。さらに注意すべきことは、この三変遷は、前段になるものの否定の上に成立してきたものではなく、いずれも前段のものを肯定し含めて連続した発展の展開のうえに形成せられたものであるということである。したがって、天帝の精という解釈が成立しても、それは前段の天帝の居所説が消滅するのではなく、依然として一体の形として共存する。北辰星の名となっても、その間の事情には変りはない。とすれば、『合誠図』に天皇は北辰星の名となっているということだけを採り上げて、『史記』などの正史以下多くの緯書・天文書にある「天皇」をすべて捨象し、神仙説関係のもののみにあらわれる「天皇」号を採り上げる津田説には、残念ながら無条件に賛意を表することはできないのである。後文でも述べるが、津田博士自身も指摘しておられるように、天皇の称号採用の基本要素として、そのもつ宗教性を除外することはできない。その意味からいって、『合誠図』に至るまでの各種の典籍は同程度にみな関与していると思うのである。

次に、神仙思想に由来するとされているという点について考えてみよう。津田説は、東晋の葛洪の著といわれている『枕中書』に、太初に元始天王があらわれ、次に太元聖母があらわれ、その太元聖母が天皇すなわち扶桑大帝東王

公と九光玄女すなわち太真西王母を生み、それから続いて地皇・人皇を順次に生まれた、とあるのを最大論拠とされて、

天皇氏・人皇氏という古帝王としての三皇の観念を神仙思想に結合したものであって、天皇は天皇氏として知られた古帝王の性質を保持しながら東王公といふ神仙となり、仙界において現に存在するものになってゐる。地皇人皇と列んで記されてはゐるけれども、それは従来の三皇説話を其のまゝに取って結びつけたからであって道教に於てはそれよりも扶桑大帝東王公として太真西王母と対立させたところに意味がある（天皇のみに東王公の名が結合せられ、地皇人皇には仙界に於いて地位を有する何等の名称をも附与せられてゐないことを見ても、それは知られる）。[23]

と、天皇は神仙界において東王公と称される神仙であって、その神仙としての天皇なる称が採り上げられて日本の天皇という称号になったのだと論ぜられた。盤古の開闢説話とならんで中国の古伝承である三皇説話は、周知のように中国のあらゆるものに採り入れられており、神仙思想もその採り入れられたものの一つで、神仙説では天皇を神仙の一つに数えているのは事実である。『枕中書』が葛洪の著であるかどうかは疑う説もあるようだが、天皇を神仙の一つとする天皇神仙説が既に南北朝時代には成立していたことは事実であろう。だから、こうした思想やそれに関する文献が六世紀ごろまでに日本へ流伝していたと推定することは妥当である。しかし、こうした推定が妥当であるからといって、それは日本の天皇なる称号は直ちに神仙天皇説を意味することを指すということにはならない。つまり、両者は別問題である。

すなわち、神仙天皇は道教では当然の主張であるが、『枕中書』に代表される道教の世界観では、天皇はかならずしも最高神の位置を占めるものとはなっておらない。最初に元始天王があって次に太元聖女というのであって、天皇はその次の第三席である。しかもこの第三席の位置は天皇一人が占めるのではなく、九光玄女すなわち太真西王母と

いう同母妹に当るものと共有である。決して唯一最高の地位を表象するものとはなっておらない。日本における天皇称号の出現が六世紀末から七世紀初頭にかけてのころと推定されることと、『記』『紀』の理念とを併考するとき、こういった時期において最高位置になくてしかも対等者を有するものの号を果して採用するであろうか。いかに神仙思想を尊び喜ぶ濃厚な雰囲気が推古朝ごろにあったとしても、そうしたことだけでこうした矛盾をあえておかすと推定するのは、かなり恣意的な態度として避けなければならない、と思えるのである。

この『枕中書』における神仙天皇説において、日本との関連で採り上げられる点があるとすれば、それは天皇が扶桑大帝東王公とされていることだけではなかろうか。日本はいうまでもなく中国の東方に所在する国であり、この地理的関係が中国人に古くから知られていることは、『漢書』や『魏志』などの「倭国伝」や「倭人伝」などによって明らかである。そして「扶桑国」というのが、中国人の世界観において東方洋上に想定された地域であったこと、ならびに、この想像国が神仙郷として神仙思想に習合されていったのは、六朝時代を溯るということが、『海内十洲記』や『漢武内伝』などによって、これまた明らかなことである。その扶桑国の大帝が東王公で天皇ということになっているのであるから、日本の側からみた場合、このことはかなりの親近感をもって迎えられるということは、充分想像される。そして、いかに考えても、神仙天皇説が日本に結びつくのは、これ以外の点では考えられないのである。とすれば、こうした地理的な方向感覚だけにしか充分に根拠のある関連性を求められない神仙天皇説を、日本の天皇称号の最大でしかも唯一の典拠とするのは、かなり妥当性の薄いものといわざるを得ないのではなかろうか。津田説は、この点については、別のところで、

枕中書に見える天皇が『扶桑大帝東王公』といふ名を有ってゐて東方の帝とせられてゐることも、考えの中に入れて置くべきである。(24)

と述べているのは、天皇称号については副次的な意味しかもっていないと、とらえられていることを示している。しかしこれは副次的ではなくて、問題の核心をつく意味のあるのはむしろこの点だけにしか集中していないことを、看過されたのではなかろうかと思うのである。

ところで、神仙思想では東王公すなわち東王父を、扶桑国の主宰者とだけしか考えていないかというと、実はそうではない。神仙思想については、『枕中書』よりも成立が古くてより基本的な文献と考えられているものに『神異経』があるのであるが、それによると、世界の中心は崑崙《こんろん》であって、そこには九宮があり、その中央を「天皇之宮」という。そしてその「天皇」の左右に西王母と東王父がいるというのである。ここにいう崑崙は古代中国人の地理観において西方にあるというのに発源していることはいうまでもない。そして一般にこの西の極みのところの主をさして西王母だというのが最も普及されているが、かならずしも最初からそうであったのではなかったということが、この『神異経』の内容からみて明らかである。すなわち、本来そこは「天皇之宮」であって、西王母ではなく天皇が中心であった。したがって、ここでの天皇は、崑崙が世界の中心という以上、いわゆる天帝と同性格・同観念のものと解して毫もさしつかえはない。そして東王父は、その最高神の左右にいる一人としてあらわれるにすぎないのである。してみれば東王公は扶桑大帝の形をとるというのが神仙思想における唯一のあり方ではなくて、むしろそれは崩れた形であり、本来は、崑崙の主としての天皇に付随したもの、という方に従うべきであろう。このようにみてくると、先に私は津田説の神仙天皇説では、扶桑大帝東王公以外に充分に根拠ある関連性は求められないといったが、その唯一の点も、かならずしも強い証拠力をもつ根拠とはならないものになってくる。したがって私は、この点においても津田説に賛成するわけにはいかないとせざるをえないのである。

ただ上記している部分で注意しなければならないのは、『神異経』の天皇と『枕中書』のそれとの相違点である。

『神異経』の天皇は、世界の中心の崑崙にある九宮の中心に所在する。すなわち崑崙は世界の最高統治者の帝居であって、天皇はその帝居の主人であるのだから、字義通り最高で唯一の天帝である。その点、太初に元始天王があらわれ次の太元聖母が天皇を生むというように、天皇を三席にしか位置せしめない『枕中書』とは（たとえ扶桑大帝と冠省せしめて統治者の意志が含められているにしても）、同じ表記が認められながらもその意味は根本的に異っているといえよう。いいかえれば前者の天皇は後者の第一席に位置する元始天王に相当する。この意味において、『神異経』の天皇は、まさしく日本の天皇と観念において共通する。こうした点から考えると、『枕中書』説よりむしろ『神異経』のような天皇観念が、日本の天皇称号の起源となったのであろうと推考する方が、質的には遙かに妥当性をもつと思うのである。しかし、だからといって私は、『枕中書』と『神異経』を置きかえただけで、津田説が補強されるといおうとするのではない。すなわち、天皇即天帝観が神仙思想に固有のものであるならば、あるいはまた、天皇の天帝観は神仙思想によって独創されたのが他の種々の思想に摂取されていったものであるのならば、入れかえるだけでよいとする先の仮説は成立するであろう。しかしながら、周知のように、天帝観も天皇も、また天皇即天帝の関係とすることも、神仙思想に固有のものでもなければ、神仙思想によって独創されたものでもない。神仙思想はそれを摂取し利用しただけの立場のものであり、六朝時代には、他の多くの諸子百家も共通にこの天帝観を共有していたのである。したがってこの点からいっても、日本における「天皇」称号を神仙天皇説に限定することは無理であろう。

そもそも道教というのは、もともと雑多な理論と呪術の複合体であるが、時期的にみて六世紀以前の六朝時代までの初期道教は、とりわけ文字通り雑然としたものであった。このことは私も他の機会でしばしば論じたことだし、多くの先学によって既に詳論されている。(25) 成立道教とか教団道教と称される段階に到達していたとは確言できないし、いわゆる民間道教という表現が最もふさわしい段階にある状況の時であった。こうした初期道教の段階における天皇というのは、崇拝ないし祭祀の対象としては、かならずしも最高の扱いを受けてはおらないのである。このことは津田博士自身が、ある意味で道教教団樹立者の名誉を与えてもよいとされている寇謙之に触れた論文のなかで、『魏書』釈老志・『隋書』経籍志の道家の条を綜合的に考察されて、既に認めておられる。(26)またそこにおいて、この初期道教の段階においては祭祀呪術によって消災・度厄を求めるのを重要な目標としているが、その祭祀の対象たるところの神は天尊・太上老君(老子)をはじめ多くの僊官がおり、天皇・太一・五星列宿もそのなかに含められているので、とくに天皇だけがとりわけ他のものと際立った対象になっているのではないとされているのである。この見解はおおむね妥当である。津田博士自身は既にこうした見解を持しておられながらも、その一方において天皇を最高神ととらえるのが道教の基本であるかのごとき立論をされているのは、ある意味において理解に苦しむところとしなければならない。(27)

以上、かなり繁雑な論を重ねてきたのであるが、津田説に対して私の批判したい点を総括すれば、要するに次に述べるようなことである。

「天皇」というのは、神仙思想や道教に基づくものであることが、日本の君主の称号として採られた理由であるというのが津田説であるが、その根定には、日本における支配者は天皇ただ一人でその地位が最高絶対のものである以上、神仙思想における天皇というのもまた道教の神の世界での最高の地位を占めるものであった、ということが前提になっている。しかしながら、道教の最高神という意味でならばそれは元始天王であって、その称号は「天王」である。かりに天王を過少評価したにしても、少なくともそれに代るものとしては、「太帝」か「天帝」でなければならない。それをしも、『枕中書』においては三位、次位の大元聖母は母で父の元始天王の一位と同等だとしても次位にしか序列せしめていない「天皇」の称を採ったというのは、天皇が扶桑大帝東王公にあてられていたからではないか。

すなわち、扶桑大帝としての東王公の居処である扶桑国は、東方洋上の国であったと考えられていたということ以外に、「天皇」の称号を日本の君主の称号として採る意味はないのではないか。津田説の論旨に従う限り、これより他に考えようがない。事実、津田説は天皇は天帝の意をもっているからだと主張し、この点を最大の理由と認めている。

しかしながら天帝の意の天皇は、六朝時代の神仙思想や道教のものというよりは、むしろ基本的には『史記』の天官書や封禅書のものであり、占星術的思想のものである。神仙思想の天皇に天帝の意がないというのではないが、それは図式化すれば、次のように、

天王↓天帝↓天皇

というかなり屈折した論理構造をもつものであった。こうしたまわりくどい道教の理論による天皇よりも、天帝＝天皇↓北極星という単純明快な展開をみせている上記の文献や『春秋緯』など多くの緯書の理論による天皇というのが、日本の君主の称号として採用された理由と考える方が、より妥当性をもつものと思う。

いいかえるならば、「天皇」の称号は、神仙説もしくは道教に関係ある書物から採り入れたのではなく、それ以外の文献から採られたものと考えるのである。

ところで、「天皇」の称号がわが国に採られたのは、日本の君主が単に政治的・軍事的・血縁的首長としての君主であるということだけでなく、宗教的性格が強いことに由来する意のあるのは、改めていうまでもない。この宗教性というのは古代においてはいずれの民族においても共通して認められるのであるが、日本における場合、それは六世紀以後、格段に強化され、他の族長層のもの宗教性と比較を絶するものに成長していった。そしてその過程の最初のピークが推古朝であったということも、改めてことわるまでもないところである。しかし、その宗教性は、貴族層の

実際の生活感情においては、かならずしも神そのものになるまで高められていたものではなかった。津田博士が別の論文で、

天皇が天皇を超越した神に代ってさういふ神の政治を行はれるとか、天皇の政治はさういふ神の権威によって行はれるとかいふのではない。（中略）天皇が宗教的崇拝の対象としての神とせられたのでないことは、いふまでもない。(28)

といっているのは、少なくとも七世紀後期以前については妥当な見解というべきであろう。すなわち、六世紀から七世紀にかけての天皇は、地上においては唯一最高の存在ではあるが、神の前においては、その下位にあるもの、最大限に考えても神と対等のものという地位であった。

一方、六朝時代における神と神仙との関係はどうであったか。これについても既に津田博士は詳細な考究を発表せられているが、その結論というのは、要約すると、

神に僊人の形を現ぜさせたのは河伯を僊人であるやうに説くのと同じく、僊人を神秘にしたのであり、神が僊人を拝したり僊人が神に礼したりするのも、畢竟同じところに由来する。なほ神を僊人の下位に置くことは、僊人が鬼神を使役するといふ思想とも関係があるらしく、従って神僊説と幻術などとの結合にその一原因があらう。(29)

と、神仙は神の上位、降っても対等の関係にあったとするところに眼目がある。私も、この見解に賛成である。そして、こうした中国における六朝時代の神と神仙についての地位関係のあり方が、わが国に理解されていたことは、『日本書紀』の雄略四年条に、雄略天皇が葛城神とともに葛城山で遊猟されたという有名な話を載せていることで明らかであろう。(30)

こうしてみると、天皇を神仙の号と解する限り、神仙とともに日本の天皇が強い宗教性をもち、その宗教性が上記

したような性格のものである以上、彼我の間で、神と神仙ひいては神と天皇との地位関係について矛盾があることになろう。しかもその矛盾に既にわが国は気づいていたと考えられるのであるから、少なくとも日本の天皇というのは神仙の称号だとするわけにはいかない。

このように考えてくると、「天皇」称号の由来は、日本の天皇は天つ神の子孫として天から降ったものであるという古伝承に基づいて、それに適合する中国の成語として「天皇」というのを借用したという、ただこのことだけに落着くと思う。至極単純なことであるが、この単純なことだけが、天との連関性をもつ「天皇」をわが国人の意識に上らせたと考えるのである。そしてこの場合の天も、決して神仙説の仙界や老荘思想にいうのみの天ではない。

老荘思想すなわち道家の天は、ただ上方にあってひろがる虚空にすぎない。これは虚無を最上とする道家においては、当然のことである。要するに地上を離れる、俗事を離脱して自然に帰するという意味で対置された天であって、その虚空そのものである天に求めるべき何物もないというのが本体であった。また『史記』の天官書や封禅書にいう「太一」、『春秋緯』の合誠図にある「北辰星」の輝く天の観念は、これは一つの世界を意味するものであって、天地を統一するものの宮殿の所在する一種の天上界なのである。それは他界の観念につらなるものではないにしても、地上よりは当然すぐれた世界であり、道家のいうごとき虚空のみのものではなかった。道家の虚無の天よりこの後者の天の観念がわが国の注意をひいたと考えるのが、天つ神の子孫と伝承する日本の君主に、最も適しいと思われるのである。

なおこのことに関連して、従来は天の観念がもともと日本にはなくて、中国思想に接して初めて具体的に意識されるようになったと考えるのが通説のようになっていることについて、一言しておきたい。私見も、一応この通説に基づいて論をすすめたのであるが、最近の国語学の成果をみると、たとえ本来は有していなかったにしても、天という観念を意識するようになった時期は通説よりも遥かに古いのではないか、と考えさせられる点がある。というのは、『隋書』倭国伝にみえる「阿輩鶏弥」は「オオキミ」と訓むといわれてきていて、異説はほとんどないと聞いている。そしてこれが、天皇の古い称号であった「大王」は「オオキミ」と読む証拠実例にされてきたのである。ところが、これに対して大野晋氏は、

阿の字は古くはオの音にあたると見ることは困難で、やはり、アの音を示すとみられる。輩はへの乙類であるが、これがベの音を示すとみれば、阿輩でアベとなる。これはアメ（天）に通ずるとみるのである。[31]

との見解を発表された。これによると「阿輩鶏弥」は「アメキミ」となり、「天君」の意をあらわすことになる。まことに傾聴すべき説で妥当な見解と思う。したがって、この見解に基づいて当面の問題を考察するとすれば、「天皇」なる称号は「アメキミ」に相当する中国の成語から選ばれたということになろう。そして、この場合においても、それが神仙思想に限定されなければならない理由は一つも存在しないのである。

註

（1）『本朝神社考』五、秋本吉郎校注『風土記』（日本古典文学大系二巻）。
（2）『帝王編年記』養老七年（七二三）癸亥条（新訂増補国史大系）。
（3）『風土記逸文』（『類聚神祇本源』巻十一外宮別宮篇、酒殿神条）。
（4）『延喜式』巻十神名帳によると、豊宇賀能売命と同様の食物を司る神を祀る神社は、丹後国五郡中の半ば以上の地域を占める加佐・丹波・竹野《たかの》の三郡の三三社中、左に表示したように一四社を数える。

| 神名帳の社名 | 鎮座地（旧地名） | （現地名） |
|---|---|---|
| 1、奈具神社 | 加佐郡由良村脇小字宮 | 宮津市由良 |
| 2、奈具神社 | 竹野郡舟木村字奈具 | 竹野郡弥栄町舟木 |
| 3、大宇加神社 | 〃　黒部村 | 〃　〃　黒部 |

| | | |
|---|---|---|
| 4、久《く》爾《に》原《はら》神社 | 竹野郡国久村 | 竹野郡弥栄町国久 |
| 5、深田部《ふかたべ》神社 | 〃　黒部村字八幡山 | 〃　〃　黒部 |
| 6、名木神社 | 丹波郡内記村 | 中郡峰山町内記 |
| 7、波弥神社 | 〃　荒山村 | 〃　〃　荒山 |
| 8、咋岡《くひおか》神社 | 〃　久次村 | 〃　〃　赤坂 |
| 9、多久《たく》神社 | 〃　丹波村字湧田山 | 〃　〃　丹波 |
| 10、稲代《いなしろ》神社 | 〃　安村字森替 | 〃　〃　安 |
| 11、矢田神社 | 〃　矢田村字谷山 | 〃　〃　矢田 |
| 12、比治麻奈為《ひじまない》神社 | 〃　久次村 | 〃　〃　久次 |
| 13、楑枳《からたち》神社 | 〃　橋本村(縁城寺村)千原 | 〃　〃　橋本 |
| 14、大川神社 | 加佐郡岡田下村字大川 | 舞鶴市大川字微光山 |

現在の『神社明細帳』には『日本書紀』に農耕・食物神の代表的神名としてあらわれている豊受大神や保食神に、改称したものを載せている。しかもそれは、保食神が弥栄町に、豊受大神が峰山町に集中している。おそらくこれは、明治十二年（一八七九）以来、祭神名は記紀に表記する神名にするよう政府の通達がしばしば出されていることと関わりがあろう。

この一四社はいずれも古社ではあるが既に八世紀代までに鎮座していたことを示す、文献上の確証はない。しかし、すべて式内社であるので、九世紀後期以前に創祀されたものであることは確実である。しかも弥栄町舟木に鎮座する奈具神社の社地近くの家谷遺跡や、同町黒部の深田部神社から一キロ余しか離れていない奈具遺跡が、いずれも弥生時代の集落跡であることは、この地に神社が成立する条件は既に大化前代において整っていたことを示すものとしてよい。加佐郡の大川神社は一四社中唯一の式内大社であるが、その社伝は全く天女伝承と無縁であるので一応別としても、他の一三社はすべて天女流離譚を縁起とする当該集落の鎮守神として、現在に至るまで住民に崇敬されている。とくに峰山町矢田の矢田神社と現在も豊宇賀能咩命を祭神名としている同町内記の名木神社は、中世以来から天酒大明神とも称されており、室町・江戸時代を通じて近郷近在のひろい崇敬を集めていたという。

（5）『丹後国風土記』逸文（註(1)参照）。

(6)『浦島子伝』(『群書類従』文筆部)。
(7)『続浦島子伝記』(『群書類従』文筆部)。
(8)『三国史記』高句麗本記。『三国遺事』『旧唐』。
(9)百済武寧王陵出土の「王妃買地券石」。
(10)景初三年(二三九)の紀年銘の二面は、大阪府和泉市の黄金塚古墳と島根県大原郡の神原古墳出土。正始元年(二四〇)の紀年銘の二面は群馬県高崎市の芝崎古墳と兵庫県豊岡市の森尾古墳出土。
(11)『漢旧儀』補遺、巻下。
(12)重松氏がこの河南省密県打虎亭村の後漢墓を前方後円墳だとされたのは、氏の説明によれば、昭和四十八年(一九七三)に開催された『中華人民共和国河南省画像石・碑刻拓本展』の「目録解説書」に載せる同古墳の横から撮影した全景写真によってである。
(13)安金槐・王与剛「密県打虎亭漢代画像石墓和壁画墓」。
(14)「天皇考」は大正九年(一九二〇)の『東洋学報』に、「神僊思想の研究」は『満鮮地理歴史研究報告』一〇号に発表された。なお、前者は『津田左右吉全集』三巻、後者は同十巻に収められている。
(15)例えば、今日においても基本的日本史概説としての評価の高い昭和四十年(一九六五)発行の中央公論社刊『日本の歴史』の一巻(井上光貞著)二巻(直木孝次郎著)、同年の岩波書店刊の日本古典文学大系本の『日本書紀』下巻「補注五三八頁」など、いずれも津田説に基づいている。
(16)『津田左右吉全集』三巻四七四頁、以下『全集』と略称する。なお「シナ」の称は原文引用の場合のみそのままにしておいた。
(17)『神異経』中荒経。
(18)津田左右吉「天皇考」(『全集』三巻、四九〇頁)。
(19)直木氏の見解はその著『古代国家の成立』(『日本の歴史』二巻一〇九~一一二頁)に平易にまことに要領よくまとめられている。
(20)『古代国家の成立』(同上書一一二頁)。

(21)　拙著『古代神仙思想の研究』。
(22)　「天皇考」(『津田左右吉全集』三巻四九〇頁)。
(23)　同上書(同上書三巻四八三頁)。
(24)　同上書(同上書三巻四九〇頁)。
(25)　小柳司気太『老荘の思想と道教』、吉岡義豊『道教の研究』、窪徳忠『道教と中国社会』等。
(26)　「神僊思想の研究」(『満鮮地理歴史研究報告』一〇号、『全集』十巻所収)。
(27)　津田博士のこの見解は、「天皇考」を発表された四年後に公表されたものである。したがって私はこの論文(註(26)参照)をもって前論文の改訂をされたものと受け取りたい。でなければ、津田説におけるこの矛盾を解釈することができないであろう。
(28)　「日本の国家形成の過程と皇室の恒久性に関する思想の由来」(『世界』創刊号、昭和二十一年。『全集』三巻四五五頁)。
(29)　「神僊思想の研究」(『全集』十巻二八七頁)。
(30)　なお津田博士は、この話を、葛洪の著といわれる『神仙伝』の王興と王遠封衡の条に、漢の武帝が嵩山に上ったときに九嶷の神が僊人としてあらわれたとあるのが粉本でなかろうか、としている(前掲論文『全集』十巻二八七頁)。
(31)　日本古典文学大系『日本書紀』下巻補註一六―一(五三八頁)。

# 第二章　道教と令制

## 第一節　令制下の呪禁

### 1　典薬寮の官制上の地位

日本の国家体制の整備は、七世紀後半から八世紀初頭にかけて急速に進み、いわゆる律令体制が確立された。この律令体制の政治的基礎、ひいては奈良平安時代における社会的基盤となったのは、中央政府から地方国郡の官衙の末端にわたるまで一つの原理によって一貫されている組織的な官制の形成であり、その運営に当る官人すなわち官僚制度の成立であることは、改めて揚言するまでもない。したがって、実際の運営に当る官人にその人を得ることができるか否か、つまり、名目だけでなく常に有能な資格者をそれに当て得るか否かが重大な問題であった。いいかえるならば、現在の時点における人事の適正と、将来に対して必要とされる有能な資格者の養成である。このうちの能力者の養成について考えると、律令体制が中央集権体制の貫徹を基本とするものである以上、時点や場所を限定せず自由にどこででも行われるのではなくて、当然、それは中央において統一的になされることが要請されてくるであろう。

その意味から令制の中央官制をみてみると、中央政府のみならず東宮・後宮の諸職も含めて九〇余を数える諸官庁のなかで、官人養成機関として機能することを主要目的とする官庁が三つ存在することに注目される。すなわち、大学寮・陰陽寮・典薬寮の三官庁である。しかしこの三官庁は、いずれも官人養成機関としては共通の性格をもっているが、同種の官人の教育を目標としていたものではない。すなわち、大学寮はいわば行政官としての文官の教育であるのに対して、陰陽寮と典薬寮は特定技能の専門職、それも特別技能の技術者養成のための教育である。この特別技能というのは、古代の人達は、近代以後の人が自然科学に対してもった観念とおそらく同じ見方をしていたのではないかと推定されるもので、いわば理科系であったといってもよかろう。だから、中央官制の官人養成機関は、一つの文科系と二つの理科系という二種の教育組織から成っていたことになろう。

ところでこの三官庁は、たとえ文科系と理科系に分かれるとはいえ目的は同じであり、官庁の格としてもいずれも同クラスの寮である。その点からいえば、律令政府はこれを全く同等視していたといえそうだが、それとも、軽重の差をつけていたのだろうか。寮ということだけで結論を出すのは不適当と思われるので、まず、この点から考察を進めていくことにしたい。

この三寮は、所属する上級官庁は同じではなくそれぞれ異っていた。令制の完備したのは大宝令によってであるが、それの散佚してしまった今日は養老令によらざるを得ないが、『養老職員令』によれば、大学寮は式部省の被管であり、陰陽寮は中務省の被管、典薬寮は宮内省の被管である。これらの上級官庁はいずれも八省のなかの一つである省であるから、その意味では三寮は同格である。しかしながら、それぞれの省の長官である卿の位階ということになると、『養老官位令』によれば、八省のうちで中務卿のみが正四位上であって他の七省の卿はその一階下の正四位下とあるから、式部卿と宮内卿はともに正四位下である。周知のように律令制は官位相当を原則とするから、正四位上の位階を有する貴族が長官となる中務省が、正四位下の貴族が長官となる式部省や宮内省より一クラス上ということになろう。したがって、八省中の最高とされた中務省に所属されている陰陽寮の方が、式部省や宮内省に所属せしめられた大学寮や典薬寮よりも重視されていた、と一応考えられそうである。つまり、理科系の二寮のなかでは、扱いとしては宮内省被管の典薬寮の方が陰陽寮よりは軽視されていたのではないか、ということである。

しかし、先の職員令によって省の長官である卿の職掌をみると、簡単にそうと決めつけてしまうこともできない点がある。すなわち、式部卿の職掌には、

　掌らむこと（中略）功を論して封賞せむこと、朝集、学校のこと。（下略）（原漢文、以下引用史料すべて同じ）

と、担当すべき重要事項の一つとして「学校のこと」と、大学寮の任務に関することを明記している。これに対して中務卿と宮内卿の職掌には、陰陽寮や典薬寮に関することを重要な担当事項としては、いずれも明示しておらない。強いていえば、中務卿の職掌の一つに「上表受け納れむ」とあるのは、陰陽寮の長官である陰陽頭の任務であるところの、

　天文・暦数・風雲の気色のこと、異なること有らば密封して奏聞せむ事。

とあるのを含むといえるかもしれないが、かりにそうだとしても、中務卿の職掌にある上表というのはかならずしも陰陽頭のみに限定されているわけでないから、式部卿の職掌に明記されている大学寮の場合と同等に論ずることはできない。また宮内卿の職掌に「出納」とあるのを、『令義解』の同条義解に「被管の諸司の出納なり」とある諸司を拡大解釈して被管の寮をも含むとし、典薬寮長官の典薬頭の任務に、

　諸の薬物のこと、疾病療さむこと、及び薬園の事。

とあるうちの薬物を納めることを含むとしても、これをもまた大学寮の場合と同等とするのはあまりにも強弁にすぎよう。

このように職員令によって検討していくと、これら三寮の令制下の位置については、それぞれの所属省の卿の位階の上下によって当該寮の軽重を考えるよりはむしろ、卿の職掌のなかでの採り上げ方によって考えることの方が妥当のようである。その結果は、先にみた所属上級官庁に基づく序列とは違って、大学寮が上位で、典薬寮と陰陽寮はともにその下位ということになる。この後者の序列の理解の方が妥当であることは、三寮そのものを構成する四等官の定員ならびにそれぞれの官位相当の面からも裏付けられる。

まず、四等官の定員であるが、『養老職員令』によれば三寮とも長官の頭と次官の助は各一人であるが、判官の允は大学寮が大少の二人であるのに対して、典薬寮と陰陽寮には大少の別がなく允一人である。主典の属は三寮ともに多少の別がなく、ともに大少の二人となっている。したがって、大学寮の官人の定員は六人であるが、典薬寮と陰陽寮はそれぞれ一人減の五人であるから、官人の定員数からは大学寮が大寮で、典薬・陰陽の二寮は小寮であることを明瞭に示している。

次は、これら四等官の官位相当であるが、官位令によると、頭は大学寮が従五位上であるが、典薬・陰陽両寮はともに一階下の従五位下である。助の場合も同様で、大学寮が正六位下、一階下の従六位上が典薬寮と陰陽寮である。允は、大学寮の大允は正七位下で小允はその一階下の従七位上に位置している。典薬・陰陽両寮の允は、この大学寮の小允と同じ従七位上であるから、やはり待遇としては大学寮が一段上としてよい。属も允と同じケースを示しており、従八位上は大学寮の大属のみで、大学寮の小属と典薬・陰陽両寮の大属は同位階の従八位下、その一階下の大初位上が典薬小属と陰陽少属の相当位階となっている。このように三寮四等官の官位相当からみると、大学寮が上位で、その下に典薬寮と陰陽寮が位置づけられていることが、さらに歴然としてくる。

ところで、大学寮は大寮の一つとして、官制上、左右の大舎人寮など中央官庁の諸寮や左右の兵衛府、地方官中の最上に位置する大和国以下一三の大国と同格であったから（官位令・職員令）、重要視された主要官庁であったことは間違いない。しかし、だからといって、典薬・陰陽両寮はその下のクラスであるから制度的には軽視された官庁、であったというわけのものではなかった。両寮とも組織としては大学寮と対比すれば確かに小寮であったが、官制上は、天皇の宝物や日常所用の物品を調達し保管する内蔵寮とか、諸国からの舂米や穀類を収納して諸司に食料を分給する大炊寮などの重要官庁と同列であり、地方官の職制の格づけの場合において比べると、山城国以下三五の上国と同格であった。これらの点から推定するならば、やはり中央において相当に重視された教育機関であったと考えてよいであろう。

## 2 典薬寮と陰陽寮

さて、大学寮・陰陽寮・典薬寮は、既に前項で触れたように官人の養成機関という重要任務をも帯びているのであるから、四等官を主要構成員とする他の諸官庁とは異って、四等官の役職以外に、特定の技能者たる官人の養成という機能を果すための多くの専門職を抱えていた。この三寮のうち、既に述べたように、大学寮は主として行政を担当する文官を養成教育し、陰陽・典薬両寮は特別技能を有する技術者を養成する機関である。本節では、このうちの特別技能に属するものについて考えようとするのであるから、大学寮関係の専門職は一応考察の対象外とし、ここでは主として典薬寮と陰陽寮に属する専門職を採り上げることとする。

まず陰陽寮の特別技能であるが、その専門職は陰陽・暦・天文・漏剋の四種から成っている。このうち陰陽のみがその技能を行使して奉仕する陰陽師と、陰陽生を教育するのを主たる任務とする陰陽博士に分かれるが、他の三分野は異る。すなわち、暦の場合は、暦博士が暦を造ることと暦生の教育に当ることを兼ね、天文は、天文博士が天文生の教育に当るとともに、天文の気色を観察して異変があれば密封奏聞することを掌るのである。漏剋においても、漏剋博士は守辰丁を指揮して時刻を報ずるのが主任務であるなど、いずれも同一職のものが当るのであって、技能奉仕者と教育者に分化されていない。この暦・天文・漏剋はいずれも大陸伝来の技能であって、在来のものでないことは改めて説くまでもないが、周知のように陰陽もそうであった。すなわち、陰陽師の掌った占筮して地を相ることである占筮（職員令陰陽寮条）とは、卜占のことではあるが、神祇官の掌った亀卜に対して筮竹を使うものであることからも明らかなように、在来のものを含んではいない。したがって、陰陽寮はすべて大陸伝来の技能の行使とその技術者の養成機関であったわけである。ということは、中央における律令政府が、当時において世界的にみて最高であってしかも最新の技能を、国家的規模において採用し、自国でもこれを育成しようとしたものといえよう。

次の典薬寮の専門職であるが、これは医・針・按摩・呪禁・薬園の五種から成っている。ただ典薬寮の場合は先の陰陽寮のときとは違って、いずれの分野においてもその技能で奉仕する師と、その技能者を教育養成する博士の二つに分化されている。ただ薬園の薬園師は、技能の行使と薬園生の教育を兼ねており、医博士には医生の教育に加えて処方と医書を掌ることなどといった少異はあるが、全体として典薬寮は、職務分化を原則とする官制であったということは否定できない。

この典薬寮と陰陽寮の専門職の官制上の原則の差が、なにに起因するのかということについては、残念ながら私には今のところ明確な解答ができない。強いていえば、これら諸技能が大陸から伝来しはじめてから七世紀後半までの間に、陰陽寮関係のものはある程度の進展と受容の定着をみたが、典薬寮関係のものは、それに比して少なかったのではないかと考えられること、それに起因するのではなかろうか。つまり、同じ外来の技能でありながら、令制の完成する八世紀初頭においては、陰陽に属する技能者の層は厚く、典薬に含まれる技術者の層はまだ薄かったのではなかろうか。それだけに、典薬寮関係の諸技術者の養成を急務としたのではなかろうか。このことは、陰陽寮関係の技能を学ぶ陰陽生・暦生・天文生の定員がみな一〇人で総定員が三〇人であるのに対し、典薬寮の次代を担うために養成されるものの定員は、医生四〇人・針生二〇人・按摩生一〇人・呪禁生六人・薬園生六人と、呪禁・薬園両生は陰陽寮より少ないものの、按摩生は同等、医生と針生は四倍から二倍であり、総定員も八二人と断然多いことからも、上記のように考えられないだろうか。すなわち、典薬寮関係の諸技者の量と質を、一刻も早く陰陽寮関係のそれのレベルに達せしめたいとの律令政府の意向が、こうした官制上の原則の差を生じさせたのではなかろうか。一つの試見として提出しておきたい。

ただ、この官制上の差は、律令政府は陰陽寮と典薬寮の技能に軽重の差をつけていたことを示す、という意見があるかもしれない。が、私はそうした考え方を採るのは誤りだと思う。すなわち、専門職の位階をみると、最高位は正七位下であって陰陽博士・天文博士・医博士がこれに相当する。次の従七位上は、陰陽師・暦博士・呪禁博士であり、その次の従七位下は漏刻博士・医師・針博士であって、両寮とも全く同等である。ただ呪禁師・針師・薬園師が正八位上に、按摩博士が正八位下、按摩師が従八位下に配当されているが、このうち呪禁師と針師の場合は、同技能の呪禁博士と針博士が既に上位の従七位上と従七位下に配当されているから除外するとして、典薬寮の専門職のうちでは薬園と按摩関係が陰陽寮のより下の位階の技能職となる。したがって、この点のみに注目すれば典薬寮を陰陽寮より軽視したと一応はいえようが、大半の専門職が全く同等であることの方に重点をおくのが妥当と思う。ことに、陰陽寮と同じく中務省の被管である内薬司の侍医は、天文の気色に異があれば密封して上奏するのを任務とする正七位下の天文博士より、四階も上位の正六位下に配当されていること、この侍医と医師ならびに医博士は同種の技能であることなどを併考すると、律令政府は典薬寮と陰陽寮の技能に全く軽重の差をつけていなかったとすべきであろう。つまり、令の官制の基準は官位相当を基本としている以上、同等の官位相当と判断される限り両者に軽重の差はなかったと判定するのが妥当であろう。

ところで、先に典薬寮専門職の諸技能は自明のことのようにすべて大陸伝来のものであると決めつけた述べ方をしてきたが、簡単にその理由に触れておきたい。医と針については、医疾令の医針生受業条に、

医針生、各分レ経受レ業。医生、習二甲乙・脈経・本草一。兼習二小品・集験等方一。針生、習二素問・黄帝針経・明堂・脈決一。兼習二流注・偃側等図・赤烏神針等経一。

と、勉学上必須のものと明記されているテキストは、すべて中国の医書であることを指摘するだけで充分であろう。

また薬園は、同令の薬園条に、

凡薬園、令二師検校一。仍取二園生一、教二読本草一、弁二識諸薬幷採種之法一。随近山沢、有二薬草一之処、採握種之。

と、薬園生の教育内容の中心は諸薬に関する知識と薬草の裁培法におかれており、そのための根本的教科書として薬園師の使うのが本草であることを明確に規定している。ここにいう本草とは、先の医針生受業条にあげられている本草と同じものを意味することは、改めていうまでもなかろう。

呪禁と按摩については次項以下で詳述するので、ここでは、ただこれら医療の最も中心と考えられる医・針・薬のいずれも大陸伝来の技能であるということだけを示すにとどめて、次項以下のものと併せて後に再説する。

### 3　専門職としての呪禁

明治時代の著名な古典学者である飯田武郷は、四八年の歳月を費して『日本書紀』に関する江戸時代以来の諸学者の注釈を集大成して、明治三十二年（一八九九）に完成した『日本書紀通釈』に、呪禁について、

皇国は、右の如く二柱神等（大己貴命・少彦名命――筆者註）療病方と禁厭法とを始め玉へる正しき伝の有る上に、後に唐制を用ゐて官を置かれた時に、此の制の古に符へる事を、所思看せると通へて、典薬寮に医師・医博士・医生の下に、呪禁師・呪禁博士・呪禁生を置かれたり（同書一）

と、『日本書紀』の神代巻に伝えている大己貴命と少彦名命が鳥獣昆虫の灾を攘わんがために初めて行った禁厭法に源流を発するものである、と述べている。つまり、呪禁とは日本に在来から存在しているものであって、奈良時代になってからその日本発生のものに唐制式の扮装をさせたにすぎない、というのである。以後、小中村清矩をはじめとして(1)、同様の見解をとる学者が多く、長い間この飯田説が通説となっていた。このことは、また別の面からいえば医疾令の第二条の「医生等取薬部及世習条」に、

凡医生・按摩生・呪禁生・薬園生、先取二薬部及世習一、次取二庶人年十三以上、十六以下、聡令者一為レ之。

とあるその義解に、

薬部とは、姓を薬師と称するもの、即ち蜂田薬師・奈良薬師の類なり。世習とは三世、医業を習ひ、相承けて名家となる者なり。

とあるのは、大化前代の医術の世襲職を具体的に指すことを意味すると解される。このことも、『日本書紀通釈』の飯田説を長く通説たらしめ、これに疑問をもちにくくしたのかもしれない。管見の範囲内では、飯田説を非とし、呪禁は大陸から伝来した新しい方術とする見解は、昭和二十七年（一九五二）に提唱した私見がおそらく最初ではないかと思う(2)。その後、論点を深めるためにいく回か再論したが、そのため論旨が多岐に分かれて複雑になり、かえって不明瞭になった点もあるので、この機会に整理して明確にしておきたいと思う。

そもそも日本の律令は唐のそれに範をとったものであることは、改めていうまでもない。で、いま問題としている

典薬寮は、唐朝にあっては殿中省の尚薬局に当るのであるが、そこにおいては、

呪禁師四人

按摩・呪禁師の掌るところは、太医の職の如し（原漢文、以下同じ）(3)

と、やはり呪禁師が官制上に設置されている。そして、その呪禁師の職務とすることについては、太医署に、

呪禁博士一人従九品下

隋の太医に呪禁博士一人あり、皇朝（唐朝—筆者註）は之に因る。また呪禁師・呪禁工を置きて、これを佐く。呪禁生を教ふるなり。(4)

と、呪禁師は呪禁博士の補佐役として呪禁生の教育に当ることがあると記し、さらに、

呪禁博士、呪禁生を教ふることを掌り、

呪禁をもって、邪魅の厲となるを祓除するものなり。

道禁あり、山居方術の士に出づ。(5) 禁呪あり、釈氏に出づ。

と、呪禁博士の掌る呪禁というのは、邪魅の厲となったものを祓い除く方術であって、具体的には、山居方術の士に由来するもの、すなわち道教の道士の行う道術符禁と、釈氏すなわち仏教の僧侶の用いる禁呪である仏呪の両種に分かれると述べている。唐の呪禁がこのようなものと考えられるのであるから、それに範を採った日本の令制においても、呪禁関係諸職の掌るところは、やはり、一応は道禁と経呪の両種を含むものであったのではなかろうか、と想定できそうである。

まず、このことを念頭において、次に日本のことを考えてみたい。

『日本書紀』の敏達天皇六年（五七七）に、

百済国王、付ニ還使大別王等一、献ニ経論若干巻、并律師・禅師・比丘尼・呪禁師・造仏工・造寺工六人一。遂安ニ置於難波大別王寺一。(6)（傍点筆者）

と、百済四王が敏達天皇に献じた経論と併せて派遣した六人の特殊技能者中に含まれているとあるのが、わが国における呪禁師の初見である。(7) ところでこの「敏達紀」の呪禁師について、佐伯有義氏は、おそらく印明を結誦して加持や祈禱をする陀羅尼などに関係した経呪を行う僧侶の一種であろう、とされた。(8) 同時に伝来された経論や僧侶の種別・職名ならびにそれらが安置された場所などから考えて、おそらくこの推定は妥当であろう。なお、岩波版の日本古典文学大系本の頭註もこの佐伯説と同見解を採っている。ただこの場合の頭註の後半は「律令制度では宮内省典薬寮に呪禁師二人・呪禁博士一人がおかれた(9)」と令制と直接関連するものとしているが、この点だけは後述するように誤りである。

この「敏達紀」以後はしばらく文献上に呪禁関係の名称ならびに事象はあらわれないが、大化改新後の持統天皇五年（六九一）になって

賜ニ医博士務大参徳自珍・呪禁博士木素丁武・沙宅万首、銀人《ゴトニ》廿両一。(10)

と、天皇の賞賜に与かった技能者として、医博士とならんで呪禁博士二名の名を認めることができる。しかし注意すべきことは、この場合は、先の「敏達紀」のときとはかなり違う性格のあらわれ方をしていることである。というのは、これより十余年前の天武天皇四年（六七五）の正月六日に、

大学寮諸学生・陰陽寮・外薬寮、及舎衛女・堕羅女・百済王善光・新羅仕丁等、捧ニ薬及珍異等物一進。(11)

と、年頭に際し屠蘇・白散などの捧げられる薬物を服用し、百官とともに天皇の長寿を願うという中国式の行事を行う官人の所属庁のなかに、大学寮・陰陽寮とならんで外薬寮なる官司が認められるが、これは、後の大宝・養老両令

の典薬寮に該当する官庁であることは改めて指摘するまでもない。このことは、既に天武朝の官制として外薬寮すなわち典薬寮が設置されていたことを明示しているわけであるから、持統朝の時に賞賜に与かっている技能者は、当然この典薬寮の職員として採用されていた医博士の徳自珍であり、呪禁博士の木素丁武と沙宅万首でなければならない。「敏達紀」のような経呪にかかわると推定される仏教関係のものと同一に扱われている場合のとは、異る性質のものである。したがって、この「持統紀」のものをもって、いま問題としている呪禁関係諸職の確実な初見とすべきであろう。

ところで、いま一つ注目すべきことは、呪禁博士であった木素丁武や沙宅万首のように、木素とか沙宅を姓とするものは、周知のように元来わが国で生成された姓ではなかった。斎明天皇六年（六六〇）に新羅・唐によって百済が滅亡されてから、百済人のわが国に亡命するものが急激に増加しているが、それらのなかに木素姓・沙宅姓を名のるものがかなりいたことが判明している(12)。だから、木素・沙宅はいずれも百済系の渡来人であったとして誤りはない(13)。しかもこの両姓には、母国の百済においては、最高位階である佐平や次位の達率に任ぜられたもののあったことも明らかであるから(14)、貴族層の流れを汲む一族であったと思われ、一般の庶民層などの渡来人と同一視すべきではなかろう。さればこそ、渡来した一族のなかに、行政の実務に詳しく官僚制に精通していることで天智朝の法官大輔に任ぜられ、天武二年（六七三）の死に臨んでは、天皇から、

大錦下百済沙宅昭明卒。為レ人聡明叡智、時称二秀才一。於レ是、天皇驚之、降レ恩以贈二外小紫位一。重賜二本国大佐平位一(15)。

と悼まれたほどの人物であった沙宅昭明。あるいはまた、天智天皇からは、兵法に詳しいことを嘉されて大山下を授けられ(16)、大友皇子からは、先にあげた沙宅昭明らとともに賓客をもって待遇された木素貴子のような(17)、優秀な人物が

認められるのである。木素丁武と沙宅万首は、先の「持統紀」以外の文献にはあらわれないが、こうした伝統と環境をもつ百済系の渡来氏族に属することは確実である。しかも、年代的にはこうした人々とほとんど同世代か少なくとも次代と考えられることも併考すれば、この両名も、おそらくともにすぐれた才能の持主であったろうと推定しても大過ないであろう。そして、こうした条件をそなえていたればこそが、ここにみる外薬寮のような人事を行わしめたのではないか、ということが考えられてくる。

思うに、律令制の創始時においてこうした人事をせざるを得なかった最も重要な理由は、適任の人物をわが国の内部から求めようとする限り、木素丁武や沙宅万首のような渡来人を除いては、呪禁博士などに任ずることができる適任者がいなかった、という事情が存在していたことにあったのであろう。大化前代においては、医法・易・暦法・卜占などのような方術の技能者は、ほとんどその供給源を朝鮮や中国など海外に仰いでいた。それは、この種の方術関係のことは外来のものでなくては存在していなかったか、あるいは、外来のものの方が在来のものとは比べものにならないほど優れていて貴重視される事情にあったからだ、ということが想定される。呪禁に関係するものだけが、ひとり、その例外であったとはとても考えられないのである。

以上のように、律令による官制を整備する途上にあった七世紀後期において、その令制の職員を充足するためには、とりわけ外薬寮すなわち典薬寮の専門職の場合にあっては、在来からのわが国の技能者を採用しようにも適格者がなく、全面的に渡来人のなかから木素丁武と沙宅万首を選んで任用した。このことは、呪禁関係諸職の方術は、わが国のいわゆる固有といわれる種類のものではなくて、当然それは大陸に起源をもつ方術であり、百済を経由してもたらされたものであることを直截に示しているということになるであろう。と同時にいま一つ注目すべきことは、渡来人のなかから適任として選ばれた人物が百済系の僧やそれに類するもののなかからではなくて、そうした僧侶とは直接の関わりのない全くの俗人であったということである。これは日本の令制が採り上げている呪禁というのは、皇室はじめ貴族・豪族層が等しく当時における最高の先進文化と認めていた仏教に基づくところのいわゆる経呪、すなわち仏呪を含むものではなかったということを類推せしめる。このことは、「僧尼令」の卜相吉凶条に、

凡僧尼卜二相吉凶一、及小道、巫術療レ病者、皆還俗。其依二仏法一、持レ呪救レ疾、不レ在二禁限一。（傍点筆者）

と、仏呪は僧侶の専門職能としているところからも確かめられる。ここにある小道・巫術が道術符禁すなわち道呪であること、同じ目的の方術であるにしても、経呪とか仏呪と表記する場合と呪禁と表記する場合を日本では明確に区別していたことなどについては、既に別著において詳細に論じているので[18]、ここで再論することは省略し、ただ結論だけを提示しておく。すなわち、唐の制度では、呪禁関係諸職の掌るところは道教の呪と仏教の呪の両種の方術を含んでいたが、わが国の呪禁関係諸職は主として〝道呪〟に携わり、僧尼の専らに行なうところの〝経呪〟とは対立的な関係にあった。そして、このような対立関係が単に宗教的なものとしてだけでなく、律令政府の方針として確立される時期は、遅くとも大宝律令の完成した約二〇年ののちの藤原不比等によって養老律令が撰定される養老初年ごろ（七一七〜七一八）と推定され、以後この方針は八世紀を通じて堅持されていた、と思われる。

前項でみてきたように、大化以後の官制の整備途上の初期において、のちの典薬寮に相当する外薬寮の専門職員として任命された人選からみただけでも、呪禁というのは、日本の在来からの呪法であったのではなくて、明確に大陸から新たに伝わってきた外来の方術であることが判明する。しかも、これら諸職の掌るところの呪禁は、仏教の経呪とは系統を異にした方術、すなわち道教の方術である道呪を主とするものであろうと推定されるのである。

そもそも「医疾令」によると、呪禁生の学ぶところは「呪禁して解忤し持禁する法」であった[19]。この法の内容は『政事要略』に引用されているその義解によると、まず持禁というのは、

謂、持禁者、持二杖刀一読二呪文一、作レ法禁レ気。為二猛獣・虎狼・毒虫・精魅・賊盗・五兵一不レ被二侵害一、又以二呪禁一固二身体一、不レ傷二湯火・刀刃一、故曰二持禁一也。[20]

との具体的内容をもつものであり、次の解忤というのも、

解忤者、以二呪禁法一解二衆邪驚忤一。故曰二解忤一也。[21]

と、同じような内容の方術を指すものであった。この具体的内容を、日本における在来からの禁厭の方術の起源を説くものとされている『日本書紀』の「神代巻」に、

夫大己貴命与二少彦名命一戮レ力一レ心、経二営天下一。復為二顕見蒼生及畜産一、則定二其療レ病之方一。又為レ攘二鳥獣・昆虫之災異一、則定二其禁厭之法一。是以百姓至レ今咸蒙二恩頼一。[22]

と述べている伝承と比較すると、明らかに異る。「医疾令」と『日本書紀』の伝の両者は、禁厭と療病が相ならんで行われ、これらが同一の範疇のものと考えられている点においては一致するが、「神代巻」にいう少彦名命の名において代表されている禁厭法は、少なくとも「医疾令」の義解で説明している〝解忤持禁之法〟式の要素に基づくものでないことは、改めて指摘するまでもあるまい。すなわち、呪禁関係の専門職の行っている方術は、少彦名命のそれよりはむしろ、大陸における神仙道の最初の理論的大成者といわれている東晋の葛洪がその著『抱朴子』にあげている種々の方術と、同一の傾向をもつものである。つまり、『抱朴子』内篇の登渉篇にはいろいろの呪禁法を具体的に集中して述べているが、そのなかから一、二適記するならば、

山林に入るときは、甲寅の日を以て、白素に丹書し、夜、案中に置きて、北斗に向って之を祭りて、酒脯各々少々を以てし、自ら姓名を説き、再拝して受け取りて、衣の領の中に内せば、山川の百鬼・万精・虎狼・蟲毒を辟くるなり(原漢文、以下同じ)

と、古代人にとっては最も危険が多くて恐ろしい所と受け取られている山林に、奥深く踏み入るときの呪禁法を説いている。しかも、その恐ろしい奥深い山中で夜になり野宿せざるを得なくなるに際しては、さらに、

若し暮に山中に宿する者は、密に頭上の釵を取り、気を閉ぢて以て白虎の上に刺さば、則ち亦畏るる所無し。

とか、あるいは、

又の法は、左手を以て刀を持ち、気を閉ぢ、地に画して方を作り、祝りて曰く、恒山の陰、太山の陽、盗賊起らず、虎狼行かず、城郭完からざるも、閉づるに金関を以てすと。因りて刀を以て横ふること旬日なれば、白虎の上に中りて、亦畏るる所無きなり（中略）或は七星虎及玉神符・八威五勝符・李耳太平符・中黄華蓋印文及び石流黄散・焼牛羊角を用ひ、或は西岳公禁山符を立つれば、皆験有り。

のように、呪禁のやり方と各種の護符をあげている。以上は『抱朴子』内篇から任意に一、二を摘記したにすぎないが、他の方術もすべて質的には軌を一にするものである。そして、この方術について、『抱朴子』と『隋書』経籍志の巻三十五道経に、

また能く刃に登り火に入るも、しかもこれを禁敕すれば、刃をして割くこと能はず、火をして熱からしめず。

（原漢文）

と呪禁の効用を総括しているのをみただけでも、わが「医疾令」にいう呪禁は、「神代紀」のものとではなく、これら『抱朴子』などとより以上の共通地盤と類似点をもっていることが認められるであろう。しかも、これら大陸のものは再論するまでもなく明らかに道術符禁であるのだから、わが国の呪禁関係諸職の掌った方術というのは、唐朝の呪禁関係諸職の関与した経呪・道呪の二種のうち、もっぱら道呪を中心とするものであったと考えるのが妥当である。

## 4　呪禁職の消長

以上述べてきたのは、呪禁関係のものが、典薬寮の専門職のなかに組み込まれることによって、令の官制下で一定の位置を占めるようになった事情、ならびにその大陸からの伝来系統と呪禁そのものの日本における伝来してからの展開方向についての考察である。次の問題として、それでは、実際にはどのような活動、いわばあらわれ方と影響の仕方をしているかをみることにする。このことは、また、呪禁に対する当時における評価ということにもつながる問題と思う。

既に触れたように、最初に呪禁関係諸職の見出されるのは七世紀末の持統朝であって、それ以後は、律令国家の実学尊重の気運に乗じて、大宝・養老両令にのっとり次第にその職制と実員が整備されていった、と推定される。

まず奈良時代に入って、八世紀前半に活躍する呪禁師として余仁軍と韓国連広足の名が注目される。藤原不比等の没後、藤原宗家を嗣いだのは長子の藤原武智麻呂であるが、その事績を伝える『家伝』下は、彼が廟堂に立つ間は天があたかもその善政を嘉するが如く、有為な公卿良史が輩出したと讃えるいわゆる天人感応思想に貫かれているが、単に政治方面だけでなく、各種の才能に優れた人物も多く輩出したと述べている。その人物のなかに、神亀五年（七二八）六月の条で、宿儒・文雅とならんで、

陰陽には津守連通余・真人王仲文・津連首名・那庚受等あり。暦算には山田忌寸田主・志紀連大道・私石村・志斐連三田次等あり。呪禁には余仁軍・韓国連広足等あり、方士には吉田連宜・御立連呉明・城上連真立・張福子等あり。（傍点筆者、原漢文）(23)

と、陰陽道以下多くの方伎の達人をあげているなかに、呪禁の達人として、余仁軍と韓国連広足の名を見出すことが

できる。なお、吉田連宜らを方士として呪禁とは別扱いにしているが、ここでいう方士がすなわち道士と同じものを意味したのであったのかどうか、速断は危険である。私は、わが国には教団道教は伝来せず、したがって寺院に相当する道観の存在することを律令政府が——大化前代においては大和朝廷が——公認した事実がない以上[24]、ここに記す方士を即道士とするのは誤りと考えている。しかしそれにしても、ここにあげられている吉田連宜以下数名のものが、陰陽・呪禁のいずれにも属せしめられておらないという事実は、無視することができない。おそらくそれは、当時の渡来系氏族のなかでは最も神仙思想に通暁していたという評価が、彼らに、陰陽や呪禁でなく、方士の号を宛てさせたというのが実情であったのではなかろうか。いいかえれば、道観を主宰する道士という意味での方士ではない。つまり、ここで使われている陰陽・暦算・呪禁といった官制上に規定されているような意味での名称ではなく、多分に一般的な通称になっているものを便宜的に使用したのであろうと推定するのが穏当と思う。

さて余仁軍であるが、『日本書紀』に斉明朝の百済からの大使が余宜受とあり[25]、天智二年（六六三）唐・新羅に破れた百済から日本へ亡命した王族に余自信とあるので明らかなように[26]、百済系の氏族に属し、日本の在来からの氏族の一員ではない。彼は、養老七年（七二三）の除目で正六位上から従五位下に昇叙され[27]、一般の官人層から貴族層へと身分が上昇している。既に第2項で述べたように、令の官制での各種専門職の官位相当は、大学寮の博士が正六位下であるのを別格として、陰陽・典薬両寮では最高が正七位下であった。平安時代に入ってのことであるが、最も重視せられた文章博士（大学博士の後身）にしてようやく従五位下であった。しかしながら唐風を貴重視した奈良時代においては、長官である典薬頭や陰陽頭ですら従五位下であったのだから、養老末年における余仁軍の位階が寮の長官でもないのに従五位下に昇叙されたということは、技能者として破天荒のもので、いかに彼が重用されていたかということが充分に察せられるであろう。もっとも、余仁軍の官職が呪禁博士か呪禁師かあるいは他のものであったかについては、『続日本紀』は明記していない。しかし、なにであったにしろ、これより五年後の『家伝』の記事から考えて、余仁軍が一般的な普通の官人層から貴族の待遇を受ける位階に昇叙するということのうちには、その有する呪禁なる技能が有力な要因であったとするのが至当であろう。

次の韓国連広足であるが、姓を韓国連というのは、『続日本紀』にいう延暦九年（七九〇）の韓国連源等の上言に、

外従五位下韓《ノ》国連源等言《ス》。源等《ハ》是《レ》物部大連等之苗裔也。夫《レ》物部連等、各因二居地行《ム》事《トニ》一、別為《レテ》二百八十氏一。是以、源等《カ》先祖塩児、以二父祖奉《ハル》レ使国名《ヲノ》一、故改《ニ》二物部連一為二韓国連一。然則大連苗《ノ》裔、是日本旧《ノ》民、今号《ニソ》二韓国一、還似二三韓之新来一、至《テ》二於唱導《スルニ》一、毎《ニ》驚二人聴《ノヲ》一。因レ地賜レ姓、古今通典《ノ》。[28]

とあるのによれば、本来は物部連の同族であったのが、祖先の塩児の時から朝鮮の諸国との外交に当るのを主たる任務とする家であったことから、韓国連と名乗るようになったという。その時期は、『新撰姓氏録』によれば武烈天皇の代とされているが、[29]一般には五世紀末と推定されている武烈朝に発するか否かは別としても、余氏のように七世紀になってからの渡来系の氏族でなく、在来からの氏族であったことは一応確実としてよいであろう。しかしながら、先の『続日本紀』にいう姓氏伝承が語るように、在来からの一般氏族よりも遙かに大陸との関わりが深く、したがって外来の知識や技能などにも富む伝統を有する氏族であった、と考えられる。『家伝』下の「藤原武智麻呂伝」にあらわれる韓国連広足は、こうした環境と伝統を有する氏族の一員であったのであり、またその青年時代は役小角の弟子でもあった。その役小角は文武天皇の三年（六九九）に伊豆嶋に流されるが、その事情については、

役君小角流二于伊豆嶋一。初小角住二於葛木山一、以二呪術一称。外従五位下韓国連広足師焉。後害二其能一、讒以二妖惑一。故配二遠処一。世相伝云、小角能役二使鬼神一、汲レ水採レ薪。若不レ用レ命、即以レ呪縛レ之。[30]（傍点筆者）

と『続日本紀』は伝えているが、少なくとも、ここにいう役小角の呪禁は道術であった。[31] したがって、韓国連広足は

若いころから役小角について道教の呪術を学んでいたことになるわけである。

また「大宝僧尼令」卜相吉凶条において、僧尼が吉凶を占ったり病を療しても還俗されない条件としている

其依二仏法一持レ呪救レ疾、不レ在二禁限一。（傍点筆者）

の「持呪」について七三〇年代の法家は、「謂二経之呪一也」[32]とし、それ以外の小道と巫術の呪を道術符禁と表記して、

道術符禁、謂二道士法一也。今辛国連行是。（傍点筆者）

と注釈している。いうまでもなく道士法とは道教の呪禁のみを指す語であり、辛国連とは韓国連広足のことであるとする黒板昌夫説は妥当だから、[33]韓国連が奈良時代の中期には呪禁の大家としての評を既に高からしめていたことは確実である。

ところで、官制の整備につれて、該当の職制も人員も充実してくるのが普通であるが、呪禁関係の場合はかならずしも簡単にそのように断ずることはできない。というのは、奈良時代は大陸の先進国家に追いつくための重要な手段の一つとして実学を尊重する気運が盛んであって、朝廷はほとんど奈良時代全期を通じて、事あるごとに技能関係者を賞賜しているのであるが、中期以後になると、すべての場合といってもよいくらいにそれらの賞賜されるもののなかに呪禁関係者を認めることができない、という事実が認められるからである。

天平勝宝九年（七五七）八月、天平宝字と改元するに当って孝謙天皇は、苦学する若い学徒の学費補助として大学寮・陰陽寮・典薬寮・雅楽寮・内薬司のすべてにそれぞれ三〇町から八町の公解田を置くことを命じているが、その勅のなかに、国家の要とする学として天文・陰陽・暦・竿・医・針を挙げているが、呪禁と按摩の名は見出すことはできない。[34]これは、同じ典薬寮関係では医・針が特記されているだけに目立つことである。これを、呪禁関係は裕福で苦学生はいなかったからだと解する人があるかもしれない。が、それは余りにも強弁にすぎよう。なぜならば、翌

二年（七五八）八月、淳仁天皇の即位に際して、藤原仲麻呂が百官を代表して孝謙上皇に奏した祝賀の上表に対し、上皇の応えた詔において、山林清行一〇年以上のものに得度の公験を与えること、中臣・忌部両氏の六位以下のものに位階一級を進めることとならんで、大学生・医針生・暦算生・天文生・陰陽生で二十五歳のものには同じく位階一級を加えるとの恩賞を賜わっているが、呪禁生と按摩生はこのなかにあげられていないからである。(35) やはりここでも、典薬寮の諸生中では医生・針生とは区別されているのである。

同年十一月、淳仁天皇の大嘗会の賀宴が、官位に応じて次々と日を追って行われているが、その棹尾として内外諸司の主典以上のもの六、六七〇余人が朝堂での饗宴につらなった。出席した主典以上と番上の官人ならびに学生のすべてに布綿を賜わったのだが、とくに明経・文章・明法・音・算・医・針・陰陽・天文・暦・勤公・勤産・工巧・打射の五七人には、さらに人毎に絁十絇を加賜された。(36) このときにおいても三ヵ月前の淳仁天皇即位の賀宴の時と同じように、除かれて招かれてはいないのである。

しかしながら、韓国連広足が活躍した天平年間より二十数年後のことであるが、称徳天皇が、天平神護三年を神護景雲元年（七六七）と改元した八月に、その改元の理由となった瑞兆である景雲の出現を奏上した技能者として行賞されたもののなかに、

陰陽員外助従五位下紀朝臣益麻呂叙正五位下、允正六位上山上朝臣船主従五位下、員外允正六位上日下部連虫麻呂・大属百済公秋麻呂・天文博士国見連今虫・呪禁師末使主望足並外従五位下。(37)（傍点筆者）

と、呪禁師の末使主望足の名が認められるから、呪禁関係の技能者が全くいなくなったわけではない。だが、それより四年後の宝亀二年（七七一）十一月の光仁天皇の大嘗祭の賀事に因む賜を受けた医術・陰陽・天文以下各種の技能者五五人中には、呪禁関係者は再び除外されたのかみることができず、(38) 以後、その姿を史上に認めることはできない。

したがって、先の神護景雲元年の末使主望足を最後として、呪禁関係者の公的活動は中央や宮廷内から消えていったことになる。

個人としての呪禁技能者については、その存在は、上記のように八世紀中葉まで認められるが、官制としてはどうであろうか。平安時代にはいって、天長十年（八三三）に成立した『令義解』には、既に述べたように官位令・職員令・医疾令にわたって詳記しているから、九世紀中葉まで存続していたことは確実である。しかし、その半世紀あまり後の延喜五年（九〇五）編纂に着手されて延長五年（九二七）に完成した『延喜式』になると、呪禁については一官半句も触れるところがない。したがって、遅くとも九世紀末ごろから十世紀初頭ごろまでに官制上からも消滅してしまったと推定される。官撰のものではないが、ややそれに近い形で十二世紀末の鎌倉時代初頭に成立した平基親撰の『官職秘抄』にも呪禁の名は伝えておらない。したがって、まず呪禁関係の諸職の復活はなかったといって差支えがないであろう。

このように、外来の呪法として仏呪とともに珍重され、七世紀末から八世紀にかけては、その技能者養成機関の官制上の整備と人員の充足に努められた呪禁が、わずか一世紀にも満たない間に公的な技能者としての活動は史上から姿を消し、関係する諸職さえも、平安初期の間に官制上から抹消されてしまった。いったい、これはどうしてなのであろうか。この問題については呪禁そのものの内容と性格を中心に別著で論じているのでそれに譲り、[39]官制にかかわることを主要な命題としているここでは、ただ、以下のことだけを指摘するに留めておきたい。

そもそも呪禁というのは、自然と人間との関わりの理法を大前提とし、それにより人間がいかにして外界に対処すべきであるかという具体的な方術として形成され、早くから中国大陸において発展したものであった。わが国においてはそれを、人体に関する理法を究めて処置するものとしては最上のものと受け取られた。つまり、そのもつ自然哲学や宗教的意味よりも、むしろ一種の療病の技術としての面が強く意識されたわけである。したがって、疾病の療法という目標からみるならば、医針とは本来性質を異にするものであるのを、同一の性質作用のものと扱った以上、その異質関係が次第に顕在化してくれば、当然のことに両者は対立してこよう。そして、結果として典薬寮内における呪禁の地位の低下、すなわち医針よりは劣るものと認めるようになっていくのは自然の勢いであろう。すなわち、療病法としての独自性を、医針ほどのように強く確立し得ないわけである。

これに対して、陰陽寮内の諸専門職はどうであったか。陰陽・天文・暦のいずれも陰陽五行説を母胎とするもので、大陸においては、自然界の理法ならびにそれと人間界との関わりの理法を究めるものとして形成・発展してきたことは、改めていうまでもない。そして東アジアにおいては、これらの理法が、長期にわたって人間とその社会に最高のものとして貫徹されてきた。そして、その方術が伝来したわが国においても、ほぼ同様の受け取り方がされ、陰陽寮内の同一の専門職能として相互に緊密な親近性を保ちながら展開していった。つまり、呪禁の場合のような大陸におけるのと異る誤った受け容れ方をされなかったわけである。しかも呪禁は、本来は陰陽関係と同一の基盤から形成されて発展してきた方術であったから、(40)いかにわが国が、呪禁は陰陽とは違って人間の身体に関することを中心とする方術、そうした面のみのものと解して受容したのであったにしても、具体的な展開が重ねられていくにしたがって、呪禁が本来もっている陰陽思想関係と親近する性格が、露呈されてくるのは当然である。このことは、日本においては、呪禁が医・針と同様の意味と必要性をもつ専門職として、典薬寮内に設置しておかねばならない官制上の条件が、時を経るのに応じて稀薄になっていく、ということを意味する。

呪禁関係諸職の行動が次第に陰陽関係諸職のそれと混同され、やがて平安時代にはいると陰陽道のなかに吸収され、ついには官制上からも姿を消していかねばならなかった制度論的根拠は、ここに存するのである。

# 第二節　斉明紀の両槻宮——民間道教の問題——

## 1 「斉明紀」二年是歳条

斉明天皇は、乙巳の変の時の女帝であったことで著名な皇極天皇が、その大化改新の一〇年後に孝徳天皇が崩じたので重祚した天皇であるが、しばしば大土木事業を起したとの事績でも知られている天皇である。『日本書紀』はその事績の一つとして、斉明二年是年（六五六）の条に、両槻宮の造営を伝えている。

於㆓田身嶺㆒冠以㆓周垣㆒、田身山名、此云㆓大務㆒復於㆓嶺上両槻樹辺㆒起㆑観、号為㆓両槻宮㆒。亦曰㆓天宮㆒。[41]

斉明天皇は、既に岡本宮を造ってそこを宮廷としていたのであるから、この両槻宮はいわゆる離宮であろう。このことは、多武峰の嶺上に営まれたという立地条件からみても、斉明朝の正廷であったとは思われない。また、両槻宮という名称は、地名に由来するのではなく、槻樹のならぶ敷地の状況に負うているのはいうまでもなかろう。六代前の天皇であった用明天皇が、いま考察の対象としている時点の斉明二年より七〇年前に即位したときの宮殿は、磐余の地に営まれた池辺雙槻宮であった。[42] この宮名も、「池辺」は地名に負うにしても、「雙槻」は槻の木のならび立つ景観であるところから出たと推定される。おそらく斉明朝の場合も、これと同じような事情から命名されたと考えても大過はないであろう。[43]

ところで両槻宮は、斉明朝だけで廃絶したのでなく。少なくとも奈良時代初期までは存続したようである。持統天皇は、しばしばここを愛用されている。[44] 斉明二年の創建から既に四〇年近くは経っているが、天皇の遊幸にたえるだけの維持がなされていたとしても不都合ではあるまい。八世紀に入っても廃絶の意志はなかったとみえて、大宝二年（七〇二）三月には、とくに大倭国に二槻離宮の修善を命じている。(45)破損の修理を国司に特命するくらいだから、斉明以後の歴代天皇は、かなりの愛着をよせていた離宮ところであったのであろう。しかし、文武天皇の行幸があったかどうかは続紀などにみえないから不明であるが、国司に修理を命じたところをみると、おそらくあったのではなかろうか。そして、この大宝二年を最後として、両槻宮は正史から姿を消している。おそらく、奈良時代の間に廃絶していったのであろう。(46)

## 2　両槻宮の造営

周知のように、『日本書紀』はその文献としての性格からいっても、『古事記』とならんで皇位継承・后妃皇子女などについて記すこと、非常に詳密である。また、これに関連して歴代の皇居宮殿・行宮や離宮などの造営、そこへの行幸・滞在などについても、細大もらさず記載しているようである。したがって、斉明二年の多武峰における両槻宮の造営も、書紀のこの方針にしたがって記録されたものの一環と考えてよく、これに、それ以上の意味を求めることは必要ないとしてよかろう。河村秀根（『書紀集解』）、谷川士清（『日本書紀通証』）、飯田武郷（『日本書紀通釈』）の諸先人は、いずれもそうした態度でこの記事に対しているのである。

このように、一般に普通にみられる類型的な平凡な一つの造営記事とされていたのに対し、二十世紀初頭に至って、初めて波紋を投じたのは東京帝大の黒板勝美教授であった。黒板教授は、大正十二年（一九二三）の『史林』誌上において、中国の民族宗教たる道教と日本との関係を論じられたなかで、この『日本書紀』の記事に注目され、

斉明天皇の御代に実際道教の寺観を建てられた事が矢張り日本書紀に見えていることは空谷響音の感なきにしも

非ずである。（両槻宮の造営を）明らかに観を起すとあれば、その仏教の寺院でない事が推定せられる。（傍点筆者）(47)

と、初めて両槻宮道観説を提唱された。中国大陸で道教の施設で仏教の寺院に相等するものに宮・観・廟の文字を使用し、ことに「観」の字を使用することは周知のところである。その表記の仕方は東晋の大和年間（三七〇年代）からあらわれはじめ、北魏の寇謙之の唱えた新天師道からは道観以外の表記はほとんど認められず、その新天師道が勢力を得た五世紀中葉ごろから道観の建設は盛んになっていった。(48)斉明朝は七世紀中葉であるから、書紀が多武峰に造営された宮殿の形式の説明に「観ヲ起ス」とあるのをもって、道観にあてた黒板説は、別に時間的には矛盾することはない。

滝川政次郎氏は、この黒板説をさらに発展されて、

推古天皇の御代以来、支那（原文のママ）との交通が盛んとなるに及んで、道教の我が国に於ける勢力も盛んとなり、斉明天皇の御代には、終に道観の建設さへ見るに至った。即ち日本書紀、斉明天皇二年九月の条には「（引用文略）」とあって、多武峰の山上に堂々たる道観の建立せられたことが見えている。(49)

と、黒板説と同じ条文を考察されながら、両槻宮をさらにはっきり道観と断定されたのである。

黒板教授の論文は、学説史的にいって、道教の日本に及ぼした影響を考えるうえにおいて実に画期的な業績であった。それだけに、これを承認する空気が強く、滝川氏のような積極的な支持者もあって、両槻宮道観説も、そのまま学界で承認される傾向にあった。ただ小柳司気太氏が、この観を道観とするのは黒板氏の失考であり、観は道観ではなく宮観の意であるといわれたのがほとんど唯一の反論であった。(50)しかし小柳氏は、黒板説を失考とした理由や、宮観とする根拠について積極的に見解を開示していられなかったこともあって、一つの印象論的な反対論の観にとられ

易く、それほど学界の注目はひかなかったようである。

昭和年代になってからも、道教史そのものの研究がほとんど進まなかったこともあって、黒板説の継承も、またその検討も行われなかったに近い状況にあったといってよい。(51)したがって、両槻宮道観説について、関心を払われることもほとんどなかった。道観説にしても宮観説にしても、これが積極的に採り上げられるようになるのは、道教史への関心がようやく起り始めた昭和三十年代（一九六〇年代）に近くなってからである。黒板説に対する本格的な否定論も、またこのごろから出始めた。その代表的なのが那波利貞氏であろう。那波氏の論は、かつての小柳説とは違って、反論の根拠をかなり積極的にあげているのが目につく。すなわち、

（黒板博士の）両槻宮を道観なりと見るは興味ある着眼であるが、観の字は……道宮・道観といふ道教の寺といふ意もあるが、楼観・宮観など謂ふ如く高い物見の建築、城門の櫓を意味して居る場合もある。古、宮門外の両台を象魏と曰ひ法を懸け示して人に告ぐる処であるが、其の間に門の無い為に之を闕と云ふ。両台の間、その上に楼観あり。故に闕を観とも云ふので、観は道士の住める建築物をのみ呼ぶ名称とは限られぬ。而して「書紀」該条の古訓にはタカドノと読み習はしてあるから、観を起し号して両槻宮と曰ふとあるより直に此の宮を道観と見んとするは少し早計に過ぐる嫌があり、余は単にタカドノ即ち楼観と見むと欲するもので、黒板博士の説には賛することを躊躇する者である。(52)

と、観の文字はかならずしも道観のみの意味でなく、古訓のタカドノが中国の闕の義に近いから、楼観の意にとろうというのである。とすれば、当時は宮殿が板蓋にされただけで宮名となるほど建築技術が幼稚であったのだから、建築様式としては、タカドノはかなり斬新で進んだものであり、大いに世人の注目を集めたものと推定される。しかし、建築の性格という点からいうならば、やはり宮殿の一種になるわけであって、質的には、従来のものとはいささかも

違わないものとなろう。その点において、那波説はこれを道観なる宗教建築とする黒板説とは根本的に相対立することになるわけである。ついで窪徳忠氏も、この那波説をうけて、両槻宮は単なる宮殿の一つにすぎないとされた。(53) 窪氏の論拠は那波説以上のことをあげておられないが、ただ、もし道観が建てられたのであったのならば、当然、道士がいなければならない。とすれば、道士に関係する多くの記録があるはずであろう。しかし、そうしたことは皆無に近いのであるから、道観であったとするわけにはいかないという論旨を展開されているのが、従来の反対論とは異って注目される点である。那波・窪両氏は東洋史学者としてとくに道教史の専門家であり、道教そのものが中国で形成発展したものであるだけに、その所論には説得力が強い。で、私も、両槻宮を道観とすることについてだけは黒板説の成立は困難であり、那波・窪両氏の所論に従って楼観説の立場を採ってきた。とともに、今日においては道観説はほとんど否定されてしまったものと考えていたのである。

しかしながら、これは私の早断であって、現在においても道観説は依然として主張されており、かならずしも楼観説に帰一しているのではなかった。岩波版の日本古典文学大系所収の『日本書紀』においては、斉明二年条の注釈に、

観は、もと、合わせそろえる意。宮門の右と左とにある物見の高い台。ここでは道観、即ち道教の寺院か。(54)

と、観の一般的解釈では那波説と大差はないが、具体的な両槻宮の場合にあっては道観であると、断定に近い表現で「道教の寺院か」と明瞭に言っているのである。注釈本の関係から余白の少ないためであろうかその論拠をあげてないから、以下は私の推量にすぎないが、おそらく那波・窪両氏の説を非と認めたうえで黒板説に従われたのであろうと思われる。なお同条末尾に、この両槻宮を「亦曰二天宮一」とある天宮についても「道教による命名か」と注釈しているが、このことも上記の推量を強めよう。

黒板説が提唱されてから既に半世紀以上をすぎているが、上述の両論はお互い長い時間を隔てて繰り返されたため

に、いわゆる論争の形態は採っておらない。しかも、代表的な論者の黒板・那波両氏は既に鬼籍にはいっておられ、いまさら私見を提出するのには躊躇する念もあるのであるが、以下に述べる理由もあって、日本古典文学大系本の『日本書紀』注釈のように無条件に道観説に従い得ない所以についての私見を、述べさせていただきたいと思う。(55)

## 3 道観説の問題点

道教に関連する施設として、いままで両槻宮についてだけ触れてきたが、黒板説にいう道観は、なにもこの両槻宮だけに限定されているのではなかった。同じく書紀の斉明元年（六五五）五月の条に、

空中有㆓乗㆑竜者㆒。貌似㆓唐人㆒、著㆓青油笠㆒。而自㆓葛城嶺㆒馳隠㆓胆駒山㆒。及㆑至㆓午時㆒、従㆓於住吉松嶺之上㆒、西向馳去。(56)

とあるのを根拠として、さらに次のようにいっていることにも注目されるのである。

葛城嶺や生駒山には或は道教の寺観があったのではあるまいか。今も支那（原文ママ）の道教の僧は青油笠のやうなものを着けてゐるのである。（中略）それで若し余に推測を逞しうせしめらるるならば、北に生駒山、東に多武峰、南に吉野金峰山、西に葛城山と、四方に道教の観が建てられてゐた事があったのではあるまいか。久米仙人の事は暫く措くとしても、大僧正行基ももと山林修行者であったやうであるから、生駒山や菩提山、又は河内の石凝など、その所謂四十余院に数へられてゐることから、是等の寺院もまた嘗て道教の寺観ではなかったかと想像される。(57)

すなわち、飛鳥・藤原の地をあたかもとりまくような形で、多武・生駒・葛城・吉野金峰の四方の峰々に道観が存在していた。それが七世紀から八世紀にかけてのころの状況であったのではなかろうか、と推定しておられるのである。

両槻宮道観説に対しては、既に述べたようにいくつかの否定説があった。しかし、その否定説を主張する論者のすべては両槻宮を否定するだけであって、黒板説にいう他の道観説については全く関説していない。これは両槻宮道観説を否定しさえすれば、ことさらに他のものに触れなくてもすべて否定し去られると認めたからであろうと、考えることは一応可能である。だが、小柳氏をはじめ那波・窪両氏の反対論の論調をみると、かならずしも上記のように想定する可能性があるからとばかりといって、すましておけないところがある。というのは、両槻宮は斉明天皇の意志によって造営されたものであるから、離宮といった宮殿でなく黒板説にいうごとく道観を目的としたものであったとすれば、いかに天皇の個人的な私的意志によって出現したものであったにしても、それは国立道観、いわば官営の道観ということになる。しかも、書紀の書きざまからいって、この両槻宮造営の場合は、天皇の私的造営というよりむしろ公的造営であった傾向が強い。とすれば、この造営はなおさら道教を公的に採り入れたことを示す象徴的な建築ということになろう。小柳・那波・窪氏などの反対論は、このことを念頭において、斉明朝にこうしたことは起り得ないとし、観は道観をあらわすに非ずして楼観を意味する、とする論調である。つまり、その意味において宮立の道観の存在を強く否定しているといってよいであろう。したがって、黒板説のあげている他の生駒・葛城・金峰山などに想定した道観に関説しないのは、それらが直接、天皇の意に発して出現したものなのかどうか、全く不明で明確でないということ、いいかえるならば、官立道観なのか私立のそれかが不明である点に基づいているようである。その論調からいって、他の道観を無視するとか黙殺するといったことでは、少なくともない。だから、反対論者が意識的に両槻宮以外に関説していない態度は、公的な道観は存在しないにしても、豪族か渡来してきた帰化人などによる私的な道観はあるいは存在したのではなかろうか、という観点がその裡に含まれていると解するのが、それら反対論の妥当な受け取り方だろうと、私には思われるのである。

このように考えてくると、両槻宮を道観とすることについてこそは肯定・否定の両論に分かれるが、質的にみるならば、道観そのものの存在については、両論ともこれを認めようという立場にあるものとしてよかろう、と思う。

ところで私は、かつて別著で詳細に論じたように[58]、道教は確かに日本へ流伝してきたが、それはいわゆる民間道教といわれる分野のものであって、教団道教はほとんど含まれていなかった。このことが、ほとんど時を隔てないで同じ中国大陸から伝わってきた外来宗教でありながら、道教が仏教と区別される最も重要な相異点であった。そして、仏教は伝来してから自らの場を日本の風土と生活のなかに見出して定着していったのに対し、道教は、自らの場を日本において確立していくことができなかったのも、その出発点において民間道教が中心であって教団道教は関わりをもたなかった、このことに主因の一つがあるというのが私見である。

そもそも道教といっても、決して一つのあり方をしたものでなく、内容からいっても形態的にみても、教団道教と民間道教（または民衆道教ともいわれる）の二つに大別されるというのは、今日においては繰り返して強調する必要はもはやない周知のこと、といってよいであろう。そして、形態的にいうならば、教団道教のあり方の中核をなすものが、仏教の寺院に相当する道観であり、そこにおいて行われる種々の宗教的行業に専門家として関与する道士であることは、改めていうまでもないことである。したがって、日本に流伝した道教には教団道教はほとんど含まれていないとする私見が妥当だとすれば、道観も道士も、日本には存在してはいないはずである。しかしながら、黒板説は官立の道観が斉明朝に造営されたと主張し、またそれを否定する論者にしても、私的な道観については、消極的ながらその存在を容認しているようである。それら道観には当然、道士も随伴しているわけである。だから、これらが事実とすれば、両槻宮道観説はいうまでもなく他の私的道観説も、みな明瞭に教団道教の存立を示すものといわなければならない。と同時に、既にたびたび提唱している私見とは[59]、真向うから対立するものとなるわけである。

私が、この両槻宮造営に関連して再びことさらにこの問題を採り上げた理由は、単に造営趣旨の論争に結着をつけたいということだけでなく、上記の日本の道教についての私見の妥当性を改めて証明したい、というところにもあるのである。

まず順序として、斉明二年条の両槻宮そのものについての問題から始めたい。この宮について肯定・否定の両論に分かれるのは、書紀の文が「また嶺の上の両の槻のあたりにおいて、観を立つ」とある「観」字の解釈による。名詞としての観には、外見・儀容・眺望・状態・見解・みもの・細心の分別など、いろいろの義があるが、建造物を示す名詞の意としては、『書紀集解』が「爾雅」を引いて説明しているように、宮門の左右の両台（ここに法を懸けて人民に示し告げる処）の間に門がなく（そのためこれを闕という）、その台上楼観を設けたもの(60)、すなわち宮門の左右にある高い台を指すとか、また『日本書紀通証』が「左伝」に基づいて説くように(61)、台上に屋を構えて遠くを観望することができるようにしたもの、いわゆる「物見台」とか「たかどの」といわれているものを指していうのが一般である。しかし、上記の両者は建造物としては違った性格のものであるが、いずれも宗教的なことを目的としたものではない。いま一つの別義としては、黒板説が主張する道士の修業するところ、すなわち道観の意味の観である。道士の修業所は、道宮とか道廟ともいわれ、かならずしも道観とのみ呼ばれたのではないが、道観の呼称が最も多用されているから、観をもって直ちに道教の寺院を代表するものとしても、別に誤りとはいえない。このように、ある建造物を示す名詞としては、観には質的にいえば二通りの意味があるのであるが、斉明紀の「観を立つ」の文からだけでは、そのいずれを指すかを確定することはできない。だから、この字面だけで決定しようとしても、結局のところ水掛け論で終る。

書紀には、例えば「歌場」について「此云三宇多我岐二」とあるように(62)、特定のものには最初から訓みを真仮名で示

表1　「たかどの」に充てた文字

| 用字 | 回数 | 箇所 |
|---|---|---|
| 楼 | 7 | 神代紀下・欽明紀7年・崇峻紀2年・雄略即位前紀・雄略紀12年(2)・斉明紀4年 |
| 高楼 | 1 | 欽明紀23年 |
| 楼閣 | 1 | 雄略紀12年 |
| 高台 | 4 | 応神紀22年(2)・仁徳紀4年・同38年 |
| 台上 | 1 | 仁徳紀7年 |
| 高堂 | 1 | 継体紀23年 |
| 台 | 1 | 神代紀下 |
| 観 | 1 | 斉明紀2年 |
| 楼台 | 1 | 神代紀下 |

註　傍点筆者

したものが多いが、残念ながら「観」についてはそれがない。が、幸いに現存の書紀の写本のなかには、「観」について「タカト」または「タカドノ」という古訓の付されたものがある。これは斉明朝や書紀編纂当時の訓みであったとはいえないにしても、写本の年代から推定して少なくとも平安時代までのものであり、それが貴族層を中心にしたものであることを考えると、七世紀後半の状況をこの古訓からしのぶことも、かならずしも誤りとすることはできないと思う。そこで、まずこの古訓を手がかりとしたいのだが、「タカト」はおそらく「タカドノ」と同じ意味をあらわすとしてよかろうから、「タカドノ」だけを考えればよいであろう。国語学者の説明によれば、古代における「タカドノ」とは、一段高いところに作った建物の意であるという(63)。だから、国語学の成果による限り、「タカドノ」には「道観」の意はないことになるわけである。

このことをさらに確かめるために、書紀においては「タカドノ」にいかなる文字を充てているかをみてみると、上に示す表1のような結果になる(64)。のちにも述べるように、書紀は宮殿関係の造営についてはほとんど洩れなく記していると推定されるにもかかわらず、タカドノの現われる回数は予想外に少なく、全部で一八回にすぎない。おそらくこれは建物を表記するのに、とくに誇大な形容を避けたからではなく、建築技術そのものがまだ未熟なため、事実、高層建築などが少なかったことを示すのであろう。その一八回のうちでは楼が最も多く、高台がこれにつぎ、他の楼台・高楼・台上・楼閣・高堂・台・観はそれぞれ一回充て使われている。これらは語彙としては九種であるが、文字としては楼・台・堂・観の四つであり、そのなかでは楼が断然とびぬけて多く、ついで台・堂と観は各一回きりである。このことを語彙の場合と併考すると、書紀の編纂時である八世紀初頭においては、「タカドノ」といえば楼か台の文字を使用するのが普通であって、観や堂の文字を充てるのは特例であったのではなかろうかということができよう。さらに子細にみると、堂の場合は単独で使用されていることはなくて、高堂と二字あわさって初めて「タカドノ」とされているから、「観」の一字だけで「タカドノ」に充てているのは、特例中の特例ということになる。そして、この特例中の特例が斉明紀の問題の条なのである。これは、果してなにを意味するのであろうか。

思うにこれは、両槻宮の造営はいままでにはみたことのない特殊な形態の建物として造られた。それは一般にみられる普通の建物より高く造られたのであるが、その高度も形態も楼や台の文字であらわされた感覚とは異った「タカドノ」であったことが、「タカドノ」について従来の慣用字たる楼や台を避けて、ことさらに「観」の字を使わしめたのではなかろうか。河村秀根が『書紀集解』において、「爾雅」の説を引いて「観は闕なり」といっているのは、この意味において、最も当時の実情に近い状況を表明していると思う。私は、たとえその形態が大陸そのままのものではなかったにしても、宮門の左右にある高い台に類似した建物があったがために、大陸でその種の形態のものに充用する例であった「観」の字を、ここに援用したのではないかと思うのである。法式備定の珍国を目標にした大化改新後まもない唐風卓越の風潮の上昇期において、世評に上るほどの土木工事を実施した斉明天皇の建造物としては、闕としての観は、まことに相応しいと考えられるのではないかと思うのである。

このように、書紀は建造物をあらわす文字としては、ここで「観」を特例的に扱っているのであるが、それならば、書紀は「観」字そのものについてはどのように使っているかをみたのが、次の表2である。

表2で示したように、その使い方は全部で五通りであって、そのうち名詞的な使い方は前記の「タカドノ」だけ（しかも一回のみ）であって、他はすべて動詞か副詞的な使い方のものである。すなわち「ミル」「ミソナハス」がほとんど大部分の訓み方で、他は「シメス」「ハルカニ」が各一回だけである。しかし唯一の副詞的な「ハルカニ」も、「観覧」を「ハルカニミハルカス」と訓む場合であるから、内容からいうならば、書紀は「観」を「ミル」という意のただ一種の使い方をしているといっても大過ないとしてよかろう。したがって、斉明紀において「観」をタカドノに充てているのは、全く特異な使い方であったということになるわけである。この点からいっても、両槻宮に付設されたある建造物はいままでの宮殿にみられないよほど変った外貌のものであったと推定される。だからこそ、書紀全体としてみればかなり頻用されている「観」字を、ここでだけ頻用の場合とは異った特殊な用法をしたのではあるまいか。つまり、私は、斉明紀に「観」字が使われているのは、建物の内容すなわち用途の性格——住居でなく寺院や道観のように宗教的な目的にそうものといった意味での用途——の相異をあらわすのではなくて、建造物そのものの様式や外観が珍奇であったことを示すもの、と解するのが穏当だと思うのである。

表2　「観」の訓み方

| 訓み | 回数 | 箇所 |
|---|---|---|
| みる | 多数 | |
| はるかに | 1 | 欽明紀14年 |
| しめす | 1 | 崇峻紀2年 |
| みそなはす | 多数 | |
| たかどの | 1 | 斉明紀2年 |

註　傍点筆者．10回以上を多数とす．

さて表1・2の示すものに基づいて考えたのが以上のようなことであるが、さらにこのことを確かめるために、宮廷関係の建造物をあらわすのに、書紀はいかなる文字を使用しているかを見てみたい。

第3表 「宮殿」をあらわす文字

| 訓　み | 用字 | 回数 | 備　　考 |
|---|---|---|---|
| ……のみや | 宮 | 多数 | |
| | 室 | 1 | 雄略即位前紀 |
| | 庭 | 1 | 継体紀元年 |
| | 殿 | 1 | 推古紀元年 |
| おほみや | 王宮 | 1 | 允恭紀8年 |
| | 宮 | 4 | 履中紀5年・推古紀元年・孝徳紀大化2年・同白雉4年 |
| | 宮殿 | 2 | 仁徳紀7年・孝徳紀大化元年 |
| | 宮中 | 1 | 仁徳紀30年 |
| | 宮庭 | 1 | 推古紀9年 |
| | 大宮 | 2 | 欽明紀10年・天武紀11年 |
| | 宮室 | 多数 | |
| | 宮闕 | 1 | 斉明紀元年 |
| | 正宮 | 1 | 天武紀朱鳥元年 |
| み　や | 宮 | 多数 | |
| | 宮殿 | 4 | 神代紀下・皇極紀4年・孝徳紀白雉3年・斉明紀元年 |
| | 宮室 | 2 | 景行紀12年・推古紀9年 |
| | 禁 | 3 | 顕宗即位前紀・推古紀元年・舒明即位前紀 |
| | 庭 | 1 | 敏達紀14年 |
| | 宮門 | 1 | 天智紀9年 |
| …のかりみや | 行宮 | 多数 | |
| | 権宮 | 2 | 皇極紀元年・同2年 |
| | 離宮 | 1 | 孝徳紀大化2年 |
| にひみや | 新宮 | 5 | 神武紀戊午年・允恭紀7年・天智紀10年・天武紀7年・同10年 |
| にひきのみや | 新宮 | 1 | 持統紀朱鳥6年 |
| とつみや | 宮 | 2 | 清寧紀5年・用明紀2年 |
| うちつみや | 後宮 | 2 | 垂仁紀34年・雄略紀2年 |
| | 掖庭 | 4 | 垂仁紀5年・同15年・景行紀4年・仁徳即位前紀 |
| | 椒庭 | 1 | 安閑紀元年 |
| おほうち | 内裏 | 2 | 雄略紀23年・用明紀2年 |
| | 禁中 | 1 | 持統紀朱鳥11年 |
| おほとの | 大殿 | 3 | 神功紀摂政13年・雄略紀23年・用明紀2年 |
| | 殿 | 1 | 雄略紀7年 |
| | 帷幕 | 1 | 景行紀4年 |
| | 殿中 | 1 | 雄略紀7年 |
| | 宮室 | 2 | 仁徳紀30年・允恭紀8年 |

| | | | |
|---|---|---|---|
| | 殿室 | 2 | 仁徳紀7年・允恭紀7年 |
| | 室屋 | 1 | 仁徳紀元年 |
| | 正寐 | 3 | 反正紀5年・仁賢紀11年・孝徳紀白雉5年 |
| | 内寐 | 1 | 安閑紀元年 |
| たかみや | 高宮 | 2 | 持統紀朱鳥6年(2) |
| みやところ | 宮地 | 多数 | |
| | 宮処 | 1 | 舒明紀11年 |
| にひしきみや | 新宮 | 1 | 孝徳紀大化2年 |
| と　の | 殿 | 2 | 神代紀上・同下 |
| | 殿屋 | 1 | 皇極紀元年 |
| みあらか | 殿 | 3 | 神代紀上・同下・崇神紀7年 |
| | 大殿 | 1 | 崇神紀6年 |
| もとつみや | 宮 | 1 | 神代紀下 |
| | 本宮 | 1 | 神代紀下 |
| ふるみや | 旧宮 | 1 | 天武紀13年 |

註　傍点筆者．多数は10回以上を示す．（　）内の数字は同年中の回数を示す．

それを具体的に表示したのが上に示す表3である。

最も多いのが傍点をつけている宮・宮室・行宮・宮地で、この四者だけで書紀にあらわれる回数の大半を占める。そして、「宮」の字を、単独かあるいは宮室のように熟語的に使用するのが書紀の傾向といえる。すなわち「オホミヤ」としての宮殿・大宮・王宮・宮闕・正宮・宮中・宮庭、「ミヤ」の宮門、「カリミヤ」の権宮・離宮、「ニヒミヤ」の新宮、「ウチツミヤ」の後宮、「タカミヤ」の高宮、「ミヤトコロ」の宮処、「モトツミヤ」の本宮、「フルミヤ」の旧宮などは、すべてこれに含めてよいであろう。使い方の種類としても、二〇種とバラエティに富んでいる。ついでは「殿」字で、殿《みや》・大殿（おほとの・みあらか）・殿中《おほとの》・殿室《おほとの》・殿室《との》の五種とある。「室」字も「ミヤ」に当られているが、これは他には室屋《おほとの》だけであって、宮室・殿室はそれぞれ宮・殿に含まれ、非常に少なくなり、宮と併合している宮殿を加えても六種である。「室」字も「ミヤ」に当られているが、これは他には室屋《おほとの》だけであって、宮室・殿室はそれぞれ宮・殿に含まれ、それに付属したものとしてよかろう。

このほか表に示した以外のものとしては、「庭」字の椒庭《うちつみや》・掖庭《うちつみや》（宮と併合した宮庭《おほみや》もある）、「禁」の禁中《おほうち》、「寝」の内寝《おほとの》・

正寝《おほとの》、また内裏《おほうち》や帷幕《おほとの》もそれぞれ一、二回充て使われているが、これら「庭」字以下のものは建造物そのものをあらわすというよりは、むしろ、そこで営まれる生活内容を意味することの方に重点がおかれた表記法と位置づけ、建物主体を指すものからはずすのが妥当であろう。こうしてみると、書紀において宮廷関係の建造物をあらわす語は、宮・殿・室の三字とそれの組み合わされたもの、といってよかろう。いずれにしても、「観」字は、宮殿そのものをあらわす文字としては使われておらない、と断定して大過ないと思う。また、寝・禁のように、そこでの生活内容をあらわす語として用いられたことも、一度もないということにも注目しなければならないのである。

私は、これをもって、斉明紀のみに用いられている「観」は、斉明天皇が多武峰に造営された両槻宮全体をあらわすものでは決してない。そして、さらにそれは、両槻宮に付設された建物、すなわち両槻宮の一部を意味するものにすぎないと断じて、ほぼ誤りはないものと思う。この私見にして大過ないとするならば、「観」字のみをもって両槻宮そのものを道観とし、斉明天皇自ら道観を建設したとする根拠は、全くないということになる。書紀が、「両槻観」とせずに「両槻宮」と、最も普遍的な宮殿用語を使用し、また、実際に道観であるならば当然「道観ヲ起ツ」とすべきところを、わざわざ「観ヲ起ツ」と記しているのは、決して偶然にこうした表記の仕方を採ったのではない。事実において、道観の建設でなかったればこそ、かかる表現の記述になったとすべきであろう。

ところで両槻宮という宮名は、多武峰の嶺上の二本の槻の大樹のほとりに建てられたというのに由来することは明瞭であるが、その理由となっている槻なる樹木そのものに因んで注意すべき説話が、『日本霊異記』に収められている。それは斉明二年よりはるか後年である奈良時代末の宝亀四年（七七三）に起った事件として記されているのであるが、信濃国小県郡の住人であった他田舎人蝦夷はまことに貪欲な人物であって、出挙のときは小升を使い、自らの秋収の際には大升でとるという悪埒な手段を講ずるなどで、財をなした。が、その一方においては、法華経を写して供養をするという信心の人物でもあった。それで、その積み重ねた悪行と善行に対して、善悪の報いを受けるという説話である。彼は宝亀四年の夏、突然急死するのであるが、七日の後に甦って家人に語る一節に、次のような語がある。

使有二四人一。共副将往、初往二広野一、次有二卒坂一。登二於坂上一、観有二大観一、於レ是峙視二前路一、多有二数人一、以レ筆掃レ路言、奉レ写二法花経一之人、従二此路一往故、我等掃浄（下略）[65]（傍点筆者）

冥界の使者につれられて険しい坂を登っていって見ると、そこに大きい観があったという。この観を闕にあて「ミカド」とする考えもあるが[66]、それはおかしい。というのは、続いて「是に峙《た》ちて前の路を視れば、多《さわ》に数の人有りて、箒を以て路を掃ひて言はく、法花経を写し奉りしん、此の路より往くが故に、我等掃き浄む。云々」というのであるから、ミカド（闕）のような建造物にもたれて前方を見るということは、ちょっと考え難い。しかも、閻魔王の宮殿に至る前に大きいミカドといわれる大建造物があらわれるというのも、それが目的地ではないのだからいささか筋道が合わない。だから、この観は闕ではなく、別のものでなければならない。私は、春日和男氏の「つきのき、観は欟の省文か」との考えが妥当と思う[67]。樹木の名称としての槻の国字は「欟」である。春日氏は、ここにあらわれる「観」は、この国字の「欟」の省文であろうとされるのであるが、まことに卓見だと思う。つまり「観」には、楼観や道観以外に、日本においては「槻」の意もあったのである。とすれば、書紀が両槻宮の説明に「観ヲ起ツ」としたうちには、観に槻をかける意が含められていたのかもしれない。八世紀初頭の書紀の編者が漢籍の知識に通じ、現代における一般の書評式の表現をするならば、衒学的というのに近いほど中国文献の語句を援用していることは、河村秀根以来現在に至るまで、諸先学の既に明らかにせられたところである。観に、表1・2・3を通じて考えたことに加えて、欟=槻の国字の意をも含めていたのではないかと推量することも、あながち荒唐無稽とばかりはいえないのではなかろうか。

ところで、両槻宮の別名を「天宮」と称したという問題がまだ残っている。天宮については、既に飯田武郷が「扶桑略記には大宮に作れり」(68)といっている以外では、『書紀集解』に、

法華経随喜功徳品曰、縁二是功徳一及乗二天宮一。西域記十七国秣羅矩吒国日布呾洛迦山池側有二石天宮一(69)。

といっているくらいで、黒板説も既に第二項で触れたその説の反対論者も全くこれには触れておらず、「天宮」に関してはほとんど問題がないとしている、といってもよかった。しかし、岩波版の日本古典文学大系所収の『日本書紀』の注釈で、青木和夫氏が、

天宮、あまつみや。道教の思想による命名か(70)。

といっているのは、最も新しい説であるだけに、無視するわけにはいかない。

天宮には天帝の宮殿という意があり、また秦の始皇帝が渭水のほとりに作った離宮を天宮と呼んだ例もあって、この始皇帝は神仙説を妄信したことでも著名であるから、青木説のように考えるのも一応は妥当のようでもある。しかし、天宮や天帝の起源である天という理念は、中国の思想の根源であった。儒教、道教をはじめ、中国のあらゆる宗教・哲学は天の理念から発し、それを思想化することによって形成されていったものであることは、改めて揚言するまでもないことである。仏教の経典が漢訳される際にも、この概念が原義的なものとしてひろく採り入れられたことは、上記した『書紀集解』が既にその一端を示しているとおりである。したがって、漢語としての天宮は、決して道教の独占物でも専有概念でもなかった。いうならば、儒教・道教・陰陽五行など中国思想全体の共有物であったのである。思うに、青木氏が道教思想による命名と推定されたのは、あえていえば、その前提として、観を道観とする黒板説があったからではなかろうか。

観が道観のみを指すものでない所以については、既に詳述したとおりである。したがって、その前提が既に成立しないとすれば、天宮を道教思想のみに限定する根拠もありえない。とすれば、天宮なる命名は、大陸思想に淵由するものとの漠然たることしかいい得ないことになろう。私は、先にも触れたように、斉明朝が唐風卓越の上昇期にあることを考えると、中国で最も尊ばれた天に因む名を、雅名として両槻宮に付したのが天宮なる名称であったと考えたい。いずれにしても、天宮という別称も、決してそれが両槻宮が道観たることを示す証拠にはならない、と断定して大過ないものと思う。

## 4　道士について

日本における道観存在論の主要論拠は「斉明紀」に記す両槻宮を道観と解することにあるのであるから、その道観説の成立しないことが明らかになった以上、両槻宮道観説は完全に否定して、一般にいうところの離宮であったとするのが妥当と思う。ところで、先にも述べたように、最初に道観説を提唱された黒板博士は、その一つの傍証として、多武峰近辺の生駒山などの峰々において道士の活躍がみられたとの推定説をあげておられる。しかも、これについては、黒板説に反対の論者もほとんど関説してはいない。そして、両槻宮をそもそも天皇による国立の道観とするから反対するので、私立のものが存在してもそれは問題視するに価しないから関説する必要がないと、この関説しないことをもって、むしろ私的な道観の存在することを消極的ながら容認しようとの意味の、間接的表現であるとも受け取れるような節がある。私は、公的たると私的たるとを問わず、日本には道観そのものがいかなる意味においても存在しなかった、と考えているので、黒板説でこの道士と推定されたことがらについても、若干論及しておきたいと思う。

黒板説でまず道士と推定されたのは、「斉明紀」の元年（六五五）五月庚午朔の条に、

空中有二乗レ龍者一、貌似二唐人一、著二青油笠一。而自二葛城嶺一馳隠二胆駒山一。及レ至二午時一、従二於住吉松嶺之上一、西向馳去。(71)

と、風貌が唐人に似ていて、竜に乗って空中を飛ぶといったような現われ方をする人物の行動が神仙と同じということ、彼の着た青油笠というのが、中国の道士が青衣をつけているのと似ているということ、などに基づいている。

空中を竜に乗って飛ぶというのは、中国の神仙譚に通有のことである。次の青油笠であるが、それは雨具の一種で、『日本書紀通証』が「油笠猶二油衣一也、今俗云二哈叭一、蓋蕃語也、隋礼儀志、有二青油幢一」といっているのは、おそらく当っているであろう。古写本に「アフラキヌカサ」と訓んでいることから推定すれば、油を塗った絹で作った笠で、青色に染めたものであったのではなかろうか。だから、それを着たものの外観は青っぽくみえるわけである。中国の道士が青衣をつけていることは事実であるが、それがいつごろから道士の服装の制色になったかについては確説がない。青は、中国においては草木生成の色として春をあらわし、五行に配しては東方に当られた色で、古くからとくに尊ばれた色であることは間違いないが、これを喜び尊んだのはかならずしも道教だけではなく、青衣は当初から道士に独占されていたものでもない。少なくとも唐代以前においては、かならずしも青衣をもって道士の服装のみをあらわすものとはいえなかった。したがって、斉明紀に青油笠とあるからといって、それは舶来のデザインであったことは確かにしても、それをもって直ちに道士にのみ限定しなければならない理由は少しもないのである。(72)また、貌《かたち》が唐人に似ているというのは、書紀の記述に従うならば、空中を飛んでいるのであるから真近に顔を見たのでなく、地上から遙かに眺めた観察による結果である。だから、この「貌」というのは、当然顔の形だけを指すのではなく服装全体ということになるであろう。したがって、これを根拠として、直ちにこの人物を日本人ではなく外国人であったと

いうことにはならない。したがって外国人だから当然のことに外来宗教である道教の道士であろうと推理するのはいささか軽率にすぎよう。すなわち、成立するには妥当性に欠けるものと思うのである。

ところで、ここにあらわれる奇怪な人物の行動に関連して注意されるのは、天平三年（七三一）の成立と推定されている『住吉神代記』に、

大神、飛鳥板蓋宮御宇天皇御世始仁、夏五月庚午宣賜久、為レ巡二検吾山一止宣賜弖、即乗二御馬一賜、着二油笠一賜弖、兄乃山余利、葛城嶺、胆駒山馳利廻利賜弖、以二午時一、住吉仁馳還坐弖、聞二食御飯酒一、即阿閇、魚次、椅鹿山、御覧還御座支、仍件山在二神道一也。(73)

と、書紀とほとんど同内容のことを伝えていることである。空中を竜に乗って飛ぶというのでなく、乗りものが馬になっていることや、順路に兄乃山《せの》（和歌山県）が加わっているぐらいで、他の時間や行動などの重要点においては全く変りがない。そしてこれは、住吉大神が神域を巡検されたことになっているので、その現人神の形を採っている状況は、あたかも雄略紀の一言主神の場合に通ずるものがある。(74)古代人の神観念においては、神がこうした形を採って行動するという考えが、通念的に存在していたとしてよいであろう。したがって、この場合においては、単なる怪異譚でなく一つの神異譚になるわけである。『住吉神代記』の天平三年成立説が信頼できるとすれば、(75)書紀の完成した養老四年（七二〇）の僅か一一年後にすぎなく、その信憑度は非常に高いとしなければならない。(76)もちろん、両者のいずれが原形の所伝であるのかは、軽々に判断することはできない。あるいは、もとになる所伝が別にあって、それを書紀と神代記がそれぞれの形態に修飾して採り入れたものであるのかもしれない。いずれにしても、行動の主体になるものについては異伝があったということと、内容が書紀にしばしば認められる一連の神怪譚の一種であるというこの二点だけは、確かなものとしてよかろうと思う。

このようにみてくると、青い油笠を着けたものの行動を、道士の活躍を示すものと限定しなければならない根拠はまことに薄弱だ、ということになってくる。とともに、これを道士の行動とみるよりはむしろ、同じ斉明紀において、斉明七年（六六一）七月の天皇崩御の前兆であるかとでもいうかのように、

五月癸卯、天皇遷二居于朝倉橘広庭宮一。是時、斮二除朝倉社木一而作二此宮一之故、神忿壊レ殿。亦見二宮中鬼火一。由レ是大舎人及諸近侍病死者衆。（傍点筆者）

と、禍々しい異変が続出したとか、あるいはまた崩御の直後に、

八月甲子朔、皇太子奉二徙天皇喪一、還至二磐瀬宮一。是夕、於二朝倉山上一有レ鬼、著二大笠一臨二視喪儀一。衆皆嗟怍。(77)
（傍点筆者）

などと、重ねて凶事を記しているのを併考すると、あげている事象そのものはいろいろに分かれるにしても、それを記す意味は、天皇崩御によって動揺した世が時とともに落着くどころか、これら事象の績出のためさらに世の動揺している状況をあらわす書紀の常套的手法としての怪異譚の一つだ、と解するのが至当だと思うのである。

いま一つ注目したいのは、「空中に竜ニ乗ル者アリ」と、乗りものが竜となっていることである。この竜については、黒板説をはじめとしてほとんどの論者は注意を払っていない。しかし私は、この斉明紀の斉明元年五月庚午朔条がいささかでも道教（道士はない）に関係ありとするならば、この竜のこと以外にはないと思う。葛洪の『神仙伝』をはじめとして中国の多くの「列仙伝」には、太真王夫人が白竜に乗って四海を周遊するとか、前漢時代の劉安は竜に乗って雲の上に遊ぶ神仙に学んだとか、あるいは、漢の武帝が夢に李少君が竜に跨る天からの使にともなわれて昇天するのをみたとかなど、神仙と竜の関わりを示したものは枚挙に遑がないほどである。大陸では、古くから鶴や虎とならんで、竜が神仙の重要な乗りものと考えられていたのは事実である。だから斉明紀のこの条に、その知識の反

映を認めて、この怪異譚を神仙思想で紛飾されたものと考えたことを、全くの誤りだということはできない。

だが、注意しなければならないのは、竜は始源的に神仙の乗りものとしてあらわれたものではなかったということである。『礼記』にあるように、麟・鳳・亀とともに神霊のある四獣の一つであった想像上の獣であった、ということである。その形態は、蛇体であるが鱗を被り、頭に角を生やして足には鋭い爪を具え、凡人にはその幽明変化を測り知ることができないもの、とされた。だから中国においては、古くから王者の比喩として使われ、とくに帝王にかかわる風貌をはじめとする種々の事象に冠する称呼とされるのが、本来の意味であったといってよかろう。神仙と結びつけられたのも、おそらくこうしたことが背景になってのことと思われる。

中国の文物を最高とする思潮を根定とする奈良時代に編纂された書紀には、斉明元年条以外にも竜のあらわれる記事はいくつかある。が、その大半は形容詞的なもの、すなわち将軍の行動が勇猛であるとか、非常にすぐれた名馬であることを示す比喩としてなどにつかわれているもので(78)、竜そのものが主体としてあらわれるのは、豊玉姫が鸕鷀草葺不合尊を生まれる際に、姫が本来の姿である竜の形になったというところだけである(79)。そもそも書紀によれば、この豊玉姫は神武天皇の祖母に当る。その意味ではまさしく王者の一人に当るわけであるから、その化身が竜であったとするのは、まことに相応しいとしなければならない。同じ伝を書紀の第一・第三の一書は鰐としており、数のうえからいえばその方が有力な伝承であったらしいとも推定できる(80)。にもかかわらずただ一つしか認められない竜説の伝を書紀の本文としているのは、書紀の編者の意識のなかには、竜は王者の喩であるとの中国での原義が、確かに存在していたことをあらわすとしてよいと思う。しかし先にもいったように、斉明元年条の竜登場の仕方は、決して王者に相応しいものとしての現われ方をしてはおらない。つまり、神代紀をはじめとして、修飾的に使われているものとくらべてみてもはなはだ異質的で、しかも低次的な現われ方をしていることは否定できない。このように、同じ書紀において、全く相反する扱われ方をしているのが斉明元年のこの条だけであるのだから、少なくともここでの竜は、かならずしも好ましいものと受けとられていたのではない、と考えられよう。すなわちこの竜を、尊貴な神仙の乗りものとしての竜に簡単に比定することはできないと思う。むしろ、怪異譚をさらに効果あらしめるために、変幻測り知ることのできない意での竜を登場せしめることをもって、この条の伝える怪奇性をより深めようとしたものと考えるのである。

以上の推論は、かならずしも私の単なる臆測だけではない。これには若干の根拠もあるのである。すなわち『扶桑略記』にも斉明紀と同じことを伝えているのであるが、これには、さらに続けて、

時人言、蘇我豊浦大臣之霊也。

と、この事象を、大化改新の際に憤死した蘇我蝦夷の霊魂のなせるわざだと当時の人々が評したと記しており、また、書紀にも記している斉明七年（六六一）に多くの近侍の臣たちが病死したことについては、

時人云、豊浦大臣霊魂之所㆑為也。(81)

と、やはり時人は、これも蝦夷の霊の所為だと強調したとの所伝を載せている。『扶桑略記』の成立したのは早くても十二世紀前半であろうから、成立時期からいう限り、これをもって七世紀末の事実を示すものとすることは、もちろん危険である。(82)しかし、だからといって、これは平安末の解釈にすぎなかったとするのも、かならずしも正しくはなかろう。すなわち、『扶桑略記』編者の皇円阿闍梨の態度はかなり公平であって、古書・古記録・古伝によって本書を成しているのであり、かれ自身の恣意によって文をなすことのほとんどない編纂書であることは、周知のところである。もちろん、この条を蘇我蝦夷の霊の所為とするのは、確かに『扶桑略記』が初見であるが、この所伝の意味するところは、斉明紀が竜を特別のものに扱っている態度と底流を同じくするものと思う。少なくとも八世紀初頭に

は『住吉神代記』に代表されるような所伝もあったのではあろうが、おそらく書紀の編者はそれを捨てて、同内容のことを全く意義の違う怪異譚にしている方のものを採り入れている。しかもそれは、書紀の理念の視点からいうならば、住吉大神の巡検とする方のがより相応しいと思われるにもかかわらず、むしろ天皇の権威にマイナスの効果しか与えないと思われそうな所伝の方を採り上げているのである。神霊のある神獣の一つというのが原義の竜にしても、この条だけは妖怪変化的な動物として登場せしめているのである。このことは、逆にいえば、どうしてもこのように扱わざるを得ないような事情が、事実において、斉明朝に存在していたことを示すものではなかろうか。そして、その事情とは、斉明朝は大化改新後まもない時期であり、ことに斉明天皇なる女帝は、蘇我入鹿謀殺の実行された現場に臨んでいた皇極天皇の重祚された天皇その人であったことなどを併考すると、どうも乙巳の変の事件に、なんらかの関わりのあることではなかったのだろうかと思われるのである。

このように考えてくると、『扶桑略記』が上記の所伝を載せていることを、編纂時期が後代に降ることだけをもって、単純に後世の作為であると片づけてしまうことはできないのではないかと思う。すなわち、書紀が公然と表面化し得なかったことが、ひそかに伝え伝えられて、平安時代になってようやく世に出たとする可能性があると思うのである。その意味では、『扶桑略記』は官撰の史書ではなくて皇円の私的な編纂になるものであったということが、むしろかえってその可能性を強めているものといえるのではなかろうか。

これに関連して付言しておきたいのは、『帝王編年記』に、

今年（大化元年～筆者註）、中大兄皇子与㆓中臣鎌子連㆒誅㆓蘇我入鹿㆒。父大臣蝦夷号曰㆓豊浦大臣㆒、入㆓火中㆒死。其霊成㆑鬼、乗㆑竜飛行。（傍点筆註）[83]

とか、また、

宝亀六年乙卯四月廿五日、井上皇后幷他戸親王薨二子獄中一。現身成レ竜。（傍点筆者）(84)

と、伝えられていることである。前者は大化改新に際して火中に身を投じて憤死した蘇我蝦夷が、鬼に生まれ変って竜に乗って空中を飛行していったという。また後者は、巫蠱の厭魅大逆事件で奈良時代末期の政界を動揺させた、光仁天皇の皇后であった井上内親王のことである。井上内親王は聖武天皇の皇女であって、まだ皇嗣となっていない時代の白壁王の妃となったが、王が即位して光仁天皇に妃が皇后となってから厭魅大逆の罪に問われて廃后、所生の皇子他戸親王も大逆人の廃后の子が皇太子であってはならないと廃され、母子ともに大和国の没官の宅に幽閉されて、許されないまま宝亀六年（七七五）配所で憤死した。その二人が生前の身のままで即時に竜になった、との所伝を『帝王編年記』が載せているのである。

いうまでもなく『帝王編年記』は鎌倉時代の成立であるから、これをもって、直ちに大化前後や奈良時代の史実を示すものとすることはできない。また、先の『扶桑略記』に準ずる体裁と編纂方針になる編年体の史書ではあるが、全体として、その信憑性は前者より劣るものであることも否定はできない。しかしながら、本書の記述を通して、ある現象についての受け取り方が、奈良時代から平安時代を通じてどのように展開していったかを探ることは可能であり、本書が、ひろく中国や印度までにわたって各種の記録や所伝を採録していることが、かえってこうしたことを追求するのに適した文献になっている、ということができる。そうした見地からこの両書の示す前記の二条をみると、この二条とも、この神獣であるべきはずの竜が好ましい存在としては観念されておらないということが、はっきりあらわれている。こういった竜の受け取り方は、おそらく仏教の影響を無視することはできないであろう。しかしながら、それだけが竜にこうした観念を植えつけたわけではあるまい。霊獣という神聖性と変幻測り知ることができないという妖怪性の二面をもつ竜を、とくに妖怪性に重点をおいて考えようとの兆候は、早くも斉明紀に認められることについては既に述べておいた。この傾向が、時とともに強くなっていったことを『帝王編年記』のこの記事は明らかに示してくれる。蘇我蝦夷にしても井上皇后や他戸親王にしても、非運に倒れ世を呪って生命を継った人達ばかりである。その霊魂は、まさしく怨霊となるに恰好の条件を具えている。古代人が、これらを怨霊と意識するようになるのは至極当然といわなければならない。

事実、奈良末期から平安初期にかけての宮廷は、天皇をはじめとしてほとんどの廷臣が井上皇后の怨霊に悩まされて恐れおののいたことは、著名な事実である。そしてまた、北九州の朝倉宮での斉明天皇の突如ともいえそうな急な崩御も、どうも尋常な事情のものではなかったようなところがある。書紀が明記することを避けて、かえってその前後にかけて思わせぶりな記事を載せていることが、なおさらそう思わせる。時人が、怨霊のしわざと考えても無理からぬ状況があったと推定しても、決して大過ないと思う。とすれば、誰しもそれが蘇我蝦夷の怨霊の仕業ではあるまいかと考えるのは、きわめて自然なことではなかろうか。

いずれにしても、古代人の強い恐怖の対象であった怨霊の具像化を、竜形に求める態度が醸成されていったということは、注意しなければならない。しかもその態度は、平安時代になって突然あらわれたものでなく、遅くとも七世紀中葉から徐々に形成されていったと推考するのが妥当だと思う。以上のことから逆に類推して、斉明元年条の竜を神仙に結びつけ、ひいて道士に関係あるものと規定するのは、かえって実情を遠く離れるものとなろう。したがって、多武峰などに活動する道士像を描き、その道士の住む道観の造営を想定するのは、単なる虚像にすぎないと思うのである。

以上で、両槻宮道観説に対する私の否定論を終えるが、道観は、公的たると私的たるとを問わず、日本には存在しなかったとする私見の証明には充分だと思う。したがって、日本に流伝した道教は決して教団道教ではなかった。すなわち、道観や道士によって維持し展開されることを必須条件とはしない民間道教、つまり民衆道教を中心とするものであったとする私見は、訂正する必要はないであろう。

註

（1）小中村清矩『令義解講義』典薬寮呪禁師。
（2）拙稿「呪禁師考―奈良時代における実学思想の消長―」（『日本歴史』五二号）。
（3）『唐六典』巻一一殿中省尚薬局条。
（4）（5）『唐六典』巻一四太常寺太医署条。
（6）「敏達紀」六年冬十一月庚午朔条（日本古典文学大系『日本書紀』下）。
（7）『聖徳太子伝暦』巻上には、書紀と同内容のことを、推古天皇元年（五九三）四月のことだとしており、それには「呪禁師」とはなくて「呪師」と記している。しかしながらこれは、書紀とは別の異伝があったためだとか、あるいはまた、呪禁師とは別の「呪師」というものの渡来を示しているのではなくて、おそらく伝写の際の誤記とするのが妥当だと思う。
（8）朝日本『標注六国史』同条頭註。
（9）註（6）参照。
（10）「持統紀」同年十二月己亥条（日本古典文学大系『日本書紀』下）。
（11）「天武紀」天武四年正月丙午朔条（同上書）。
（12）「天智紀」二年九月甲戌・十年春正月是月条（同上書）。
（13）「天武紀」二年閏六月庚寅条、『新撰姓氏録』左京諸蕃下。
（14）「欽明紀」四年十二月条、「斉明紀」六年七月条所引、「伊吉博徳書」。
（15）註（12）参照。
（16）「天智紀」十年（六七一）春正月、是月（中略）以二大山下一、授二達率谷那晋首閑二兵法一、木素貴子閑二兵法一。
（17）『懐風藻』淡海朝大友皇子（中略）年二十三、立為二皇太子一。広延二学士沙宅紹明・塔本春初・吉太尚・許率母・木素貴子等一、以為二賓客一。（傍点筆者、日本古典文学大系六十九巻七〇頁）。

(18) 拙著『日本古代の神祇と道教』。

(19) 医疾令第十四条「按摩呪禁生学習条」。

(20)(21) 『政事要略』巻九十五至要雑事・学校下（新訂増補国史大系『政事要略』七〇一頁）。

(22) 『日本書紀』神代巻上第八段（宝剣出現章）第六ノ一書（小学館本『日本古典文学全集』一―一〇二頁）。

(23) 『群書類従』伝部「藤原武智麻呂伝」。

(24) 拙著『日本古代の神祇と道教』第四章律令体制と道士法。

(25) 斉明元年是歳条「百済大使西部達率余宜受《よげず》、副使東部恩率調信仁、凡一百余人」。

(26) 「天智紀」二年九月甲戌条「日本船師、及佐平余自信・達率木素貴子（中略）至二於弖礼城一。明日、発レ船始向二日本一」。

(27) 『続日本紀』養老七年春正月丙子、授二正六位上余仁軍、（中略）並従五位下一（新日本古典文学大系一―一二八頁）。

(28) 『続日本紀』延暦九年十一月壬申条（新訂増補国史大系二巻五四九頁）。

(29) 『新撰姓氏録』和泉神別・韓国連条。

(30) 『続日本紀』文武天皇三年五月丁丑条（新日本古典文学大系一―一六頁）。

(31) 註(18)の拙著第四章。

(32) 『令集解』巻七僧尼令「僧尼卜相吉凶条」所引の古記（新訂増補国史大系二十三巻二一五頁）。なお養老僧尼令はこの「道術符禁」の語を省略。

(33) 黒板昌夫「奈良時代の道教についての試論」（西岡虎之助編『日本思想史の研究』所収）。

(34) 『続日本紀』天平宝字元年八月己亥条（同上本三―二二六頁）。

(35) 同上書天平宝字二年八月庚子朔条（同上本三―二七六頁）。

(36) 同上書同年十一月甲午条（同上本三―二九四頁）。

(37) 同上書神護景雲元年八月癸巳条（同上本四―一七六頁）。

(38) 同上書、宝亀二年十一月丙午条「賜二親王已下五位以上糸一有レ差。其明経・文章・音博士・明法・筭術・医術・陰陽・天文・暦術・貨殖・恪勤・工巧・武士、惣五十五人、賜二糸人十絇一。（同上本四―三五四・三五六頁）。

(39)(40) 註(18)参照。

(41) 新訂増補国史大系一巻下二六三頁。

(42) 用明即位前紀「(敏達十四年〔五八五〕乙巳)九月甲寅朔戊午、天皇即二天皇位一、宮二於磐余一、名曰二池辺雙槻宮一。」(同上書一一九頁)。

(43) 斉明朝の両槻宮には、一般に従来から「フタツキノミヤ」と「ナミツキノミヤ」の二通りの訓みがなされ、用明朝の雙槻宮は「ナミツキノミヤ」と訓まれてきている。雙は双でもちろん二つの意味があるわけであるが、二ということだけでなくむしろ相ならぶの意を強調しているから、槻の大樹の数を二本に限定する必要はなくて、二本以上と考えるほうがよかろう。その意味では、「ナミツキノミヤ」と訓むのが最も適当である。これに対して、両は、相ならぶというより二つのほうに重点のある文字である。かりに多武峰上に槻の樹が多数あったにしても、とくに目立つ大樹が二本あり、そのほとりに離宮を営んだということが、両槻と命名した所以であろう。したがって、「ナミツキノミヤ」でなく「フタツキノミヤ」と訓むのが正しいのではないかと思う。書紀が、同じ事情から出たと思われる宮名であるにもかかわらず、両と雙を書き分けているのもそのためではなかろうか(傍点筆者)。

(44) 持統紀「七年(六九三)九月辛卯、幸二多武嶺一」、「十年(六九六)三月乙巳、幸二二槻宮一」(新訂増補国史大系一巻下四二〇・四二五頁)。七年の行幸は直接両槻宮とは記していないが、一泊して帰京されていることからみても、多武峰に所在する離宮という意味でこれを両槻宮に置きかえて考えても誤りではなかろう。

(45) 『続日本紀』「大宝二年三月甲申、令二大倭国一、繕二治二槻離宮一」(新訂増補国史大系一四頁)。ここではっきり「二槻離宮」と書いていることに注意される(註(43)参照)。

(46) 『大和志』に、多武峰の西北に根槻という地名のところがあり、ここが両槻宮の古蹟地だとある。『日本書紀通証』『書紀集解』をはじめ、書紀の通釈書はほとんどこれに拠っていることでもわかるように、江戸時代において既に正確な遺址は不明になっており、ただ地名でもって漠然とあてるにすぎない状況になっている。『日本書紀』以後の史書にしても、平安末成立の『扶桑略記』が採り上げているだけで、『水鏡』『大鏡』『帝王編年記』『愚管抄』『釈日本紀』など、ほとんどの代表的な史書は触れていない。その『扶桑略記』にしても、斉明二年条に「造二飛鳥岡本宮一、又於二田身嶺一造二両槻宮一、亦曰二天宮一、又作二吉野宮一」(新訂増補国史大系五六頁)と、書紀の文の単なる抄録にすぎない。こうしたことを併考すると、両槻宮の愛好されたのは七世紀後半の短い期間だけであって、八世紀には既に関心が薄れ、間もなく、宮中はもちろん世間からも忘れられた存在となって、廃絶していったのであろう。
(47) 黒板勝美「我が上代に於ける道家思想及び道教に就て」(『史林』八巻一号)。
(48) 窪徳忠『道教と中国社会』五一頁以下。
(49) 滝川政次郎「私教類聚の構成と其の思想」(『史学雑誌』四一編六号)。この論文の発表年次は註(47)の黒板説の七年後の昭和五年(一九三〇)である。なお本文中「(引用文略)」の引用文とは第一項冒頭にあげた書紀の文と同じ。
(50) 小柳司気太『老荘の思想と道教』第七編(老荘思想の波及)第一章「本印の道家及び道教」。
(51) 管見の範囲では、黒板昌夫氏の「奈良時代の道教に就いての試論」(西岡虎之助編『日本思想史の研究』所収)が目につくぐらいである。
(52) 那波利貞「道教の日本国への流伝に就きて」一(『東方宗教』二号)。
(53) 窪徳忠『庚申信仰』『庚申信仰の研究—日中宗教交渉史—』。
(54) 日本古典文学大系『日本書紀』下三二八頁注二八。なお凡例によれば、斉明紀の注釈を担当されているのは青木和夫氏となっている。
(55) この問題については、既に刊行した拙著『神仙思想』において若干触れたことがある。しかしそこでは主題の趣旨とするところなどから、いまここで問題としていることについては私見の要点の略述だけで、論拠とすることについてまで説き及ぶことはなかった。
(56) 新訂増補国史大系一巻下二六二頁。
(57) 註(47)参照。
(58) 拙著『神仙思想』『道教—その行動と思想—』。
(59) 拙著『日本古代の神祇と道教』。
(60) 国民精神文化研究所版本二一〇頁。
(61) 宝暦十二年刊本巻三十一、二丁表。
(62) 武烈即位前紀(新訂増補国史大系一巻下二頁)。
(63) 上代語辞典編修委員会編『時代別国語大辞典』上代篇四一一頁。

(64) この表の資料としたのは、新訂増補国史大系本の『日本書紀』である。以下に示す表2・表3も同様である。
(65) 『日本霊異記』下巻、重斤取二人物一又写二法花経一以現得二善悪報一縁第廿二（日本古典文学大系三七六頁）。
(66) 武田祐吉『日本霊異記』（朝日新聞社「日本古典全書」所収）、板橋倫行『日本霊異記』（角川文庫所収）。
(67) 日本古典文学大系『日本霊異記』三七七頁頭注一〇。
(68) 『日本書紀通釈』五―三三二三頁。
(69) 国民精神文化研究所版本二一〇頁。
(70) 註(45)前掲書三二九頁頭注三〇。
(71) 註(56)に同じ。
(72) 『唐六典』によれば「貞観僧制」で道士の衣服の色は木蘭・青碧・皂荊・黄緇と定められたというが、赤・黄・黒が中心で、まだ青が道衣の主体にはなっておらない。
(73) 内閣文庫所蔵『摂津国住吉神社神代記事』による。
(74) 雄略四年春二月条（新訂増補国史大系一巻上三六五頁）。なお一言主神の現人神の形をとることの意味については、既に拙著『神仙思想』（第二章）に述べているので、ここでは省略する。
(75) 田中卓『住吉大社神代記』解題。
(76) 坂本太郎先生は、『住吉大社神代記』の天平三年成立とする田中説を疑っておられる。偽書とされるのではないが、平安時代、少なくとも天平宝字六～八年（七六二～七六四）以前に溯るものではないとされている（「古代史研究の進歩というもの」『古代の日本』月報九）。
しかし、それに従ったとしても、問題の所伝は、本書成立時に初めて作られたものでなく天平宝字年間の奈良時代の所伝を収載したもの、と考えて差支えないであろう。
(77) 新訂増補国史大系一巻下二七七頁。
(78) 以下に二、三の例を示す。雄略九年五月・同年七月壬辰条（新訂増補国史大系一巻上三三七・三七八頁）、欽明七年七月条（同上書一巻下七二頁）。
(79) 神代紀下、海宮遊幸章本文（同上書一巻上八七頁）。ここで豊玉姫が竜になったということについては、一般にはその背後に竜をトーテムとする部族の社会が予想されるとか、古代国家成立期の呪術的君主の職分ないし資格をあらわすものとか、あるいはまた仏典の影響によるものなどと、いろいろにいわれている。しかし、本文で述べた意味が含まれていることとする私見も、あながち否定することはできないであろう。

(80) 一書の数は四つあり、そのうち第二と第四は、このくだりを省略している。だから、化身を語る所伝の数は本文と加えて三つであって、そのうちの二つまでが鰐説を採っているということになる。

(81) 引用史料は、二つとも『扶桑略記』第四、斉明天皇条である（新訂増補国史大系五六・五七頁）。

(82) 飯田武郷は、「此唐人と見えたるは、住吉大神の顕現人神に坐せり。然るに之を略記に、時人言云々とあり。いと妄なり」（『日本書紀通釈』五—三三一八頁）と、『扶桑略記』を否定しているが、それは文献の成立年代に基づいての言ではなく、住吉大神の現人神だとする『住吉神代記』に無条件に従った立論である。しかも武郷は、書紀と神代記の所伝の意味の根本的な相違点については、全く考慮を払った形跡はなく、従うことはできない。なお「住吉神代記」については註(76)を参照。

(83) 『帝王編年記』孝徳天皇大化元年（六四五）条（新訂増補国史大系一二九頁）。

(84) 同上書光仁天皇（同上書一六九頁）。

(85) 律令時代の厭魅をめぐる事件の政治的・宗教的意味については、下記の別著で論じており、また当面の問題には直接のかかわりがないので、ここでまた再論することを省略した。次の別著『日本古代の神祇と道教』ならびに『道教—その行動と思想—』の参照を乞う。

# 第三章　陰陽道をめぐる問題

## 第一節　陰陽道の史的位相

### 1　陰陽思想と陰陽道のとらえ方

日本思想史の泰斗の家永三郎氏は、日本思想大系の第八巻として編纂された『古代政治社会思想』（昭和五十四年刊）に収録されている諸書の解説をも兼ねている「古代政治社会思想論序説」において、陰陽道について次のように述べておられる。

陰陽思想は、つとに七世紀以来、天文・暦学などとともに中国から輸入され、律令体制の中でも、大学において明経・文章などの学科の教育学習が行われたと同じように、国家機関である陰陽寮において陰陽・暦・天文等の技術の維持あるいは教育学習が行われてきた。それは陰陽思想が政治と密接な関係を有すると考えられたためであって、陰陽道という一つの思想系列を形成するにいたるのであるが、その実態は観念的な自然哲学に基き吉凶禍福を占い、吉を求め災を避ける神秘的呪術の域を出るものではなく、国家の公的政治判断から貴族個人の私生活にいたるまで、陰陽道に広範に支配されるにいたった。ことに、進取敢為の気象を失ない、ひたすら無事安全を求める退嬰的気風にみちていた平安朝貴族社会では、日常生活のいたるところで陰陽道の吉凶に囚われ、無数の種目にわたる禁忌を墨守する慣習が定着したのである。(1)（傍点筆者）

これは、陰陽道についての思想史家の一見解にすぎないといった類いの、軽い意味にとどまるものではない。というのは、その二年後の昭和五十六年（一九八一）に、陰陽道研究の草分けで戦後における第一人者である村山修一氏が、

日本陰陽道の文化史的通観を意図して著わされた『日本陰陽道史総説』の冒頭（序文）において、

大陸の漢民族社会に発生し発展した陰陽道は、その呪術性を通して神祇信仰・仏教と結びつき易い性格を有し、それが神仏習合を多彩ならしめたのみならず、その一見、合理的にみえる理論は、日本の政治・法制・軍事・学問・文学・美術・芸能など様々な分野に進出し、さては日本人の日常生活慣習にも滲透し、民俗化し、今日なほ根強く残滓を留める程になった。（傍点筆者）

と、結論的な要綱をかかげることから始められていること、それがまさに相呼応するが如き観を呈するのに象徴される、といっても過言ではないと思われるからである。したがって、この両書を参照するとき、家永・村山両氏の論説には若干の違いはあるものの、その主張されるところを現在の日本史学会における陰陽道の意義のとらえ方の通説としても、さして異論はないと思う。

ところで、いま通説といったが、家永氏は前掲論考において、さらに、陰陽道について最も豊富に史料を集成した文献として『古事類苑』の「方伎部」があるが、研究書としては、すでに七〇年ちかい昔に起草された斎藤励『王朝時代の陰陽道』以外に、まとまったものがほとんど出ていない。本稿（『古代政治社会思想』―筆者註）においても、改元の件をはじめ、陰陽道に関する記述はほとんどこの書に拠った。

と記していることからはっきりするように、その見解の基礎は大正四年（一九一五）刊の『王朝時代の陰陽道』(2)から導かれたものである。その意味からいえば、通説は、質的には厳密にいうならば残念ながら大正時代からそれほど進展をみなかったといってもいえないこともない、ということにもなろう。しかし、これは極言にすぎるとしても、ただ陰陽道そのものの歴史的なあり方や意味のとらえ方という面からみるならば、斎藤説と現在の通説である家永説ならびに村山説との間には、やはり、かなりの異同を認めざるを得ないのである。

まず、最初に指摘される点は、斎藤説は、陰陽思想ということと陰陽道というのを区別しているのか、あるいは同じようにとらえているのか、はっきりしないことである。いいかえるならば、つまり歴史的にどうとらえているのかきわめてあいまいだということである。しかし、確かにあいまいではあるが、そのとらえ方の方向をある程度示唆するものを含む論述であることは、これが『古事類苑』方伎部すら刊行されていない年次の頃に起稿された卒業論文（東京帝大）であるということを考えるとき、むしろ、示唆することだけでも驚嘆に価すると評価すべき論考と思う。

さて、この両者の関係についてきわめてあいまいである斎藤説に対し、村山修一説は、すべて陰陽道ととらえるべきであるとしていて、まことに明快である。すなわち、哲学ないし宗教学的にはともかく、歴史的存在として採り上げる場合はすべてこれ陰陽道であるとする。いいかえれば陰陽思想即陰陽道であって区別してとらえるべきではないとする立論である。したがって、中国において当初から陰陽道として形成されたというのであるから、陰陽道というのは、かならずしも陰陽思想の日本におけるあり方を意味する称にも用語にもならないわけである。

これに対して、家永説はどうであろうか。家永説で注目される点が二つある。その第一は、斎藤説であいまいであった陰陽思想と陰陽道のとらえ方に比すると、家永氏は、かなりはっきり両者を区別するとらえ方を提示していることである。その論の骨子は、陰陽思想は天文・暦学などとともに中国から七世紀に日本へ輸入され、律令体制のなかで、国家機関である陰陽寮において陰陽道という一つの思想系列を形成するに至ったとする。すなわち、陰陽寮において陰陽・暦・天文等の技術維持あるいは教育学習によって形成されたのが陰陽道とするのであるから、村山説とは著しく異るとらえ方といわねばならない。なお、陰陽思想は七世紀に天文・暦学とともに中国から輸入されたと、家永氏は三者を並列的に考えられているようである。思想史の視点からのとらえ方として注目され、首肯されることが多いのであるが、これについての私見は、次の第3項において触れたい。

注目される第二の点は、平安時代は公私にわたって陰陽道に広範に支配された時代であった。具体的にいえば、日常生活において陰陽の吉凶ならびに禁忌を墨守する習慣が定着した時代で、以後の時代もその影響が強く残った、とされることである。この点については村山説も全く同様であって一致する。ところで、ここで公私にわたってといわれることの内容であるが、家永氏は公を国家の公的政治判断に、私を貴族個人の私生活に代表させている。おそらくこれは、家永氏が古代だけを対象にしておられることから導かれた見解だろうと思う。しかし、古代社会における貴族の生活を、いかに個人に限定するにしても、それら全てを一括して私生活とされることはいかがなものであろうか。平安貴族の場合、貴族個人の生活を私生活とするのは、彼らの宮廷生活を公とするのに対してしか私といえないのではないか。したがって、宮廷をはじめとする国家機関（地方官衙を含めて）に奉仕ないし使役される侍や庶民達の場合に、彼らの個人の生活を私生活とするのと同じ意味と重みをもつものとして、貴族個人の生活をも私生活とするのは穏当ではあるまい。というのは、庶民すなわち貴族層以外のものの立場からいうならば、平安時代においては、貴族層の生活は宮廷生活だけでなく貴族個人の生活をも含めて、それらは全て公と同等のものであったと考えられる。したがって家永氏が「陰陽道に広範に支配されるにいたった」とされる「広範」は、庶民層を構成要素とはしない貴族社会全般、地域的には平安京を中心とする周辺地域の範囲までを指すものと理解したい。なお、近世までを視野におさめている村山氏の見解は、鎌倉時代をほぼ境として、それ以前を宮廷陰陽道、以後を世俗陰陽道とされている。これは、制度史的とらえ方に重点をおかれているようでかならずしも家永氏と同一の視点からのものではないが、あり方の実態としては、むしろこの方が妥当だと思う。

以上は、三先学の見解についての私なりの理解である。では次に、これらの見解に導かれて、陰陽道は日本史上においていかなる位置を占めるのか、すなわちいかなる位相かということと、いま一つ、陰陽思想と陰陽道の関わりについて、それぞれ項を分けて私見の一端を述べたい。

## 2　基層文化としての問題

文化のあり方の理解について、一〇年ほど前から表層文化とか基層文化ということが盛んにいわれるようになった。この視点からみるならば、陰陽道とは、いったいどのようにとらえられるのかということについて、若干、私見を述べることから始めたいと思う。

結論的ないい方を先にするようであるが、この視点から日本史上に占める陰陽道の歴史的位相をいうならば、それは、基本的には基層文化としての意義にある、と考えられるであろう。

そもそも大陸から伝えられた古代の外来文化が、以後の日本の思想・文化にまことに絶大な影響を与えたことは改めていうまでもない。その最も主要なものが、仏教・儒教・道教であるということにもおそらく異論はないであろう。この儒仏道の三者は、いずれもわが国に大きな影響を与えたという点で共通しているのであるが、その伝来のあり方、いいかえれば日本の側の受け容れ方においては、かならずしも同一ではなかった。周知のように、仏教と儒教は百済の王朝から伝えられ、それは日本の朝廷によって受け容れられた。つまり、相互の国家機関を通じての組織的でしかも一時的でなく継続的な伝来であった。『日本書紀』が、百済からの五経博士や学問僧の定期的な派遣と交代、大和からの学生や留学僧の派遣などが引き続いて盛んに行われたことを伝えているのが、よくそのことを示している。また法興寺や法隆寺などに代表される絢爛たる仏教文化が、百済から派遣されてきた造寺工・造仏工・鑪盤博士・瓦博士・画工などのすぐれた技術者の指導によって具現されたものであることも、改めていうまでもない。このように、海外の支配層から日本の支配層へという形態で伝来してきた外来文化は、いわゆる典型的な表層文化として展開していったのである。

しかしながら、これに対して道教は、支配層から支配層へという儒・仏のような伝来形態での外来文化ではなかった。すなわち相互の国家機関を通じての伝来でも受容でもなかった。戦乱や政争その他いろいろの理由から大陸を離れ海を渡って日本へ亡命、中央ではなく主として日本海沿岸の地方に定着した渡来人から――その多くは「百姓男女」(『日本書紀』)の庶民である――在来から日本にいる庶民へというように、相互の庶民達の実際の生活の接触を通して伝えられたものである。その意味で、道教の場合は伝来というよりむしろ流伝の外来文化と称する方が適当であろう。仏教や儒教の場合とは違って、『日本書紀』が道士や道像・道観について一言半句も触れていないことが、よくこのことを示している。また、日本には早くから儒学・仏教学があって発展していっても、道教学はついに生まれてこなかったのも、その伝来において大和の王権の関与が皆無であったところの外来文化であったからである。このように、彼の地の庶民層から日本の庶民層へという流伝形態の外来文化は、いわば、典型的な基層文化として展開していったのである。

さて、それならば陰陽五行説すなわち後の陰陽道は、この二形態のうちのいずれのタイプに類する外来文化ととらえられるであろうか。周知のように、七世紀初頭に朝鮮三国中の百済の王朝から派遣された学問僧が、暦本・天文・

遁甲など陰陽五行説の諸書を推古朝廷に献上した。だから、陰陽五行説はそれ自身が単独で伝来してきたのではなく、このとき来朝した学問僧によって、いいかえれば仏教に随伴して日本へ伝来した外来文化である。したがって、仏教がそうであったように、陰陽五行説も当初から表層文化として展開していく方向を採った。令制において、太政官八省中の筆頭である中務省の被管に陰陽寮なる官庁が成立し、奈良時代を通じて整備され、その内容も次第に充実していったことが、よくこのことを示している。平安時代には、陰陽寮の官人は神祇官の官人と相ならんで国家的儀礼に参加、その祭法による祭儀が行われることも多くなっている。そして、いわゆる陰陽道と称されるものはこの平安時代に生成し完成されていくのである（ここでは指摘だけにとどめ次項で再述する）。このように、古代においては、陰陽道は貴族層を中心に表層文化的あり方を採っていたとしても一向に差支えはあるまい。村山修一氏が宮廷陰陽道といわれているものは、まさにこの表層文化としてのあり方を採ることを中心とする形態の陰陽道を指すもの、といってよいであろう。

ただ注意すべきことは、表層文化といっても、陰陽道の場合は哲学・思想としての学的究明を中心とするもの、いわば陰陽五行学といった形の展開はきわめて薄いということである。すなわち、儒教・仏教の場合は、それぞれ儒学・仏教学としての発展が著しかったが、陰陽道においては、むしろ陰陽五行説の方術としての技術学であった。これが、ほぼ同時期に同じ伝来形態で伝えられた外来文化でありながら、陰陽道と日本における仏教・儒教との根本的な相違点である。

そもそも呪術とは、本来的に基層的な性格のものである。したがって、新しいすぐれた呪法方術として受容され、その技術がいかに精緻になろうとも、陰陽道が基層文化的性格を基盤とするものであることには変りはない。それが、古代においてその社会的表現としては、貴族層を中心に宮廷陰陽道と称されるような表層文化的あり方を採ったのは、陰陽五行説そのものが単独でいわゆる私的に伝来したのでなく、相互の国家機関を通じての公伝である仏教に随伴した伝来であったことにおそらくよるのであろう。すなわち、七世紀初頭の推古朝以来の歴朝がこれを正統的外来文化として認識していたこと、そのことに主因があると考えられる。したがって、新しい技術の呪法として貴族層に専有される体制が平安時代になり次第に弛んでくるに従い、陰陽道そのものの保有する本来の基層文化的性格が徐々に顕現されてくるのである。遅くとも十世紀ごろから、陰陽寮の官人として貴族官人層のみのものであった陰陽師でなく、庶民をも対象とする陰陽師、いわば一般社会の職業的名称ともいうべきものとしての陰陽師としての活動が、『今昔物語集』など種々の説話を通して次第に盛行していくのが認められる。これは、制度的形式的にいえば確かに宮廷陰陽道の衰退であろうが、呪法そのものの側からいえば、ようやく陰陽道の本来的性格への指向、すなわち基層文化的展開への方向を採るようになった、というべきものであろう。

さて中世の陰陽道を、宮廷陰陽道に対して武家陰陽道というのが一般に行われている。古代が王朝国家で貴族を中心とする政権であるのに対して中世は武家政権であるから、その意味で武家陰陽道と総称するのは妥当である。ただこの称は、古代における貴族層の場合のように、中世になると武士社会全般の生活に至るまで広汎に陰陽道が盛行するようになったことを示す意ではない、ということに注意しなければならない。厳密にいえば、武家陰陽道の意味する武家というのは、武士といってもその政権を具現している鎌倉幕府とか、室町幕府に直接の関わりをもつ武士層を中心にするものであって、それらは直接的には京都における宮廷陰陽道の系譜をひくものであった。したがって、一応それは表層文化的あり方を採っている。しかしそうはいっても、宮廷陰陽道に比すればその性格はかなり衰弱したものであることは否定できない。すなわち、陰陽道の禁忌や祭式は宮廷貴族においては実質的に生活の規範の意味をもったが、鎌倉幕府・室町幕府の武家においてはかならずしもそうとは限らなかった。これら禁忌・祭式などで室町時代までにいわゆる武家故実として確立されていくのがかなりあったことは否定できないが、それらにしても、その実質は公家社会の単なる模倣であったことが多く、いわば武家の教養の一つとして位置づけられていったにすぎないとしてよい。その意味では確かに表層文化的でもあるが、それはきわめて表面上の形式的機能しかもたないものに変っていくのである。

ところで、中世は伊勢神道や両部神道・吉田神道などの神道が確立しており、近世にはさらに発展して多くの神道が盛行した。そして、それらの神道の行法に陰陽道の方術や祭式などが採り入れられていること、またその理論的形成に陰陽五行説がかなり影響を与えていることの認められることなどは、改めて揚言するまでもないことである。こうした陰陽道と神道との関わりについて注目されるのは、平安後期以後、鎌倉時代から室町時代へと時を経るにしたがってその関わり方が強まっていっていることである。しかもそれが、陰陽道の表層文化的あり方が衰弱していくのに反比例して、逆に強くなっていっているのに注意しなければならない。こうした事象を、いったいどう解したらよいのであろうか。そもそも、いわゆる神道というのは、本来民族信仰として日本文化最大の基層を構成するものであった神祇信仰が、理論的にも教団的にも完成されている外来宗教の仏教が伝来してきて、それが政治的のみならず社会的にも定着していくのに刺戟されて、自らの理論化と教団的組織化をはかったところから出現してきたものである。だから、それぞれの神道の理論が形而上学的にいかに整備されようとも、その基本的性格が典型的な基層文化であることにおいては変りがなかった。この点においては、神仏習合を中核とするいわゆる仏家神道の場合も同様である。こうした神道の形成の一翼を陰陽道が担うことは既に平安後期から認められ、以後は周知のように鎌倉・室町期と時代とともに著しくなっていく。こうしたことは、陰陽道もまた基層文化を基本とする性格のものであったからこそ、在来からの神祇信仰に結びついていく度合いを強めていくことができ得たのであろう、と考えるのが妥当と思う。

鎌倉末期から室町初期の間に成立したと推定される『簠簋《ほき》内伝』(3)は、中世以後、陰陽道の最も権威ある亀鑑として尊重されてきた。しかし本書、陰陽五行説の哲理としての思想論書ではなく、その方術としての技術学を集成した書である。つまり、宗教書や哲学書であるというよりは、むしろ社会文化としては本来的に基層的性格のものである呪術の精緻な方法の記録を本旨とする、いわば一種の技術書にすぎないのである。

近世は、この陰陽道本来の基層文化的あり方が主流となった時代である。

慶長五年(一六〇〇)の関ヶ原の役後、徳川家康より陰陽道宗家として認められた土御門家に、天和三年(一六八三)幕府は諸国陰陽師主管の朱印状を与えた。さらに幕府は、寛政三年(一七九一)に至って諸国の陰陽師はすべて土御門家の支配下になるべしとの触れ流しを行い、全国に触頭がおかれた。これらは、一般に室町期以来の世俗陰陽道の再編成とか、中央における陰陽道組織の地方への波及を示すものといわれている。これらの説は、制度的にみれば確かに妥当な見解といってよかろう。

しかしながら、陰陽道の基本的性格は、既に述べたように(4)、基層文化のあり方を採るところにあった。しかもそのあり方を最もよく具現しているのは、平安中期以来の陰陽道宗家の系譜や系統をひくものではなくて、むしろ、中世以後民間においての活動に重点をおく傾向が著しくなる、諸国のいわば職業的な陰陽師であった。こうしたことから考えると、陰陽道についての一連の江戸幕府の政策は、表面的には確かに陰陽道宗家の復活に端を発し、その保護という形態を採ってはいるが、その実質的な目標とするところは、中央の権威とはかかわりなしに既に民間において一定の位置を占めている陰陽師やそれに類するものを、なんとかして幕藩体制の埒内に納めようというところに本来の狙いがあったものとしてよかろう。つまり、土御門家を復活してその権威を承認したといっても、それは中世以後の民間の陰陽道を否定して平安時代の陰陽道の組織を復活、それを地方に普及しようというのでは決してなかった。いいかえるならば、既に地方や民間において一定の位置を占めている一般社会の基層文化的あり方の陰陽道は、それほどまでに強く浸透していたことを示すとするのが妥当であろう。すなわち、幕藩体制下の土御門家に代表される諸職やそれにかかわる表層文化的な陰陽道は、機能的には一般社会の庶民層の生活においてはほとんど無力であった、といっても大過ないと思う。

## 3　陰陽寮について

そもそも陰陽思想は、中国古代に生まれた自然哲学であり、いわば漢民族の世界観であった。五行説も同様である。この両者は、前三世紀の戦国時代には既に一体のものとして結びつき、陰陽五行説となって五行相勝説を説き、前漢代にはさらに発展して五行相生説や天人感応説を生む。後漢代からは讖緯説とも結びついて、さらに内容を複雑にしていった。

しかしながら、陰陽五行説は、儒教・仏教や道教のような特定の組織とか独立の学派を形成していくといったような方向に展開することは、ほとんどなかった。すなわち、一つの世界観としてひろく中国人の考え方の内にとけこみ、以後長く中国の哲学・宗教や政治のみならず、社会的に占星・雑占・暦などに至るまで、ひろく大きな影響を与えた一大要素・思想としてのあり方のものであった。

こうした陰陽五行説が日本へ伝わってきたのは、『日本書紀』によれば七世紀初頭の推古十年（六〇二）である。その年の十月、百済から来朝した僧観勒が暦本・天文地理・遁甲・方術に関する書を推古天皇に献上した。推古朝廷は渡来系氏族のなかから有能な子弟を選び、それぞれが観勒について暦法を陽胡史玉陳が、天文遁甲を大友村主高聡が、方術を山背臣日立が学習した。(5)その結果を「皆学びて業を成す」と記しているのは、かなり誇張した言とは思われるが、観勒は日本最初の僧正になった推古三十二年（六二四）までは確実に存生しているから、[6] ある程度の成果を収めたことは間違いあるまい。

ところで、これらの記事は、陰陽五行説の確実な伝来記事としての意義だけでなく、以後の展開が史上に占める位相に視点をおくとき、とくに注目されることが少なくとも二つ指摘しうると思う。

第一は、これが陰陽五行説の専門家による伝来ではなかったということである。改めていうまでもないことだが、陰陽五行説の場合は仏教や道教・儒教のような特定の組織体を形成しなかったのであるから、僧や道士に相当する専門家が生まれるはずがない。その意味では、仏教や儒教式の様相をもつ形での伝来がありえないのは当然であろう。確かに、中国では陰陽五行説に関しては僧や道士に相当するものは出現しなかった。だが中国では、陰陽五行説による天文観察や暦数稽定あるいは占星卜占などを専門の職とするものは暦朝輩出しているし、朝鮮三国にもいたことは確かである。百済の聖明王は、欽明天皇の求めに応じて専門職の易博士・暦博士を派遣している。[7] しかし、このとき来朝した易博士の王道良・暦博士の王保孫がすぐ召換されたのか、あるいは当時の大和朝廷に学習能力のあるものがいなかったためなのかわからないが、以後、観勒来朝に至るまでの約五〇年間は陰陽五行説に関しては全くの空白期になっている。こうした『日本書紀』の書きぶりからいって、観勒来朝の推古十年（六〇二）を実質上の初伝来としてよいと思う。

そもそも観勒は僧である。日本最初の僧正になった仏教の専門家である。陰陽五行説の知識は深かったかもしれないが、それを職とする専門家ではない。つまり陰陽五行説を基本的な世界観となしていないもの、それとは全く異質の世界観を基本とする仏教の専門家である。そうしたものによって初めて紹介され、それによって学習の始められたのが日本の陰陽五行説であったということである。このことは、陰陽五行説が東アジアにおいては日本のみにおいて陰陽道という特別なものに形成される方向へ展開していくのと関連して、転視できないことである。

第二は、僧勧勒の来朝は私的な単なる個人的な渡来ではなくて、百済の王朝から指令されて推古朝廷へ参向せしめられるとの、公的な意味をもつ来朝であったと考えられることである。したがって、観勒による暦本以下の諸書の献上とそれぞれの書の示す技術の学習に象徴される陰陽五行説の伝来は、私伝ではなく、百済の王朝から推古朝廷へのいわゆる公伝であるということである。すなわち、仏教伝来の場合と同じ形での伝来すなわち公伝であったということである。既に前項で述べておいたように、仏教などの外来宗教・思想の伝来の場合、朝鮮三国の状況と日本における場合とではその受け容れ方に大きな違いがある。(8) 朝鮮三国では中国から迎え入れた僧に対して王朝が布教を許すという形、つまり仏教の布教の面が中心となる。これに対して日本の場合は、仏教文化の伝来であり、仏教の教義の理解と研究という形での伝来の面が中心である。陰陽五行説の場合も同様であったことは、『日本書紀』が、献上された天文地理書や遁甲方術の書を「書生三、四人を選びて、観勒に学び習はしむ」云々と記していることで明らかであろう。(9)

陰陽五行説の日本への伝来が、こうした中央における貴豪族層による方術の理解・研究という形をとる伝来であったということは、それは広汎な古代社会への伝来であったというのではなく、受容しうる知的能力のあるきわめて限られたいわゆる知識層に限定されるということを意味する。したがって、陰陽五行説は、文献による新しい実学的な知識として受容する方向が中心になっていく必然性を、当初からもつところの伝来であったといってよいであろう。

そもそも陰陽五行思想は、中国の世界観・宇宙観として中国人のものの考え方の基調をなすものである。したがって、儒教・道教・政治理念をはじめ占星・雑占・暦・予言・吉凶判断などすべてのものの基礎になっている。紀元前後に伝来してきた仏教も、この考え方のフィルターを通して中国仏教になって展開していったことは改めていうまでもない。このことは、既に多くの先学の漢訳仏典の研究によって明らかにされている。ただ、このことを仏教の側からいうならば、あくまでもこれは仏教そのものの本質ではなく、おそらく布教すなわち中国の社会にとけこんでいくがための方便であったであろう。こうした性格を含む中国仏教の伝わったのが朝鮮三国の仏教であり、それがさらに百済を通じて日本へ伝えられたのである。だから、朝鮮三国の僧が布教の方便の一つとして陰陽五行説によるいろいろの方術などをもたらすのは、決して不自然なことではなかったといわなければならないであろう。

しかしながら、注意すべきことは、日本には元来、陰陽五行思想による宇宙観・世界観は存在していなかったこと。さらに、それに類するような考え方もなかったということである。この点においては朝鮮三国も同様であった。したがって、僧においてもそうした陰陽五行説の思想・理論を仏教の本質と不可分のものとして説く必要はもちろんなく、中国仏教がそうであったごとく、それに関説するのは、仏教の布教のための方便の一つにすぎなかったわけである。したがって、僧によって副次的に伝えられたものがトータルとしての陰陽五行思想の理論の理解・研究の方向に展開することを目ざそうとしないのは当然であろう。いかに朝廷により受容し得る知的能力のある者として選ばれたのがそれを学んだにしても、思想としてものの考え方の基本になるものとしてではなく、具体的な外来のすぐれた方術・呪術として、すなわち占星・暦法・雑占・予知・吉凶判断などの実学的な新知識の習得という方向に向って、展開していくのである。

観勒の献上した文献により学習の開始された推古十年より百余年後の天平二年（七三〇）、律令政府は大陸伝来の諸学芸に対して重要な政策を決定している(10)。そのなかに、

又陰陽・医術及七曜・頒暦等類、国家要道、不レ得二廃闕一。但見二諸博士一、年歯衰老。若不二教授一、恐致レ絶レ業。

（傍点筆者）

とあり、大津連首・吉田連宜・御立連清道・難波連吉成・山口忌寸田主・私部首石村・志斐連三田次など七人に、陰陽・医術に各三人と曜・暦に各二人の弟子をとって「業を習はしむる」対策を採っている。ここに「国家の要道」といっているのは思想そのものだけを意味しているのではなく、「業」すなわち具体的な方術・呪術をも含め指示していることはいうまでもない。律令政府が廃闕すべからざるものと認識しているのは、抽象的な意味の陰陽五行思想ではなくて、在来からの占卜法とは異る陰陽五行説に基づくより実学的な新知識の技法である占星・暦法・吉凶判断などの方便そのものであったのである。ここで教授を命ぜられている七人はほとんどが渡来系氏族の出自であり、早くからすぐれた方士として『家伝』下」に名を連ねている。大津連首のごときは、慶雲四年（七〇七）五月に新羅から来朝した学問僧義法が占術にすぐれていたので、その術を用いんがために和銅七年（七一四）の三月還俗せしめられて一挙に従五位下に叙せられ、陰陽頭に任ぜられた経歴をもつ人物であった(11)。これほど明確に受容方向の公的態度を示す事実はないであろう。すなわち、理論的な宇宙論の思想としてよりはむしろ、呪術・方術の新技法の学習として始まった陰陽五行説の受容の方向は、律令体制が成立された後においてもいささかも変更されることがなく、むしろ強化されて続行されており、奈良時代中期に至るまでに決定的なものとして確立されていったと、いわねばならない。

令制において、今日の学問分類でいえば人文・社会・自然科学に相当する諸学芸をそれぞれ司る官職として設置されたのは、大学寮・陰陽寮・典薬寮の三寮である。しかもその学問とはすべて大陸伝来の学芸を主体とするのであって、それ以外のものは含まないというよりはむしろ意味しないといった方がよかろう。したがって、その官制が隋唐のそれに基づくものになっているのは当然のことである。しかし、その三寮中の陰陽寮の官制を、官僚の養成機関すなわち令制の政治理念としての学問を習得する寮である大学寮、その官制と対比するとき、その構成組織の基づき方に大きな違いのあるのに注目される。

そもそも隋唐においては、世界観としての陰陽五行思想について、それを直截に具現する天文・暦を司る太史局（隋は太史監）と、卜占や吉凶判断などの方術を司る太卜署との二つに明確に別の官庁として区分し、その位階・定員においても、前者は高位で多数であり、後者は下位で少数であった。これに先立つ三〜六世紀の魏晋南北朝時代においては、陰陽五行説の方術は、天文・暦など理論的なものと卜占・吉凶判断などいわば巫術的なものとの二つの流れを中心に発展していった。[12] したがって、上記の隋唐の官制はまさにこの大勢に応ずるものであって、大きなこの二つの流れをそれぞれ別個の官庁に分離して管掌せしめたものといわなければならない。その場合、天文と暦の観察稽定を主とする大史局を上位においたのは、天文・暦は中国の世界観である陰陽五行思想を理論的に具現すること、他はその具現された理論に基づく方術であるということ、その点からみて当然であろう。

しかしながら、日本の令制は、この唐の官制によりながらも二つの官庁に分けて設置せず、陰陽寮一つに合併している。このことを、一般には当時の日本には天文暦法のごとき理論的技術を要する地盤が劣っていたからだとされ、ほぼ通説になっているといってよい。だが、精細に日本の官制をみると、中国において下位におかれていた太卜署の陰陽の卜占を職とするのに相当する陰陽関係官（陰陽師・陰陽博士）が、日本の令制では陰陽寮において筆頭に位置せしめられており、唐朝で高位にあった大史局の天文暦法を職とするのに相当する天文・暦関係官（天文博士・暦博士・漏刻博士）のすべてが陰陽関係官の下位になっていることから考えると、かならずしも通説が妥当とはいえまいと思う。というのは、二官庁を合併する場合、高位の官庁に下位の官庁を吸収して一官庁にするというのが普通である。大宝元年（七〇一）に完成された令の官制は平安前期に至るまでにしばしば吸収合併の改変をしているが、ほとんどがこの普通の形式による吸収合併であって、司が寮を合併するとか、寮に省が吸収されるといった形態での改変は一つもない。だがこの日本の陰陽寮の場合においては、その母胎として基準とした唐の官制において高位に位置づけてある官庁であることを示す局を、下位の署にあえて吸収合併せしめる無理な形を採って、陰陽寮という一官庁にしている（傍点筆者）。それのみならず、下位官庁である太卜署の主管する陰陽の卜占の陰陽をそのまま採って寮の名称としているのである。たとえ陰陽五行思想についてのことであったにしても、こうした形でわが令の官制を発足せしめたということは、大史局の主管する天文暦数も太卜署のそれと同様の方術にすぎないというのが、当時の律令貴族の認識であったことを明瞭に示すものといわざるを得ないのである。しかもその認識というのは、具体的には、陰陽寮の専門職員の筆頭に陰陽師と陰陽博士をおき、他の専門職は暦・天文・漏刻の順序ですべて陰陽関係官の下位に位置せしめたことがいみじくも顕わしているように、方術として最もすぐれているのは陰陽の卜占（太卜署）であって、天文や暦など（太史局）はそれよりも劣るというものであったのである。既に述べたように、元来、日本においては陰陽五行思想ないしそれに類する思想による世界観は存在しなかった。したがって、大陸伝来のものが伝来時そのままの形ではなく、こうした形態で制度化されていったのは、この意味からいって当然であった、としてよいであろう。

そもそも天文の観察や暦数稽定は、古代において最も自然科学的なものであった。ところが、その具現である暦は、陰陽寮において「年毎に預《あらかじ》め来年の暦を造」ることになっているが、[13] その暦とは、具体的にはいわゆる具注暦を造ることが中心であった。[14] 具注暦とは、周知のように、中国で造られた暦に陰陽寮が卜占した日の吉凶や禁忌などを注記した暦のことで、奈良時代以来鎌倉時代末に至るまで貴族層を中心に盛行した、古代・中世における代表的な暦である。このように、暦法を学んだには違いなかろうが、暦そのものを造ることは当初からの目標ではなかったのである。天文の観察も、それを学ぶ天文生は、「占書を読むことを得ざれ。仰ぎ観て見えむ所は、漏泄することを得ざれ。

若し、徴祥・災異有らば、陰陽寮奏せよ」と「雑令」に規定され[15]、同条の義解に「占書とは、諸《こ》れ凡そ天文を以て吉凶を占う書なり。凡そ観生（天文生）はただ仰ぎて天文を観るを得るも、図書を以て其の妖祥を占うことを得ざるなり[16]」と指示しているように、天文観察の目標も、具体的にはあくまでも天象による予知や吉凶の判断であった。つまり、当初から、科学としてではなく、災異の予知や吉凶判断のための新しい方術としてのあり方のものであった。いいかえるならば、陰陽の卜占の一分野としてしか位置づけられていなかったし、まして、理論的な宇宙観の意味などの意識は、最初からなかったとしかいえないのである。

このように、陰陽寮の主管する陰陽・天文・暦は、いずれの学問思想の分科としてではなくて、予知や吉凶卜占などについての外来のすぐれた方術の分科としてのものと位置づけられていたのであった。したがって、これに関わりをもつものが、次第に技能のいわば職業的な性格を強めて展開していく、こうした方向を採るようになってくるのは当然であろう。そして、こうした職能としての方向での展開が定着していった平安時代に、大陸はいうまでもなく朝鮮三国においても形成されなかった、いわゆる陰陽道として成立していったのである（傍点筆者）。

## 第二節　淫祠邪教の禁と迷信

### 1　陰陽道の俗信

古代も陰陽道の展開が著しくなる平安時代以後の社会において、最も目立つ世相の一つは、迷神に基づく邪神をまつる淫祠《いんし》・邪教の盛行であろう。いつの時代にも迷信は存在するが、平安中期以後はとくに盛んで、それが社会の一部の人達だけでなく、貴族層を含めて社会の全階層の人々の心をとらえていたものだけに、やはり時代精神を語るものとしてみのがすわけにはいかないものである。

したがって、こういったものを生み出す社会的背景をさぐる意味も含めて、具体的にはそれらがどのような形で展開されていったかを、その主要なものである物忌《ものいみ》・方違《かたたがえ》・星辰信仰などを中心にして、考えていこうと思う。

## 物《もの》忌《いみ》

「物忌」とは、本来は祭祀を行う場合に、神を迎える者が吾が身を浄めるため、ある期間、一定の場所に籠って穢れを避けたことをいう。だから、これは邪教でも迷信でもなくて、神主《かんぬし》など神の祭祀に関係する者の神聖にしてまことに重要な宗教上の行事であった。ところが平安中期以後、貴族層を中心にひろく行われた物忌というのは、形式は上記のものとよく似ているが、その内容と宗教上の意味は全く違ったものなのである。すなわち、なにか異変が起るとか不吉なことがあると、直ちに陰陽師《おんみょうじ》に占わせ、その助言によって数日間にわたって他出をやめて家の内に閉籠り、その間は来訪者には決して会わず、「物忌」と書いた柳の木片か紙を簾などに差しておいて、ひたすら謹慎して災厄を避けようとする行為を指して「物忌」といったのである。

前節で詳述しておいた陰陽道思想の強い影響で、当時の人々は現代人の想像以上に万事につけて吉凶の占われたことには神経質になっていた。例えば関白藤原忠実(17)（一〇七八～一一六二）のごときは、一年のうちの三分の一ぐらいは物忌に日をおくっていたことをみても、この風習が非常な勢いで人々をとらえていたことがわかる。いかに政治の形式化した平安後期といっても、個人とはいえ数日間も公務から離れて私邸に籠るのであるから、その間の政務の渋滞ははかりしれないものがある。こうしたことからみても、古代政治の崩壊は、なにも社会経済的基盤のゆるみだけが理由では決してないのである。

庶民層をも含む多くの人達が、同じ日にいっせいに物忌することを「大物忌《おおものいみ》」といい、平安中期の十世紀末ごろからしばしばみられた。そのきっかけになるのは多くは誰かの夢想とか流言であるが、「大物忌」そのものの目的・内容の多くは、病気をまぬかれようとするものであった。

衛生思想や設備の欠如した時代であっただけに、ひとたび伝染病が発生するとたちまち大流行を起し、最大の人口密集地帯であった京都では、とくにその恐怖が激しかった。しかも病気は、悪神や邪鬼の威力によるものだという考えが古くからあり、道饗祭《みちあえさい》などが早くから行われていたが、(18)このころは群れ歩く疫神《えきじん》つまり疫病神が住民の戸口をうかがうとされ、ことにそれが天下を濶歩すると占いに出た日には、住居の扉を堅く閉して内に籠り、その災いを避けようという考えが強かった。毒虫がふるとか、病気が治るという流言に基づく大物忌もあったが、夢想や何かについて誰がいったともなくいいだされた、疫神が横行するという日に行われるのが「大物忌」の大部分であった。ある意味においてこれは一種の信仰的衛生法といえないこともないが、むしろ、これによって市民生活が損われるといったことの方が、遙かに大きかった。

## 方《かた》違《たがえ》

この方違というのも陰陽道に由来する俗語で、ある方向を忌避するという風習のことである。

陰陽道では、人間は誰でも生年《うまれどし》の干支《えと》(これを本命《ほんみょう》という)によって忌むべき方位が決まっていて、行動するときはもちろんのこと、なにかにつけてその方角を避けるべきことを説いている。それで平安中期以後最もひろく行われたのは、天一神《てんいちじん》(中神《なかがみ》ともいい、陰陽道で吉凶禍福を支配する神)や大将軍星《だいしょうぐんせい》(太白《たいはく》すなわち金星のこと)の遊行の方向を大凶として、かならず避けること、これが方違の最も重要な意味であり内容であった。
天一神は天上《てんじょう》と下土《かど》の八方を六〇日間で移動するが、天上にある一六日を除き、四四日間は下土の四方四維《しほうしい》すなわち東西南北の四方と西北・西南・東南・東北の四維をめぐる。その遊行の方向を大凶とした。なお平安末期になると、さらに金神《こんじん》の方位を忌むことが加わるが、(19) これは陰陽師でさえ説明できないような奇怪なものであって、天一神や大将軍星についての信仰ほど人の心を支配しなかったようだとみえて、物語類をはじめ記録文書に記されることは少ない。

この方違のやり方は、たとえば東方に行こうとするとき、その方角が天一神の遊行方に当るときは、前日の夕方に、陰陽師の指示に従って他の方角に行ってそこで一夜を明かし、翌日そこから目的地へ向うのである。つまり指示された他の方向が南であれば、当初の東が東北に変るから、大凶の方位を避けることができることになるわけである。

ところで、先の「物忌」は、これをやぶるときの苦痛と恐怖は相当のものであったが、外出さえしなければよいのであるから、守ること自体はたいして困難ではなかった。そこで平安後期も十一世紀末ごろになると、ことを物忌によせて文事や歌舞音曲を楽しむ貴族達が続出する始末で、それでも、他出しなかったということで充分に安全感が得られたのである。

これに反して、方違というのは非常に不安なもので、実行するにはかなりの苦痛をともなった。方違すべきものと決まったときは、庶民はもちろん摂関といえども、本人自身が屋外の街頭で一夜を明かさねばならなかった。院政期最大の権力者であった白河上皇も、初春の一夜を西洞院五条坊門付近の路上で、牛車のなかでではあったが、たちながら鶏鳴を待ったのである。

当時の京洛の治安は全く乱れ、方違を行う人々は、夜盗や鬼魅などの化物の襲撃に対しては全く無力であった。いかに貴顕な人といえども、そうして危険をおかしてまで行ったのであるから、陰陽道の俗信がいかに深く人々の心に食い入っていたかが推察される。それだけに、このごろから京都をはじめ各地に陰陽道に基づく大将軍社《だいしょうぐんしゃ》などの社祠があらわれ、人々に厚く崇敬されたのであった。

ただ平安末期の金神方《こんじんほう》については、十一世紀ごろから起ったものであるが、十二世紀中葉には既にこれを忌むべからずとの宣旨が出されている。しかしこの禁令が実際にはどれだけの効果があったかは疑問であるが、金神忌は陰陽師も承認できない性質のものといわれているから、いかに俗信に傾倒した当時の人々であっても、こうした極端なものは排撃するとの思想や態度が起り始めたといったことだけは認めてよいであろう。

## 星辰信仰

日月や自然の気象状況などに対するのに比して、星に対する信仰は薄かったと推定される古代人が、この無数に多い星に強い関心をいだくようになったのは、陰陽道と密教の影響である。その星のなかでも、平安時代に入ってからは、北斗七星を対象とする信仰行事がとくに盛んになった。

密教の加持・祈禱などの修法は国家鎮護・延命《えんみょう》・安産などの秘法とされ、尊星王法《そんしょうおうほう》[20]や北斗法・妙見供《みょうけんぐ》[21]などとよばれる祈禱が十一世紀以後激増している。陰陽道では、この北斗七星をそれぞれ生年の干支《えと》に当て祀る本命祭《ほんみょうさい》が、息災招福に著しい効能があると信じられていた。

こうした現世利益を主としたものは性格が単純であるから、たとえ個人的には大きな問題であったにしても、影響の及ぶ範囲は比較的狭く限られていたが、そうではなくて、社会不安をかりたてるような性質のものはひろい範囲に深刻な影響を及ぼした。この種の星辰信仰で代表的なのは彗星《すいせい》に対する恐怖である。彗星を妖星と恐れたのはもちろん中国が起源で、その思想を日本に伝えひろめたのは天文道(22)である。平安中期以後は、宮廷の不幸、朝臣の異変、天候不順、大旱、大飢、大乱、大火のことごとくは彗星出現の影響とされ、天文道の中原・清原両氏はほとんど毎年、勘文(23)を奏している。

こうして天文道は、天体の異変をもって人間生活に移す、意味のないこじつけを強調する愚劣な占星術に堕落していった。そして、つつしむことによってその災をまぬがれ、徳をおさめることによって凶を吉に転ずることができると信じた。しかし、そのためにとられる具体的行動は祈禱、奉幣にしかすぎず、それが当時におけるつつしむとか徳をおさめるということの内容であった。したがって、異変がなければ祈禱の効果と信じ、異変があれば予言した奏者の権威がいよいよ重くなるだけであった。

## 2　迷信の世界

以上、俗信の代表的なものをみてきたのであるが、俗信というよりむしろ迷信といった方が適当と思われるものを、項を分けて次に考察したい。

### 天宮＝天狗

まず天狗である。一般に天狗というと、普通には増上慢すなわち悟りをえたと思ってたかぶることをあらわす、鼻の高い化け物と考えられているが、これは平安時代以後に修験道の発達にともなう中世以来のいわゆる山伏の活躍によって具現化されたもので、いわば、山の神の変化《へんげ》した妖怪の一種であった。しかし平安中期から末期にかけての天狗は、「天宮《てんぐ》」と表記されていることでもわかるように、いわゆる天狗とは同じものではなかった。もちろんその原形ともいえず、また山の神の一変化とも考えられず、この時代特有のものである。

一般にマジック（妖術）をもてあそぶ心が古代人に強いのは世界共通にみられることといわれているが、日本においては、その傾向がとくに激しかったのは平安時代であった。すなわちこの時期において密教や陰陽道の呪術の最盛期をむかえるのであるが、それらの呪術や在来からの神道の呪に、またそれらに属さない呪法もかなりあった。陰陽師や僧徒らは、これら後者のものを「外法《げほう》」とか「外術《げじゅつ》」とけなして極力排撃につとめたが、その威力が世人をとらえたことも相当のもので、とくに庶民層のあいだにははなはだしかったようである。

その内容は、たとえば藁沓《わらぐつ》を犬や鯉にする奇術から、火難盗賊を防ぎ疫病治療の消災度厄・延命招福（これらの逆も可能と信じられた）などと、密教の呪や陰陽道で説いているものと実質的には大差ないものであったのであるが、奈良末期に律令官制から姿を消した呪禁師のマジック(24)——道教の呪術——に系譜をひくと考えられるもの、つまり、外道の行法とされたので、その効験が喧伝されればされるほど、公認されている陰陽師や密教僧の特権的権威をそこなうものとなる。したがって貴族層は、この陰陽師や密教僧から外法視されたものに対して、積極的に弾圧しないまでもかなり消極的であった。こうした外法修業者の崇拝する本尊ともみるべきものが、「天宮《てんぐ》」といわれるものであったのである。

この天宮は、吉凶善悪両面の異常な能力の持主で、あらゆる障害を突破して自由に行動できるものと考えられた。しかも変化《へんげ》は自在であるため、どういう姿が本体であるのか定形がない。馬頭人身、異人種の貌《かお》などいろいろに伝えられているが、外法の修業者たちは、特異な形の人頭骨を呪術の根源になる「外法頭《げほうがしら》」と称して珍重したと伝えられていることとぐらいで、詳細なことはわからない。

『今昔物語』など平安時代の物語類に、病気の治療で高僧や陰陽師で効果のないときに、天宮に仕える聖人の祈禱で治ったといったことを採り上げているが、(25)こうしたことから、外法を恐れながらもこれを信じた様相がうかがわれよう。

## 鬼

正体不明で恐れられたものに、いま一つ「鬼《おに》」がある。鬼といえば、地獄としての冥界や鬼ヶ島の世界のものとして、その観念や伝説がほとんど定立するようになるのは室町時代以後のことであって、それ以前、ことに平安中期から末期の鬼というのは、まことに複雑怪奇でえたいの知れない存在であった。原始以来の精霊の観念、大陸の思想、怨霊《おんりょう》や悪霊の擬人化、異人種など多くの要素がいろいろにからみあって人間心理を刺激し、仏教や道教、陰陽道などの影響がさらにその概念を具体化させたものといえる。したがって、鬼の禁圧こそ主として陰陽師や僧侶に託されたものの、その信仰の形成ということになると、かならずしも仏教や神道・道教・陰陽道などの理論ではわりきれないものであった。

こうした種々雑多な思想信仰や経験などの混合的産物の妖怪であったから、その現われ方もさまざまである。すなわち、生物《いきもの》や器物の形をとるもの、無形で作用だけを示すもの、人間が生きながら変生されるもの、死魂の変ずるものなど、一定の形はない。そして、この現われ方でもわかるように、古代の人々の関心の中心であったのは、冥界の鬼ではなくて人間界のそれであった。その機能としては、善悪応報の働きをしたり、陰陽師の指揮によって効験をしめすとか、修道者を守護するといったことなどもあるが、最も恐れられたのは、もっぱら人畜を殺傷し害悪を行なってはばからないというその凶悪性の強烈なことにあった。

ところで、この凶悪性に富む鬼は、いかなるところでも侵入できる通力《つうりき》をもつと信じられたから、その危害に対して、絶対的な安全地帯は存在しなかった。もちろん宮廷にも出没すると考えられ、貴族や庶民の住宅をおかすことなどは珍らしくない。ことに廃屋、古堂は鬼の棲家とされ、「鬼殿《おにどの》」とか「鬼所《おにどころ》」と呼ばれて検非違使でさえそこへ近づくことをはばかった。その横行は、白昼といえども止むわけではなかったが、夜間はその天下で、洛中のみならず辺土にいたるまですべてその威力のもとに恐れおののいた。いわゆる「百鬼夜行」は決して想像上だけの産物でなく、平安時代には全くの事実と信じられ、夜更けてから街頭をよぎる者は、群れ集まる鬼魅に逢う脅威に常にさらされていたのである。

この種の鬼の形を、『今昔物語』はつぎのようにあらわしている。

物ヲ食ハザリケレバ、十余日ヲ経テ、飢へ死ニケリ。其後《そののち》、忽ニ鬼ト成ス。其《その》形、身裸ニシテ、頭ハ禿也《かぶろなり》。長《た》ケ八尺許《ばかり》ニシテ、膚ノ黒キ事、漆ヲ塗レルガ如シ。目ハ鋺《かなまり》ヲ入レタルガ如クシテ、口広ク開キテ、剱《つるぎ》ノ如クナル歯生タリ。上下ニ牙ヲ食《くら》ヒ出シタリ。赤キ裕衣《たふさぎ》（褌）ヲ搔《かい》テ、槌《つち》ヲ腰ニ差シタリ。(26)(27)

これにより当時の人々の鬼に対する恐怖と、それから逃れようといろいろの呪術にすがった心理が想像されよう。

## 3　怨霊・御霊と庶民層

もののけ＝怨霊

前項で述べた俗信や迷信から出た呪法や妖怪類は、人間や世間を害するのが一般なのだが、時としてこれを守護する働きを示すこともあった。しかし、徹底して害悪の所行だけに終始し、それだけに身分の上下を問わず、あまねく、恐れられた最大のものは「もののけ＝怨霊」であった。

平安時代の人は、この「もののけ」のことを「霊気」とか「邪気」と呼ぶことも多かったが、要するに、生霊《いきりょう》や死《しに》霊《りょう》などの強迫力をひろくさしていうので、それによって悩まされたり、あるいは生命を奪い去られたのである。場合によっては、前項で述べた鬼なども、このもののけの一種と考えてよいであろう。

ところで、生きている者に強迫力をもつ死霊、つまり祟りをなす死霊を怨霊と呼ぶのが普通であるが、どうも平安人は死後かなり時日を経過した場合か、あるいは上層階級に属したものの死霊をとくに指して怨霊としたので、一般の死霊とは区別していたようなのである。

怨霊という語は、既に鎌倉初期成立の『愚管抄』に「怨霊ニワザトマモラレテ云々」とか、

昔ヨリ怨霊ト云物ノ世ヲウシナイ人ヲホロボス道理ノ一ツ侍ヲ、先仏神ニイノラルベキナリ。（傍点筆者）[28]

と、「昔ヨリ」とみえているから、遅くとも平安末期までには慣用されるようになっていたと思われる。また御霊については、早くも既に『三代実録』の貞観五年（八六三）五月二十日条に[29]、神泉苑において御霊会を修されたことを詳細に伝えているから、平安初期からといってよい。両者は同一対象の異称であるから、いずれの表記も近世以後になって便宜的に作られた造語ではなく、古代において既に成立し、以後長期にわたって使用し続けられてきた語である。

この怨霊の問題を、初めて歴史的に採り上げたのは桜井秀氏であった[30]。その所論を要約すると、怨霊というのは人間の霊魂の働きの一つであるが、いろいろの意趣によって特定の人間とか一般世間に対してその怨みを晴そうと、報復を念ずる霊気である。怨みを含んだ人間は、死んだのちにその霊気の働くというのが普通の形態であるのだが、時として生前に発動する場合もある。このように前者の場合を死霊《しにりょう》、後者の場合を生霊《いきりょう》といって区別することもあるが、いずれにしても対象に怨みを晴らさんとする霊気ということには変りはない。したがって、怨霊というのとそれらと

は別のものを指すのではなく、怨霊のなかにすべてのものが含められていると考えてよい、というのである。桜井説の発表されたのは大正十五年すなわち昭和元年（一九二六）で、今日まで既に半世紀以上経っているのであるが、以後あらわれたものはほとんどこの桜井説の祖述に近いものばかりであって、あまり進展はみられない。私も既に二〇年以上も前のことになるが、「怨霊思想」について、

人霊が種々の原因によって特定人や特定地域、または一般に災害をもたらすという思想。アニミスティックな信仰に系譜をひき起源は固有のものと推定されるが、陰陽道の盛行につれて大いに発展した。すでに奈良時代において政治・社会問題となっているが、平安時代に入ると殊にその時代思潮に適応し、生霊・死霊、時として鬼と呼びその威力を恐れた。菅公の霊が代表的。神秘・恐怖観を刺戟するところから、近世に至るまで一部では真剣に信んぜられた。(31)

と述べたことがあるが、これも基本的には桜井説を超えるものではない。

ただ、近年になって、「たたり」に関連して神聖の冒瀆とか祭祀の怠慢あるいは神意の軽視などから神の怒りを招くという本来的な意味に重点をおいて考えるのではなく、祟りといえば怨念の報復や疫病などの災禍をこうむる面に焦点をおいて考える、つまり怨霊そのものの問題を重視する考え方が宗教学などで目立つようになったことが注目される。(32)また、従来は怨霊と御霊をほとんど同一のものとしてきたのであるが、近時の民俗学の間では、怨霊は生前の恨みを祟りにかえた人霊だから畏怖されるのだが、この怨霊の段階では祀ることが主体とはならない。つまり、恐れおののくだけであって、まだ霊として崇められていない。その怨霊がいくたびか祀られることで、祟りの形態をとる霊の働きも次第に鎮まってくる。そして、結局は怨霊も和霊になって、祟りと目された災害を起すことなく、逆にそれを防止する神として崇められるようになる。この段階が御霊信仰であるとするのである。まことに注目すべき重要

な指摘であるといってよい(33)。

## 怨霊発現の諸相

怨霊がもたらしたと信じられた祟りによって、多くの人々が強い恐怖におそわれ、その対応に狂奔することの最も激しかったのは古代である。で、まずこれらの怨霊はどのような現われ方をしたのかを、その極盛期であった平安時代を中心に概観しておこう。

まずこれらの怨霊を通してみられる特色は、皇位継承にからまる自殺、無実の謀叛の罪での獄死とか立身の道をたたれた生意の憤死など、いずれも政治上の敗退者の死霊であることである。したがって、これらの怨霊を鎮める方法として、陰陽師《おんみょうじ》や高僧による祈禱、贈位、復官などのほかに、しばしば神として祀ることが行われた。こうしてあらわれた神社の代表的なのが北野天満宮（祭神菅原道真）や御霊神社などであるが、この種の神社の創建は、ある意味において、当時の政治に対する社会的批判の高まった結果だということに注意する必要がある。

いま一つ注目すべき特色は、恨みを残して死んだ人の霊が直ちに怨霊になるのではないということである。それが怨霊と意識されるためには、死後に宮廷、ことに生前の対立者のうえになにか異変の起ることが必須の条件であった。しかもその異変が、当該者の内部（病悩や急死など）や宮廷（落雷の場合でも宮中だけ）内にとどまる性質のときは、世人に与える不安感は否定できないまでも、性格としては怨霊はまだ貴族層内部だけにとどまった問題であって、それ以上の展開すなわち一般化されてはいかない。しかしながら、天変地異とか悪疫流行といったようなことが怨霊の祟りとされてくると、ここに怨霊は初めて一般化され、信仰的にも庶民層の死霊観と結合してくる。

そして、このように貴族の怨霊がひとたび民間信仰と結合されると、一般庶民のもっていた在来からの素朴なものは次第に影をうすめて、庶民の間においても、貴族層の世界において展開していた性質のものが中心になった怨霊観が、古代社会の主流を占めるようになってくるのである。(34)

御霊会《ごりょうえ》

こういった怨霊思想の展開をよく示すものと考えられるのが、いわゆる御霊信仰による「御霊会」である。御霊会の文献上の初見が、『三代実録』貞観五年（八六三）五月二十日条であることは、よく知られている。

於二神泉苑一修二御霊会一。勅遣下二左近衛中将従四位下藤原朝臣基経、右近衛権中将従四位下兼行内蔵頭藤原朝臣常行等一、監中会事上。王公卿士赴集共観。霊座六前設二施几筵一、盛二陳花果一、恭敬薫修、延二律師慧達一為二講師一、演二説金光明経一部、般若徴経六巻一。命二雅楽寮伶人一作レ楽、以二帝(醍醐)近侍児童及良家稚子一為二舞人一、大唐高麗更出而舞。雑伎散楽競尽二其能一。此日宣旨、開二苑四門一、聴二都邑人出入縦観一。所謂御霊者、崇道天皇、伊予親王、藤原夫人(吉子)、及観察使(仲成カ)、橘逸勢、文室宮田麻呂等是也。並坐レ事被レ誅、寃魂成レ厲。近代以来、疫病繁発、死亡甚衆。天下以為、此災、御霊之所レ生也。始レ自二京畿一、爰及二外《ゲ》国《コク》一。毎レ至二夏天秋節一、修二御霊会一、往々不レ断、或礼レ仏説レ経、或歌且舞、令下二童貫之子一、靓粧馳射、膂力之士袒裼相撲、騎射呈レ芸、走馬争レ勝、倡優嫚戯、遞相誇競上。聚而観者莫レ不二塡咽一、遐邇因循、漸成二風俗一。今茲《コトシ》春初咳逆成レ疫、百姓多斃。朝廷為《メニ》祈、至レ是乃修二此会一、以賽二宿禱一也。（傍点筆者）(35)

この御霊会については、崇道天皇(36)などのように政治上の敗北者の怨霊が疫病流行の祟りをなすと信じられたため、朝廷が盛大に御霊会を催して国家的に解決しようとしたので、その背景には疫病流行を怖れる都市の住民の生活があるといわれるのが通説である。しかし、これは結果論的な一つの解釈にしかすぎなく、古代における御霊会そのもののもつ歴史的意味については、あまり考慮がはらわれていないものと思う。その意味で若干本条について再検討したい。

まず第一に指摘したいことは、通説は、本条が醍醐天皇の朝廷が首導した貞観五年（八六三）の御霊会のことについてだけ記しているにもかかわらず、その内容がすべての御霊会に通ずる全実質を示すものであるということを無条件に前提としているが、それは誤読である。本条は、御霊会はすべて同質であったのではなくそれには二種類あって、その一つは朝廷の首導下にいま神泉苑において行おうとしている御霊会であり、いま一つは、朝廷や貴族とは無関係に既に民間で行われてきている御霊会であるということを、明示しているのである。すなわち、本条の冒頭から「京畿より始めて爰《ここ》に外国《げこく》に及ぼさん」に至るまでの前半は、天皇の命によって五月二十日に神泉苑で行う御霊会について述べている部分である。つづく「夏天・秋節に至る毎に」から以下は、前半の第一のものとは全く関わりがなく、第二のものである。つまりこの第二の部分は決して神泉苑での御霊会の解説や開催理由の説明をしているのではなくて、民間で既に行われていた御霊会のことを、貴族の見地から観察した結果を述べているのである。そして、「今茲《ことし》春の初め」から以下の末尾に至って、ようやくもとへ戻って第一のタイプの神泉苑での御霊会開催の理由を説明している。したがって本条は、前半と末尾だけが直接の繫りをもっているのであって、中間にはさまれている「夏天・秋節に」から「漸く風俗と成るなり」までの後半の大部分は、この意味においては無くても差支えがない。むしろ、無い方がかえって首尾が一貫するのである。したがって通説は、この後半の部分が民間の御霊会のことを述べたものであるというのについてはもちろんのこと、無用であるはずのものがなぜ挿入されて、一つの記事としてまとめられているのかということなどについては、全く考慮を払っていないのである。

そもそも俗信とか民間信仰といわれるものは、淫祠邪教・迷信の名のもとに軽蔑されるか、排撃されるか、弾圧されるかしてきたことは確かに事実である。それは近世・近代だけのことではなく、古代においても、この点については大勢においてそれほど変りはない。しかし、これらを淫祠邪教と判断したものは誰か。多くの場合それは、時の支配者であり知識層といわれる僧侶・学者たちであった。彼らが、彼らの価値観に基づいてそう決定したのであって、少なくとも庶民層が最初から主体となってそう決定したのではない。つまり、その時々の支配者や上層部が、彼らの保持する価値観に反するものとして軽蔑し、排撃し、弾圧してきたのであって、当初から庶民層の主体的な意志によってそうされてきたものではなかった。このようにみてくると、庶民の生活を外側からではなく内側からみようとするならば、俗信・民間信仰と呼ばれているものについては、まず、淫祠邪教とか迷信といったレッテルを最初からつけることなくして考えるという発想を、大きな前提条件としなければならないと思う。

さて、周知のようにこの六座の御霊というのは、いずれも皇位の継承権闘争の敗亡者の怨霊であることはいうまでもない。観察使については藤原広嗣説もあるが、私は藤原仲成説をとる。この六座の御霊を中心とした貞観五年（八六三）の神泉苑における御霊会について、上記した観点からの意味において、以下の二点を改めて指摘したいと思う。

まず第一に注目されるのは、平安時代も九世紀中葉に至ってようやくのことに朝廷が、民間で既に早くから行われていた形式の御霊会のやり方を採用することに踏み切った裡には、貴族層の意識で行っていた従来の御霊会のやり方、すなわち官位などの追贈や大社寺での奉幣祈禱などだけでは怨霊の祟り、疫病など流行の防除の効がはかばかしくなく、民間での行事での効を貴族層のそれに重ねたいと願ったこと、京洛を中心とする都市生活の展開のなかから庶民の怨霊観が貴族の怨霊を疫神視し始めたこと。にもかかわらず、神泉苑の御霊会はあくまでも密教による仏教法会を本質として基礎にすえていること。したがって、神泉苑の御霊会に民間の御霊会の要素が含まれているのは、それとの習合が図られたからであったのではなく、ただ形式だけが模せられたにすぎなかったことなどのあったことを指摘しておきたい。

第二に指摘したいのは、貞観五年の御霊会についての『三代実録』の記事は、なぜ一見無用の観のある後半の部分を挿入しているのかとの先の疑問にも関連するのであるが、貴族層の望む御霊会は朝廷の首導する神泉苑式のもの、すなわち仏数の法会を本質とする御霊会であるということと、いま一つ、民間信仰に基づく庶民の御霊会は、決して好ましいものではないとの判断を下しているということである。本条前半で、神泉苑での御霊会の内容をこまごまと述べて最後を「京畿より始めて、爰に外国《げこく》に及ぼさん」と結んでいるのは、この日、朝廷主導の御霊会が神泉苑で行われるのを出発点として、やがて全国の御霊会をいま行われている神泉苑式のもの一色に統一しようとの意志表示にほかならない。また、「夏天・秋節に至る」以下かなりの長文を費して現に民間で行われている御霊会を説明して、最終的に「退邇因循して、漸く風俗と成るなり」と評価しているが、この評価自身は庶民のしたものではなく、もちろん貴族の下した評価である。つまり、退邇すなわち都から遠く離れたところでの御霊会も近いところのそれも、いずれもみな旧いままの好ましくない習慣に基づき、それに従うばかりで少しも改めようとしないといっているのは、まさしく貴族層は、民間で行われている御霊会のやり方とその意図するところを、嫌悪しているということを明示する語としなければならない。この民間が主体的に行う御霊会は好ましくないとする評価は、当然、次には排斥すべきものとの判断を招き、やがて庶民の御霊会は弾圧するという具体的処置がとられることを予想させる。事実、このことは、神泉苑で御霊会が盛大に行われた二年後の貞観七年（八六五）に、

是日、禁下京畿七道諸人寄二事御霊会一、私聚二徒衆一、走馬騎射上。小児聚戯、不レ在二制限一。[37]

の法令となってあらわれてくるのである。都とその近辺だけに発したのでなく「京畿七道諸人」とあるから、全国の都鄙全部とその住人すべてが対象である。地方は国郡司がもちろん監視の責任者であった。小児が類似の集りをする

のは禁じないのであるから、この禁令は、平安中期以後の御霊会は、既に本来の宗教性はほとんど喪失に近く、社会的存在としては政治的な意味以外のものでなくなったことを示す、といっても過言ではないであろう。

以上、怨霊と庶民との関わりについて、かなり迂遠な所見を述べてきたのであるが、最後にその私見の結論だけを簡単に図示しておきたい。菅原道真の霊に代表されるように、個別的なものとしては雷神が多いので、それを例にとって図示すれば、

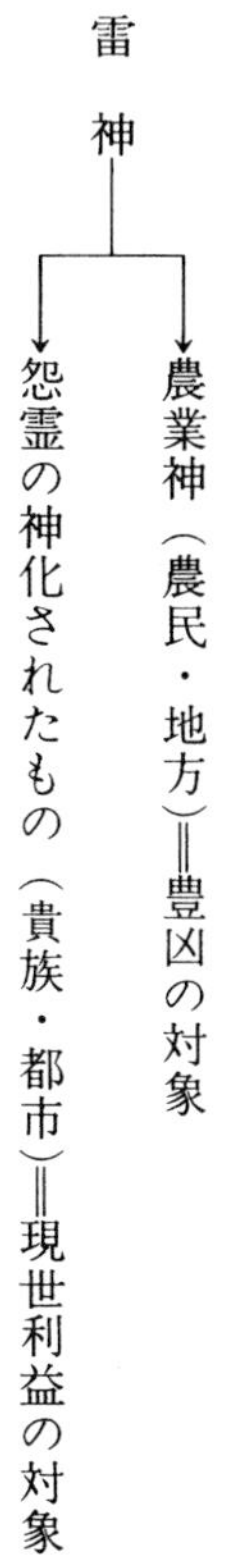


と考えられる。

それら怨霊の神化されたものを一応まとめて、全体的に図示するとすれば、

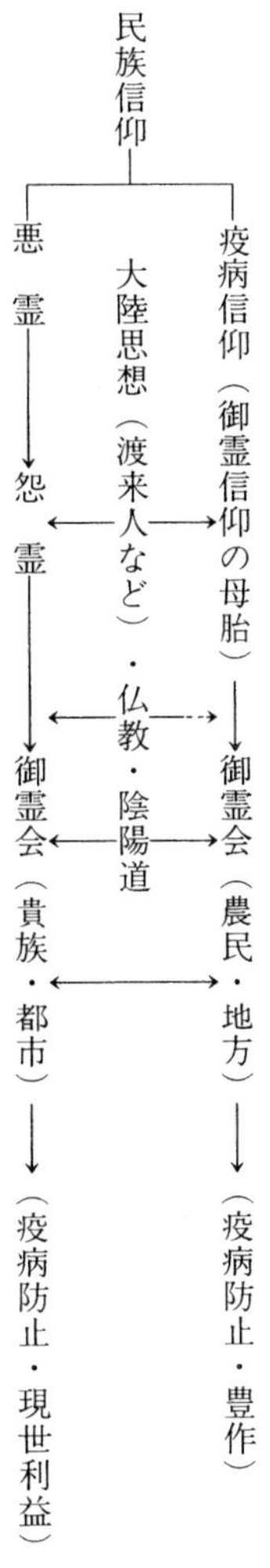


のように考えているということを提示して、結びとしておきたい。

## 第三節　日本成立の陰陽道書

陰陽道は中国で発源したものであるから関係文献はもちろん中国から伝来したものが多く、それについての考察も、古くから盛んである。しかしここで対象として採り上げたのは、日本の陰陽道の専門家が、日本で展開した陰陽道について述べたもの、すなわち、日本で成立した陰陽道書のうちで最も基本的な古典とされているものを精選した。とくに現在まで写本のままであって読む機に恵れるのが稀少であるものと、既に活字化されていてもそれを収める叢書そのものが既に稀覯本になっていて、内容のみならず解題すら知ることが困難であるものを選んだ。なおその選択書目のなかには、『太上感応篇俗解』や『鎮宅霊符縁起集説』などのような性格の文献も加えた。これらは、ややもすれば前者は勧善懲悪の教訓書で後者は単なる俗信的なものとするとらえ方がされ勝ちである。このように、一般的には純粋な陰陽道書に加えることがためらわれているものを、ここではとくに意識して考察の対象に採り上げたのには、理由が二つある。

そもそも貴族や武家の間に、陰陽道が陰陽道として機能していたのは、平安時代から室町時代にかけてであった。が、庶民の生活に至るまで、それと意識されずに溶けこむようになるのは江戸時代になってからである。その江戸時代において武家を含んで一般社会に最も勢威のあったのが、明治以後に陰陽道神道とも称された土御門神道であった。しかし土御門神道の書は、安倍晴明を祖とする土御門家に伝えられた室町時代以前の父祖の著わした書の単なる祖述にしかすぎないものがほとんどであって、それと意識されないまでに庶民の生活のなかに溶けこんだ陰陽道のあり方に、いささかでも触れているといえるものは皆無といってよい。したがって、理論や技能としてだけでなく、生活化された陰陽道として日本人のなかに最も広汎に浸透した江戸時代の状況は、陰陽道神道ともいわれたはずの土御門神道の書よりも、むしろ上記した『太上感応編俗解』以下のような性格の文献でしかうかがうことができないのである。以上が、第一の理由である。

次にいま一つ理由としてあげたいのは、上述の『鎮宅霊符縁起集説』などのような性格の文献の著書は、幕府の儒官とか諸侯に侍する儒者といった学者、あるいは学殖豊かな高僧などといった人物ではなく、ほとんどが無名に近い市井の学者か在野の文人であるということである。だから、その読者ということになるとほとんど老若男女の庶民が多くて、武家や知識人でこれに注目するものはきわめて少ないというのが一般であった。その意味で、明治時代以後になっても現在に至るまで、ほとんど活字化されることはなく、江戸時代の板本のままで好事家の間に僅かに伝えられているにすぎないという状況であるのも当然であろう。したがって、この機会を利用して日本における陰陽道書の別の一面の存在形態を紹介して、新たな知見を仰ぎたいと思ったこと、これが第二の理由である。

以下、『占事略决』『簠簋内伝』『安倍泰親朝臣記』『東方朔秘伝置文』の四古書と、『太上感応篇俗解』『太上感応篇倭註』『太上感応編霊験』『鎮宅霊符縁起集説』『烏枢沙摩金剛修仙霊要録』『神仙霊章春秋社日醮儀』『増補絵抄和字功過自知録』『和語新刻陰隲文絵鈔』の八書、合計一二書について記載の順に従って、解題について私見を述べることとする。

### 占事略决《せんじりゃくけつ》　一巻　尊経閣文庫所蔵

本書は、日本で成立した陰陽道書のうちにおいて現存するもののなかで最古の文献であるが、書名としては、掲示した以外に通称はいうまでもなく、別称も略称もない。

著者は古くから安倍晴明（九二一〜一〇〇五）と伝えられており、異説はない。著者を彼とするのは、事実としてよかろう。改めていうまでもなく、安倍晴明は師の賀茂忠行やその子保憲とならんで平安中期の著名な陰陽家であり、賀茂家とならんでともに陰陽道の宗家となる土御門家の家祖である（後裔が室町末期ごろからその居宅に因んで土御門氏を称した）。その技能の優れていたことを伝える説話は『大鏡』や『今昔物語集』をはじめ多くの諸書に収められ、後世、彼を神として祀る神社もあらわれている（安倍晴明社）。

本書の成立年代については、鎌倉前期の安貞三年（一二二九）書写の奥書を有する京都大学図書館本に、

天元六年歳次己卯五月二十六日

天文博士安倍晴明撰

とあるのに基づき、一般に天元六年（九八三）とする説が行われている。しかし、これは干支と年数が合わないのみならず、(38)天元六年は四月十五日に改元されて永観元年となっている。平安宮廷の天文密奏の責任者である晴明が、改元後の五月二十六日においてなお旧年号を使用しているのはまことに不自然である。さらに京大本の書写年代を示す奥書中の一節に、

安貞三年歳次己丑十月十日甲辰

以家秘本自書写畢

内蔵助安倍泰隆

とあるのは、後堀河朝の廷臣である正四位下安倍泰隆の奥書であるが、この奥書にある己丑年も三月五日に改元されて寛喜元年（一二二九）となった。にもかかわらず、半年後の十月においてさえ旧年号の安貞三年とする不自然性を示している。これらの点を考えると、先の「天元六年云々」（己卯にすれば二年）は安倍晴明の自筆本にあったのではなく、伝写中に書き加えられたものと推定するのが妥当であろう。つまり、安倍晴明が撰した正確な年次は既に鎌倉

うか。したがって、ここでは十世紀末の成立とするだけにとどめておきたい。時代までに忘れ去られ、ただ晴明の晩年近い天元年間ごろとの伝えだけが残されていたにすぎなかったのではなかろ

ところで本書は、平安前期までに日本に伝来していた『五行大義』や『六壬経』など多くの中国の陰陽書に拠った占卜の書である。六壬式の占法による四課三伝法を第一として課用九法第二・天一治方第三以下、占晴法第卅六に至る三六種の占法を述べるが、とくに第廿六の卅六卦所主大例法は気類物卦から天獄卦までの三六卦を節に分って詳述しているのが注目される。他の三五種の占法については、こうした体裁を採っておらない。天一治法とか五行相生相剋法など天地の理法を説くのを主とするのが多いなかで、祟りによる病か、治る病か死ぬ病かの占法、出産の時期はいつか、あるいは生れる児が男か女かの占法、待ち人や失せ物、さらには逃げた六畜の占法、天候の占法などと、人々の日常生活に直接関わりのあるものがかなり含まれている。これらは、以後の陰陽道の展開方向を示すものとして注意すべきであろう。なお、尊経閣文庫本には一〇〇以上のかなり詳しい頭注と脚注があるが、これは著者の晴明の付したものでなく、おそらく鎌倉時代に書写した安倍泰統（従五位大監物）が、家祖である晴明の手に成る難解な貴重書の理解の便のため、家蔵されてきた秘書によって付記したものであろう。(39)

本書は前述の如く平安中期最高の陰陽家として著名な安倍晴明の代表的著書であり、しかも源師時の『長秋記』に「世間流布本也」（大治四年〔一一二九〕五月十八日条）とあるほど知られていたと思われるにもかかわらず、土御門家が最高の秘書としておそらく門外不出の禁書としていたのではなかろうか、写本はきわめて少ない。現存しているのは、鎌倉前期の貞応元年（一二二二）写の尊経閣本、おそらくこれを土御門家の誰かが慶長十五年（一六一〇）に写したと推定される書陵部本、前記した京都大学図書館本の三本にすぎない。尊経閣本は土御門家に秘蔵されているもの、すなわち貞応元年に安倍泰統が書写したものを、延宝八年（一六八〇）に土御門（安倍）泰福《やすとみ》が加賀藩主前田綱紀に贈っ

たものである。(40)

簠簋《ほき》内伝《ないでん》　五巻二冊　家蔵(41)

『簠簋内伝』というのは最も通行している書名であって、『簠簋内伝金烏《きんう》玉兎《ぎょくと》集《しゅう》』というのが正称である。単に『簠簋』とか『金烏玉兎集』という略称も行われている。また板本の『続群書類従目録』には、『簠簋内伝金烏玉兎集宣明暦経』とあるものの内題には『三国相伝陰陽輨轄簠簋内伝金烏玉兎集』、また尾題には『三国相伝宣明暦経註』とあるから、これら長い書名の別称も行われていたのであろう。

巻首に「天文司郎安倍博士吉備后胤清明朝臣撰」とあることから、土御門家（安倍家）が家祖と仰ぐ平安中期の安倍晴明の著作であると中世以来信ぜられてきた。水戸藩主の徳川光圀の命により編纂された『大日本史』も、この巻首の記にそのまましたがっているが、この晴明説を事実と認める確証はない。おそらく土御門家の誰かが、家伝の天文暦数書を整理統合した際に晴明に仮託した後世のものであろう。したがって、著者は不詳とするのが妥当だと思う。また、精確な成立年代も不詳である。しかし、応永二十一年（一四一四）の自序のある暦博士賀茂在方（〜一四四四）の『掌中暦』（写本、国会図書館蔵）が本書に拠っていることは間違いないから、遅くとも室町初期には成立していたことは確実としてよい。だが、本書の内容は仏家による神道説がかなり濃厚だから、その上限を鎌倉前期以上にまで溯らせるのは妥当ではなかろう。したがって、やや長期にわたるきらいはあるが、私は十三世紀後半の鎌倉中期から十五世紀初頭の室町初期の間に成ったものと推定するのが穏当と思っている。

さて本書の内容は、中天竺の摩訶陀国王の牛頭《ごず》天王《てんのう》が南海の娑竭羅竜宮の三女頗梨采女を訪ねるため八万里の旅に上り、途中で夜叉国の巨旦《こたん》大王などに苦しめられたが、蘇民将来の助けを得て無事に結婚することができた。そして生まれた八王子が、父の牛頭天王と力を合せてついに夜叉国を平定する。これらの牛頭天王以下のものが、それぞれ天道神や八将神などであるという仏家の説く神道論を基調にしている。そして、それらにかかわる天文暦数を、すべて陰陽道の立場から、一一二項にわたって吉凶・禁忌事項などを網羅的に説いたものである。すなわち、一巻は天道神之方事から三鏡之方事に至る一三項目、二巻は十干之事から八専間日《まび》に至る四三項目、三巻は太歳神前後対位から大赤小赤に至る二四項目、四巻は地判形之事から栗華落入日之事に至る二一項目、五巻は曜宿経之事（宿曜経カ）から命業三宿之事に至る一二項目など、すべて合せて一一二項目にわたり、それぞれについての吉凶・禁忌などの事項の説明が中心である。

　ところが、この説明を記述の形態の上からみるとかならずしも一貫しておらず、少なくとも前半部の一・二巻の両巻と三巻以下五巻に至る後半部の二つの部分に分けられる。すなわち一・二巻においては、各項目の説明が仏家の神道説と陰陽道との関わりについて連関性があり、その当否は別として比較的スムーズに展開している。例えば牛頭天王は天道神、頗梨采女は歳徳神、八王子が八将神であってその一人が太歳神であるとか、あるいはまた、大梵天王の子の青帝青竜王《せいたいせいりゅうおう》が金貴女を妻として生まれた一〇人の王子が十干であるなどというように、一応論理的に筋道が通っている。これに対して三巻以下は、仏家の説と陰陽道との関わりの説明が支離滅裂で乖離している。または、そうした説明を全く省略して、「杣山入吉日」は「甲辰・丙午子辰寅戌、丁未、戊寅申巳酉、庚辰戌、辛酉、壬申寅、癸未亜巳」式の単に吉凶・禁忌の日時をあげるにとどまるといった形式のものが多くなる。前半部にあった記述の基調になっていたそれぞれ多くの事項の連関性と論理性は、ほとんど認めることができない。このことは、おそらく本書は、二巻までと三巻以下とはそれぞれ別人の手で、しかも時期を異にして成立したものを、前述のやや長期にわたる時期にこれまた別人によって一部の書としてまとめられたことを示すもの、ととらえてよいのではないかと思う。

そもそも本書は、中世以来、周知のように陰陽道の最も権威ある亀鑑として尊重されてきた。それにしては、写本が高野山宝亀院蔵の室町時代のものを最古に、尊経閣本（巻四、室町中期）天理図書館本（巻二、天正六年〔一五七八〕）など二、三あるくらいで少ないのは、おそらく陰陽道宗家が重要な秘書として他見をはばかっていたためであろう。近世になって、ようやく古活字版としては、慶長十七年（一六一二）に初めて刊行されてから寛永五年（一六二八）までに五回刊行された。板本としては、翌寛永六年から江戸末期の嘉永五年（一八五二）の間に一四回の版を重ねており、他に刊年不明のものがある。したがって、十七世紀以後になってその究明も進み始め、仮名交り文に解読した『簠簋抄』三巻（正保四年〔一六四七〕刊）をはじめ、『簠簋秘伝抄』一巻（貞享元年〔一六八四〕刊）・『簠簋冠註大全』五巻（元文四年〔一七三九〕刊）・『簠簋校暦伝』五冊（別称『簠簋日用大成』元禄三年〔一六九〇〕刊）などが刊行されており、図解を試みたものには写本だけである『簠簋初心抄口伝折帋図』のほかに『三国相伝陰陽輨轄簠簋内伝金烏玉兎集図解』（寛文七年〔一六六七〕刊）などがある。この図解については、近代も二十世紀になってから柄沢照覚『安倍晴明簠簋内伝図解』（大正十年〔一九二一〕刊）が出版されている。

なお、『続群書類従』第三十一輯上に所収のものは、板本の宝永七年（一七一〇）版を底本としている。

安倍《あべ》泰親《やすちか》朝臣《あそん》記《き》　一冊　宮内庁書陵部蔵

安倍泰親は没する前年の寿永元年（一一八二）四月に陰陽頭に昇任しているので、その陰陽頭を付して書名を『陰陽頭安倍泰親朝臣記』とするものが案外多い（『国書総目録』など）。しかし本書そのものの成立したときは、彼の位階こそ陰陽寮長官の官位相当以上の従四位上〜正四位下であったとはいえ、その職は依然としてまだ陰陽助のままであったのだから、陰陽頭を冒頭に付した書名は適当ではなかろう。別称を『天文変異記』といい、また単に『泰親朝臣記』とする略称も行われている。

著者は、書名の如く安倍泰親（一一一〇〜一一八三）である。陰陽道ならびに天文道家祖の安倍晴明の五世の孫で、父は陰陽頭泰長である。泰親は平安末期の源平両武士団の動乱で混迷する平安宮廷において、伎倆の最も優れた陰陽家としての名の高かったことは、『台記』や『玉葉』によってうかがうことができる。またその占卜の的確であったことを示す伝えは『古今著聞集』などにもみえ、とくに政変などの予言が適中することから「指《さす》の神子《みこ》」の異名をとっていたという（『平家物語』）。

本書の成立年代は永万二年（八月改元して仁安元年〔一一六六〕）であって、その主たる内容は、同年の正月より十二月に至る間の天文現象の異変つまり天変・地震などを勘申した勘文であるが、九月についてだけ欠けている。これは勘申すべき天変地妖が実際なかったから記事がないのか、あるいは関係の勘文を伝写の際に脱漏したものなのかは明らかでない。

また冒頭で述べたように『天文変異記』の別称があるが、その「変異」という一見奇妙な表現のあることが示すように、「月入㆓大微宮中㆒」「月犯㆓熒惑㆒」「月犯㆓天江㆒」「月在㆓翼度㆒薄蝕」「歳星与㆓熒惑㆒相犯」「太白経㆑天」など四十余の項目にわたる天文異変を中心に、種々の文献を典拠として、火災・兵乱から貴人の病悩などに至るまでに生ずる予兆・変異を勘申したものであって、一応は日記の体裁を採ってはいるが、公家の普通の日記とは当然内容は異なる。その奏上している天文密奏はほとんどが子息の従五位上天文博士安倍業俊と連名であって、他の四子の名は見えない。なお、典拠とされている文献は、『天文要録』『天文瑞祥志』などの陰陽書だけでなく『易緯』や『春秋緯』『河図帝覧記』などの緯書をも含めて多くのものが認められるが、そのほとんどが中国伝来の陰陽思想関係の書であって、日本で成立したと思われるものはほとんど認められない。しかもその中国伝来の書のなかには、『河図帝覧記』のように現在散佚してしまっていて、本書によりかろうじてその佚文をとどめているものもある。

ところで、本書の写本は内閣文庫・静嘉堂文庫・東大史料編纂所・宮内庁書陵部など数本あるが、内容にはほとんど異同はない。ここにおいて解題のための底本とした書陵部本は、安政五年（一八五八）に黒川春村（一七九八〜一八六八）が編集した『歴代残闕日記』二十六に含まれているものであるが、それには奥書を欠いているので、残念ながら伝来の由来は不詳である。

江戸時代においても版行されず写本のままであったが、明治末年になってようやく『改定史籍集覧』二十四別記類一として刊行、昭和十一年（一九三六）には再版されている。

東方朔秘伝置文《とうぼうさくひでんおきぶめ》　一冊　国立国会図書館所蔵

別称に『吉凶占東方朔秘伝置文』また『吉凶考東方朔秘伝置文』とするものがある。

成立年代は、序文によれば貞享甲子年すなわち元年（一六八四）であって、板行されたのは同三年である。

著者は不詳。ただ家蔵の明治二十二年（一八八九）版本には「花山道人」とあるが、いかなる人の雅号なのか、またいかなる経歴の人かなど残念ながら私には解明できず、一切が不詳である。さらに家蔵本の序文は貞享三年版本と全く異っているのみならず、後世の作為の跡が歴然としている。これらを併考すると、花山道人を著者とすることは妥当でないことは歴然としているから、ここでは著者不詳としておきたい。

さて東方朔は中国の漢の武帝時代の人（紀元前二世紀）であるが、早くから神仙化された伝承が多く伝えられており、唐代では道教で重視された太白星（金星、とくに宵の明星）の精ともされた。こうした人物の秘伝の置文（遺訓・遺書）を書名とすることから、一見、中国の道教の書の和訳されたものと考えられるかもしれない。あるいはまた、九世紀末に成立した藤原佐世の『日本国見在書目録』（五行の部）に既に「東方朔書　十一巻」とあることから、おそらくそれと繋りをもつものではないかとされるかもしれない。しかし、それらの推定はすべて見当違いであって、中国の道教書とは全く関わりがなく、日本において成立した陰陽書の一つであることは、内容を一見すれば歴然としている。すなわち、「六七甲子吉凶の事」を総論に、続いて各論的に「日輪を候《うかがい》て吉凶知る事」以下「五音《いん》の気候と吉凶知る事」まで一三項にわたる具体的な天文現象を占卜して吉凶を定め、百姓や町人の耕業経営に拠るべき基準を示したものである。板本によっては、表紙裏に「年中運気《うんき》日和《ひよりの》考《かんがへ》」と記すものが、後になると出ていることがこのことをよくあらわしているといってよいであろう。

ただ「軍中に雲煙の気を見て吉凶知る事」とか、また「軍営のうへに五色の気ありて天よりくだりつらなりてあらば、是天の守護の気なり」などと、百姓町人に全く関わりのない戦争のことが混じている。これは、東方朔がその精とされた太白星が、中国においては古来軍事に関連する星と考えられていたことと、おそらく関わりがあるのかもしれない。しかし、かりにそうであったにしても、この種の記述は本書のごく小部分にしかすぎなく、決して武士や貴族を対象にした文献とはできないことは確実である。

さて本書の写本は若干現存しているが、それはほとんどが版本を写したものであって、写本なるが故としてとくに重視する必要はない。江戸時代中期以後の庶民にはとくに歓迎された陰陽書の一つであったとみえて、貞享三年（一六八六）以後、天保十年（一八三九）・同十三年・安政六年（一八五九）・慶応四年（一八六八）と版を重ねている。そのほか刊年不明のものもある。高知県立図書館蔵の『東方朔秘伝置文巻目録《まきもくろく》』（写本、一冊）は異本ではなくて本書の一部を写したものであり、天理図書館蔵の『東方朔置文』（写本、一冊）は未見であるが、同館職員の談では異本ではないと聞く。

本解題では、このうちの国会図書館蔵の貞享三年版を底本とし、明治二十二年（一八八九）刊の家蔵本を参酌した。なお、沖縄県立図書館蔵の『東方朔秘伝書』（写本、一冊）は書名だけから判断しても、おそらく本書と密接な関係を有する占卜の書と推定される。しかし、昭和六十年（一九八五）秋、機会を得て初めて沖縄を訪れたとき、同図書館を訪うて調査したが、残念ながら所在不明で見ることができなかった。おそらく、先の太平洋戦争中の沖縄戦で不幸にして散佚してしまったものではないか、と思われる。

太上《たいじょう》感応篇俗解《かんのうへんぞくげ》　二巻二冊　家蔵

著者は南部草寿。刊記によれば、成立年代は延宝八年（一六八〇）である。愛知県の刈谷市立図書館に同著者による『感応篇俗解』と称する写本（二巻二冊）があると聞くが、未見であるので、こうした別称があったとすべきか、または当初より「太上」の語を付さない全くの別本であるのか否か、今のところ残念ながら断定できない。なお南部草寿には、これより二四年後の宝永元年（一七〇四）成立の『太上感応編和解』（四巻）なる著書もあるから、この種の文献に関心の深かった江戸中期の市井の学者のなかの一人であった、と推定してよかろう。

改めていうまでもなく『太上感応篇』そのものは、中国において十二世紀前半の南宋初期に成立した李昌齢の書と推定されている道教の著名な倫理書で、いわゆる善書と称されているもののなかでは最古に属するものである。人間の寿命や禍福は、その人の行為の如何によって、北斗星・三尸神・竈神などの司命神が決定し、また変更すると説く勧善の書である。この道教の倫理を庶民層の日常生活に則して説いてあることから、一般民衆の日常の実践道徳として、中国においては大きな影響を与えた。

しかし、本書が日本へ伝わったのは、南宋初期より約三〇〇年ほど後の室町時代である。すなわち、三条西実隆の

『実隆公記』の明応三年（一四九四）に、

行ニ来、天慶記不レ知ニ記者一寛治三年記為房卿記歟、各一巻、太上感応霊篇上新渡書、道家書歟、有レ興物也、此等持来、今夜庚申、電ニ覧之一、半更之就寝、（傍点筆者）(42)

とあるのが、初見である。三条西実隆は永正三年（一五〇六）に内大臣になった上流貴族としてだけでなく、周知のように室町後期最大の著名な学者として和漢の書籍や有職故実に明るかった。その実隆が、「新タニ渡レル書、道家ノ書ナル歟」と『太上感応篇』が彼にとって未見の書であった由を明記し、「興アル物ナリ」と直ちにその夜遅くまで起て読んでいるところをみると、十五世紀末に中国の明から渡来したのがおそらく最初としてよいであろう。私は、日本が中国の善書に接したのは十五世紀を溯ることはなく、したがって中国の民衆道徳を、知識としてはともかく初めて生の形で知るようになったのは、中世末以後のことであると考える根拠はここにあるのである。

このように、『太上感応篇』の伝来は十五世紀末と思われるが、当時においてしばらくはほとんど世の関心をひかなかったとみえ、草寿の著わしたその『俗解』が本書の刊行されたものの最初である。彼が開巻劈頭に、

此書ハ、道家《ダウケ》老子ノ説ケル処ノ者也。儒家ニハ道徳経ト等《ヒトシ》ク、異端ノ書トシテ用《モチユル》事ナシ。余竊《ヒソカ》ニ是ヲ思フニ、太概《タイガイ》儒ヲ学《ブ》者、口ニハ孔孟ノ書ヲ説《トケ》モ、心ニ得、身ニ行フ事ハ未ダシ。其勝劣是非ノ極ニ至テハ、愚目ノ及ハサル処也。

といっているのは、林家に代表される江戸幕府の教学に対する批判のみならず、この書が伝来以来軽視されてきた理由の一端を示すものともいえる。そして、彼がとくにこの書を採り上げた趣旨を、

只今日童蒙幼稚ノ者ノ、早ク其行《ヲコナヒ》ヲ直フシ、其心ヲ信スルフハ必斯《コ》ノ書ノ要ナランカ。爰ヲ以テ勧善ノ徳有ルコトハ、儒ノ大綱ニモカナヘリ。

と、直截簡明に述べている。

ところで、本書は「俗解」とあるものの、南部草寿による『太上感応篇』千余文字の単なる訓読や注釈ではない。例えば「呪詛求レ直」については「シュソシテチョクヲモトメ」という訓みだけでなく、「是れ何ぞ事ある時、俄に神に向ひて呪詛し祈て、直ならん事をもとむ。され共常《つね》に凶悪の者をハ、神ハにくみ玉ふによりて、今たとへ誓て直なる事を祈れ共、神ハ是を納受《なふじゆ》したまハず。託宣に、千日に雖《いへども》レ曳《ひくと》ニ注連《を》一、不レ至《ラ》ニ心《ノ》穢《けがれたる》者《ノ》家《イエニハ》一とあり。慎《つつしん》て是を思惟すべし」といっていることが示すように、一般庶民の日常生活のなかのこととして平易に説明を加えている。このように、真っ向から神道理念や儒教倫理ならびに仏教教義などを大上段に振りかざすのでなく、あくまでも通俗的な神の信心に基づく平易な実践道徳から説くという態度が、本書の核心をなしている。この意味において、たとえ本書の起原は中国の勧善の書に発するとはいえ、質的には、江戸時代の庶民のために書かれた実践道徳書と位置づけても一向に差支えがないとすることができるであろう。

管見のところ、本書は延宝八年（一六八〇）の版本以外には刊行されていない。で、「享和紀年十月日、声誉所持」[43]の記文を有する家蔵本を解説の底本とした。

太上感応篇倭註《わちゆう》　一冊　家蔵

別称や略称はない。成立年代は寛政十年（一七九八）である。石竜子相明（榎庵法眼と称する）が講述したのを、石孝安が記録したものである。なお序は、石竜子の門人である梅谿（不二庵万休居士と号する）の撰文になるものである。

本書も、前書と同じように中国最古の善書である『太上感応篇』に基づくものであることはいうまでもない。そして、「倭註」を書名にしているが、単に訓みや語の注釈だけにとどまらないことも前書と全く同様である。しかしながら、その説かんとする方向においては、かならずしも同じであるとはいえない。すなわち、本書の場合は、例えば「庚申日」について、

庚申ト云ハ、金気《キンキ》ノ集マル精ヲ云。仏道ニテハ、青面金剛童子ト云。此菩薩、腰ニ人ノ尸《シカバネ》ヲ提《サ》ゲ、手ニ女ノ髪ヲサゲ、奮怒ノ勢ヲ顕ハシ玉フヿ、是則金気ノ評相《ヒヤウソウ》也。又神道ニテハ、猿田彦、是ヲ道祖神ト云。是ヲ庚申ノ日ニ祭ルヿ也。是土ノ祖ナル故、申《サル》ハ土也。庚《カノエ》ハ金也。仏意ハ金ヲ祭リ、神道ハ土ヲ祭ル。是レ土金離レ難キヿ也。

とか、

此猿田彦・神ハ、天照皇太神宮此土ニ天降リ在《マシマス》ノトキ、猿田彦ノアラハレ道案内ヲナサレシ也。夫《ソレ》故、於㆑今処々ノ祭礼ノ節、猿田彦ノ神先《サキ》ニ渡ル也。是《コレ》道ヲ開クノ始メト云ベシ。

などとあることが示すように、基調とする態度は仏教や神道ならびに陰陽五行説の諸説などに典拠を求めて説くことに、その主眼を置いている。前書の場合のように、一般庶民の日常生活のなかのことに典拠を求める態度とはきわだった対照をみせているのである。このことはまた、先にみた「咒詛求㆑直」について、前書とは違って、「神仏ニ無理ナル願ヲシテ、己ガ信ズル処ヲ直ナリト云フヿ也」と、簡単に片付けているところなどによくあらわれているといえるであろう。

本書もまた、寛政十年（一七九八）版の板本以外には刊行されていない。したがって家蔵の同年版の板本をこの解説の底本とした。

ところで、前者の『太上感応篇俗解』も後者のこの『太上感応篇倭註』も、延宝八年（一六八〇）と寛政十年にそ

れぞれ一回刊行されただけであって、以後における刊行が認められないことから、このような性格の書は、江戸時代においてあまり受け容れられなかったのではなかろうかと、一応は考えられるかもしれない。しかし、延宝八年と寛政十年の間に、前書と同じ南部草寿を著者とする『太上感応編和解』四巻が宝永元年（一七〇四）に、享保三年（一七一八）には河間直俊著の『訳語太上感応篇』一帖、同八年には寛道を著者とする『太上感応編諺註』四巻、しかもこれは、同十年と安永九年（一七八〇）の両度にわたって版を重ねている。そしてこの安永九年には、新たに北翠軒退翁著の『太上感応編霊験鈔』四巻も刊行されている。また、ここで解題した『太上感応篇倭註』の刊行される三年前の寛政七年（一七九五）には、杉山梅翁斎による『和語感応編』一巻があり、それから間もなくの文化元年（一八〇四）には『太上感応編訳文』なる一冊が刊行され、この書はまた嘉永二年（一八四九）には版を重ねている。さらに次に採り上げている『太上感応編霊験』は、文政十一年（一八二八）に成立と同時に板行されたものである。

このように、江戸中期から後期に至るまでに九種、うち版を重ねるものは二種を数える同性格の書が刊行されているのであるから、この庶民対象の実践道徳書はかなりの関心をもって世に受容されたものと評定して大過ないと思う。

太上感応編霊験（仮題）　一冊　　家蔵

原本は無題であって、表紙に題簽の貼ってあった痕跡もない。表紙の裏面は、縦に三分した区画の中央部に「鎮宅霊符」とあるのみで、他の部分には記文はない。また裏表紙は両面とも白紙である。したがって、ここで『太上感応編霊験』と表記したのは、内容上から筆者の名づけた書名である（なぜこうした書名にしたかの理由は後述）。（仮題）と（　）内に記したのはその意味からである。

本書の成立は文政十一年（一八二八）で、刊記によれば次に記す著者夫婦の自費による版行であり、書店によって刊行されたものではない。著者は千野又右衛門と同人の妻の両名であって、彼らは信濃国筑摩郡木曽押込村の農民であった。しかし、近世の筑摩郡には押込村という村は存在するが、木曽押込村という村名はない。木曽谷一帯は中世末に木曽郡といわれた時期もあったが、江戸時代になってからは、元禄十五年（一七〇二）の幕府による国絵図再調によって公的に信濃国筑摩郡所属と決定するまでは、所属する国名も郡名も未定であった。だが、長期にわたってそうした慣行が続いたので元禄年間から公的には「筑摩《つかま》郡押込村」であっても、在地においては、かつての由緒から慣用的に木曽の称を冠して「木曽押込村」といったのであろう。その意味で、本書が刊記に「筑摩郡押込村」と記さず「木曽押込村」と明記しているのは、農民の無知を示すというよりはむしろ地方農村の濃厚な在地意識をあらわすものと解するのが妥当と思う。

本書は、すべてにわたって農村の出版らしくあまり洗練された体裁を採っておらず、かつ文章そのものも泥臭さに満ちたといった式のものであって、管見の限りではほとんど他に類書は認められない。その意味で、これは農民の生活と善書のつながりを具体的に示す唯一のものと考えられる貴重な文献である。そして、その内容は「太上感応編」（一丁〜六丁）・「太上感応編霊験」（七丁〜九丁表）・醮儀（九丁裏）の三部から成っている。

第一部は原典である『太上感応篇』の漢文に句点と返り点を付したものを本文とし、その本文の右側に細字で読み下し文をすべて仮名で傍書している。しかもそれは、単なる読み下し文というより、むしろ当時の信濃で常用されている日本語に翻訳した仮名書きの日本文、といった方がよいほどの見事なものである。第二部は漢字（振り仮名付）交りの和文で分量的には第一部の半分余りにすぎないが、なぜ刊行するに至ったかの理由と根拠を示す本書の最も重要な核心をなす部分である。すなわち、『太上感応篇』の霊験はまことに筆に尽し難く、これによって身を守るのは「我日本国《わがにつほんこく》、大小の神祇の御神慮にかなハん事、何《なに》の疑《うたがひ》かあらんや」と説く。さらに、著者の千野夫婦の娘の二〇年来の病が、祭主の教えにしたがって『太上感応篇』を版に起して北辰宮に奉納して祈ったので全治したこと。そのため、五〇〇部を奉納して人に施す施主・願主となった所以を述べている。この後者の点は、とくに留意すべきものを含んでいる。すなわち、中国においては、十六世紀後期の明末以来とくに庶民の社会一般を中心にとりわけ盛行した『太上感応篇』や『陰隲録』など多種多様な善書は、一般の書物の場合とは違って、印刷し多くの人々に配布すること自体が善行とされたので、ほとんどが自費版行でしかも無料配布であった。このことを併考すると、十九世紀前期の日本の山間の僻村において、平凡な農民の夫婦が中国の一般社会の庶民層と全く同じことを行っているのに注目されるのである。

第三部は、「醮儀」と題していろいろの祭祀と祈禱行事を年中行事的に列記している。標題としている「醮儀」というのは、改めていうまでもなく「斎醮科儀」の略語であって、「斎醮」とは道士が祭壇を設けて神を祀ることであり、「科儀」とはその祭祀のやり方すなわち儀礼のことであることはいうまでもない。正月十五日の上元天尊降臨幸福祭祀を筆頭にして以下列記されている二十有余のものは、この標題が示すようにほとんど道教の斎醮科儀つまり祭祀であり、その儀礼と祈禱である。その意味でまことに注目すべきものであるが、この信濃国木曾谷の千野夫婦なる農民や彼らに『太上感応篇』の板行奉納と配布をすすめた北辰宮の祭主が、果してこれらの祭祀祈禱を年中行事的に行っていたものかどうか、しかも、これらは本来はいずれも道教の祭祀祈禱であることを知って行っていたかどうかは疑問である。行っていたとしても、おそらくその本義と性格を知らないままに、実際には、陰陽道とか修験道の、あるいは密教的とか神仏習合的などの祭祀であり祈禱であるなどとして行っていたもの、と考えるのが穏当であろう。(44)

さて本書は、その刊記によれば文政十一年（一八二八）に五〇〇部刊行されているが、そのほとんどが現在までに散佚してしまったとみえて、管見の限りでは木曾谷一帯の地元ではほとんど見ることができない。やむなく他本との校合のないままの家蔵の一本を、本解説の底本とした[45]。

鎮《ちん》宅《たく》霊《れい》符《ふ》縁《えん》起《ぎ》集《しゅう》説《せつ》　二巻二冊　国立国会図書館所蔵

一般には「鎮宅」を角書として省き、『霊符縁起集説』という称が行われている。角書「七十二符」として『七十二符霊符縁起集説』とか「集説」の代りに『霊符縁起修法』ともいい、またこれに因んで『七十二符霊符縁起修法』とする別称もある。

跋によれば、稿が成ったのは宝永四年（一七〇七）で、刊行されたのは翌五年である。

編著者は出雲路十念寺沢了であるが、その経歴等は不詳。ただ、沢了が京都の人であることは確実としてよいから、あるいは京都の下御霊社の神主の家柄である出雲路家となんらかの関わりのある人物であったのかもしれない。

ところで、本書でいう霊符とは、既に中国において道教の符籙と仏教の現世利益面のお礼の両者が、既に結びついて世間に出現していたものを指す。この種の霊符は、知識としては既に平安時代から知られていたと推定されるが、実物の渡来したのはおそらく明朝との交流以後すなわち室町時代であろう。それが江戸時代には急速に相当移入され、町人層を中心に普及していき、ひろく〝霊符様〟と称されてかなり信心されていた。早くも元禄十六年（一七〇三）には、馬場信武の『秘密符法』[46]が刊行されているが、それは霊符の符字のみを中心とするものであった。その欠を補うものとしてあらわれたのが本書であって、各種の「鎮宅霊符之本尊并縁起、儒釈道ノ修法」を、「化現《ケゲン》ノ次第大意」以下「霊符七十二道ノ解釈」に至る四三項に分って詳細に説明し、世にひろめようとしたものである。しかしながら、この四三項はすべて中国伝来の儒釈道のみでなく、そのなかにおいて熊野権現・八幡宮や伊勢国山宮祭などを独立の項目として特記したり、「神道ニ用ル行法ノ次第」とか「吾朝習合ノ次第」などをも単独の項目として力説しているなど、彼が刊記に儒教・仏教・道教の修法といっているのにとどまらず、かなり日本的に消化しているところの多いことに注目される。他の項目においても、陰陽道や『朝野群載』などの古典に典拠を求めようとしている点がかなり認められるのである。それらの場合の説明していることの当否は別として、江戸中期における市井の思想家の思想内容と社会の動向を示唆するものとして留意すべき文献といえよう。

本書は宝永五年版以後、寛政八年（一七九六）にも刊行されている。なお、刊年不明のものもある。明治以後では、『国書刊行会叢書』の第四期として大正四年（一九一五）に三田村鳶魚の編で発行された『信仰叢書』のなかにも含まれている。本解説では、国会図書館蔵の宝永五年版を底本とし、家蔵の写本を参考に使用した。

### 烏枢沙摩金剛修仙霊要籙　二巻二冊　家蔵

角書の「烏枢沙摩金剛」を省いて、単に『修仙霊要籙』ともいう。三田村鳶魚編の『信仰叢書』には、これを角書とはせずまた「金剛」を「明王」として『烏枢沙摩明王修仙霊要録』を正式の書名とするようであるが、果してこれはいかがであろうか。確かに仏名としては烏枢沙摩明王が正しくて、烏枢沙摩金剛というのは誤りである。しかし、台密系では五大明王のうちの金剛夜叉明正の代りに烏枢沙摩明王を北方に配することもある。また、原語のウッチュシマを火神の原義に基づいて火頭金剛とか不壊《ふえ》金剛とも訳している。本書の著者の大江匡弼は、これらを勘案して、とくに仏家では用いられていない「烏枢沙摩金剛」という語を新造して使ったのかもしれない。いずれにしても、私は『信仰叢書』のいう書名はかえって本書の意味を損うもので、妥当ではないと思う。

本書の成立年代は、自序のいう通り天明元年（一七八一）四月の成立で、同年九月に刊行されている。

著者の大江匡弼は、京都の人で江戸中期の市井の学者であって寛政七年（一七九五）六十八歳で没した。それ以外、主たる経歴などについては残念ながら詳にすることはできない。諱は文坡、菊丘・臥山人・臥仙子などと号した。中年をすぎた明和二年（一七六五）三十八歳で初めて読本《よみほん》の『勧善桜姫伝』を著してから、没するまでの三〇年間に五〇点近い多くの書を著している。それらの内容は、浮世草子・滑稽本・読本などの文芸物から神道・仏教・漢学・占卜など多方面にわたっているが、とくに陰陽道を含む占卜に関する一八点と文芸物の一五点が多く、両者で七〇パーセント近くを占めている。そして、神・儒・仏・占卜などいわばハードなものにはほとんど大江匡弼とか大江文坡と、浮世草子をはじめとするソフト的な文芸ものには主として菊丘・臥仙子・臥山人などの号を署するという使い分けをしていることに注目されるのである。

ところで本書の内容は、世のなかの一切の不浄なものや悪に接触してこれを焼き尽し、これらのすべてを清浄なものに転化する烏枢沙摩明王のすばらしい威力を闡明にせんとするもので、上巻ではその各種の法術を主にし、下巻ではその印法を中心にして説くとの形式を採っている。しかしながら、それらはかならずしも密教の経典による解釈を主として採るというのではなく、密教的なものであっても既に中国において道教の呪法や符籙と結びついてしまった霊符に説明の基準をおいている。したがって、仏教的というよりむしろ修験道的な方向に大きく傾いているといってよい。このことは「神呪を誦して諸恵鬼神人を悩乱する害を除き苦難を離る法術」以下「神呪を誦して行病鬼王をして国所へ入ざるの法術」に至る具体的な二二項の呪法によくあらわれている。また、不浄の所としての厠について、その吉凶や方位を陰陽道で説くとか、中国における三教一致が儒仏道であるのを神仏仙の三教一致と解するなど、儒教をほとんど軽視ないし無視している態度をとっている。すなわち、「金神七殺の方に九眼の圊《かいや》を建つ」とか「神仏仙の三教一致の論、神仙真一霊旨ある霊要」などと揚言したり、あるいは「神社道観及び伽藍精舎の近辺に小便すへからざる戒」などを、とくに独立項目として強調する。そしてまた、本書の中核的要素であるはずの烏枢沙摩明王に関することについてさえ、儒のことと関説するのを意識的に忌避しているのは、周知のように江戸中期の教学において占める儒教の位置がとりわけ高かっただけに注目されるのである。

本書には、天明元年版のものしかない。『国書総目録』には寛政七年（一七九五）の板本があるとするが、残念ながら私はまだ未確認なので、ここでは、家蔵の天明元年版を底本として解説した。(47)

神仙霊草春秋《しゅんじゅう》社日《しゃにち》醮儀《しょうぎ》　一冊　家蔵

角書を省いて単に『春秋社日醮儀』ともいう。著者の自序により天明元年（一七八一）八月に稿の成ったのは明らかであるが、管見の限りでは、現存する最古の板本が再版本であることが確実である寛政元年（一七八九）のものであるから、最初に上梓されたのが、天明元年後から寛政元年に至るまでの八年間中のいつであったかは、今のところ残念ながら不詳である。

著者は大江匡弼である。匡弼については、既に前項の『烏枢沙摩金剛修仙要籙』で詳述しておいたので、ここでは省略する。

本書は「社日」、すなわち中国において立春後ならびに立冬後のある日に、五穀の豊穣とその報賽のために土地の神を祀ることにしている日をさす「社日」と、道教の神を祀る儀式を意味する「醮儀」を書名としているところから、一見するところ道教の祭祀に関係することを中心とする書のようにみえる。(48) しかしながら、内容はかならずしも道教に中心をおいて説くものではないことに注意しなければならない。すなわち本書は、日本の農業神ならびにその祭祀などについて、「本朝漢土農業の始り幷に保食神の来由」以下「本朝土祖神・五穀祖神・五穀守護神の霊符」に至る二〇項目にわたって、それら日本の農業神の由来やその功能などを詳述したものである。したがって、著者の意図するところは「漢の社祭ニ準ヘテ我ガ神祇ニ祈報シテ、五穀豊饒ニシテ国家泰平」を期せんというところにあった。その意味において、江戸時代の民間における道神習合の一つの動きを示すものとしてよいであろう。また、陰陽道に基づく説明もかなり含んでいる。

現存するものは、先にも述べたように寛政元年（一七八九）の再版本であって、初版本はまだ確認されておらない。明治以後では、大正三年（一九一四）から同六年にかけて刊行された滝本誠一編『日本経済叢書』十一巻には、農業書の一つとして収められ、また、昭和三年（一九二八）から同五年にかけて刊行された『日本経済大典』十七巻にも、農業にかかわる書として載録された。ただし、後者は新たに発見された版本に基づくものでなく前者の覆刻である。[49]

増補絵抄和字《わじ》功過《こうか》自知録《じちろく》　一冊　家蔵

「増補絵抄」の四字は寛政十二年（一八〇〇）版に加えられた角書であって、『和字功過自知録』というのが元版の書名である。また、単に『功過自知録』ともいう。

序文によれば、成立は安永四年（一七七五）であるが、著者は不詳。この序文を書いた京都の人である安田棟隆は、その文中に「其ノ述者ノ姓名ヲ問フニ、顕ニ之ヲ言ハズ云々」とあるのは、かならずしも自著であることを隠そうとする虚構の語とも思えぬので、著者不詳とするのが穏当と思い、ここでは一応不詳としておいた。ただ、最初に増補補訂された寛政十二年（一八〇〇）以後、数次に及ぶ版を重ねているが、その版本はすべて沙門源無の校になるものである。なお、この沙門源無についても、その経歴を明らかにすることはできないが、彼には他に『仏国暦象弁妄決判寐覚独語』などの著があるところをみると、天文暦数に関心のあった僧のようであった、と推定される。

さて本書は、中国において十七世紀の明末から清初に盛行した代表的善書として著名な『雲谷禅師授袁了凡功過格』と雲棲大師袾宏の『自治録』について、著者が切要としたものを摘出して飜訳したものである。まず、善門として忠孝・仁慈・三宝功徳・雑善の四類に分け、それぞれ各類について少ないものは六項から多いのは三五項に及ぶ具体的な事例をあげて説き、その善の功徳を数量化して示す。次に過門としては、同じように不忠孝・不仁慈・不三宝功徳・不雑善の四類に分け、それぞれの類についてこれも少は六項から多いのは四五項の具体的な事例をあげて、いずれもそれを犯した場合の禍の重さを数量的に示す。そして、それらの行動の犯した善悪の量の多少により、それに相応する禍あるいは福が、それぞれ当該の人の身にふりかかるとするのである。中国では、これらを仏教の因果応報の理で説くのでなく、多くは道儒仏の三教合一の倫理によって庶民の日常生活に則した実践道徳として説くのを原則としている。しかしながら、本書では、単にそれら中国のものに従う、いわば単純な飜訳としてではなく、巻尾に、日ごろ人々の信仰する神仏の前に誓ってここに説く善事を行い悪事を避けよと特記していることが端的に示すように、日本化した神儒道仏の四教合一の倫理道徳として強調しているところに、とくに注目されるのである。

本書は、おそらくこうした点が江戸・上方《かみがた》の町人層を中心にかなりの期間にわたりひろく受け容れられたとみえて、稿の成った翌年の安永五年（一七七六）に版行されたのであるが、まもなく寛政十二年に版を重ね、それ以後も文化十一年（一八一四）・天保九年（一八三八）・同十年・同十四年と四回も刊行され、ひろく普及したことが歴然としている。このほか、刊年不明のものもある。また『功過格』そのものも世人の関心をひいたことは『功過格註証』や『陰隲功過自知合双論』などの写本の存することからも察せられるのである。[50]

和語新刻陰隲文絵鈔　二巻二冊　　家蔵

単に『陰隲文絵鈔』とも、また『和語陰隲文絵鈔』ともいう。本書がとくに「和語新刻」の四文字をとりあげて角書しているのは、既に河合良見が安永二年（一七七三）に『陰隲文国字解』（別称『陰隲文』）を、同六年にはまた『和語陰隲録』（別称『陰隲録』）などを引き続いて刊行していることを、おそらく意識していることによる新しい別書たることを示す標識になさんとしたもの、と思われる。

序によれば、本書の稿の成ったのは文政元年（一八一八）であるが、刊行されたのは同三年である。成稿後、刊行までに三年もの長時間を要した事情は不詳である。

著者は南里亭其楽。浪花の市井の学者文人であったのだろうと推定されるが、それ以外は私には経歴などについて残念ながら明らかにすることはできない。ただ、次のことだけは著者の明確な功績として付言しておきたい。そもそも本書の原書は中国明末の学士袁了凡（袁黄）の著す『陰隲録』であるが、それの崇禎年間（一六二八〜一六四四）の刊本が日本へ伝来されるや、早くも元禄十四年（一七〇一）には覆刻されており、間もなくその和訳も本項の冒頭に述べたように刊行された。しかしながら、単なる飜訳にとどまることなく、その示す事項を、日本における相応するような事例を採り上げて、具体的に説くことに中心をおくもののあらわれるのは江戸中期以後になってからであるが、私は、本書を以てその嚆矢というべきものと認める。『陰隲録』関係の和書は多く、そのなかではかならずしも最古のものに属さないが、それら古いものを底本とせず、ここではこの南里亭其楽の増補に成るものに基づいて考察せんとする所以である。

さて、本書は、先の『増補絵抄和字功過自知録』の項でも触れたように、中国の明末清初に流行した善書の代表的なものの一つである『陰隲録』を原書とする。この書名の「陰隲」とは陰徳の意であって、人の善悪の行為によって天が禍福を下すことを具体的な事例をあげて説くものであった。ところで、南里亭其楽はその内容を上下の二巻に分ち、まず上巻においては、最初にいわば概論として袁了凡が雲谷禅師の教えに導かれて陰隲を説くに至る所以を述べ、ついで各論として善瑜以下宋の官人に至る二一名の唐土の人物について、その行動によって福禍を招くにいたる状況を具体的に述べる。その和文はまことに流暢であって、ほとんど飜訳臭を感ぜしめない。下巻それは著者の本領を発揮しているところであるが、「本朝にて善悪応報有事弁二戒殺陰徳の事」と題して、大阪から下総に及ぶ国々の各地において、大名から川越人足に至る各階層の多くの老若男女の行為を採り上げ、その行為に応じて彼らがそれぞれ具体的に禍福を蒙った状況を述べている。その採り上げている事象がすべて実録であったか否かは別として、本来は中国における庶民層の実践道徳であったものが、いかに日本化されていったかということを、かなりの説得力をもって説いているところに注目されるのである(51)。

なお、本書は冒頭で触れた文政三年（一八二〇）の刊本が、以後版を重ねたことは認められない。また、南里亭其楽以外の立人が新版を起したということもない。しかしながらこれらのことは、江戸時代も十九世紀になると、善書も『陰隲文』的なものは世に受けいれられなくなった、といったことをかならずしも示すものではない。すなわち、『陰隲文』そのものは依然としてかなり歓迎されたとみえて、既に触れたもの以外にも、それぞれ著者を異にする享保六年（一七二一）刊の『通俗陰隲文』、文政七年（一八二四）刊の『和漢陰隲伝』、同十三年刊の『陰隲文和解』、天保三年（一八三二）刊の『陰隲小記』、同七年刊の『陰隲文』などと多くの刊本が発行されており、刊行に至らなかったものとしても『陰隲文解』や『陰隲文由来幷霊験』などの写本が伝えられている。また現代になってからも、戦前ではあるが昭和五年（一九三〇）に梅沢俊治著の『意訳陰隲録』が発行されており、これには清原奎吾・犬養毅・徳富蘇峰らが題詞をつらねていることに注目されるのである。

註

（1）家永三郎『古代政治社会思想』五二四頁。

（2）本書は、斎藤励氏が明治四十二年（一九〇九）東京帝国大学に提出した卒業論文を、知友が中心になって斎藤氏死去後の三回忌に当る大正四年に甲寅叢書の一冊として公刊されたものである。したがって、家永氏が七〇年前とされるのは、『王朝時代の陰陽道』の刊行年次でなく卒業論文として完成提出された年次をさす。
（3）『神道大系・陰陽道』解説（拙稿）。
（4）この基本的性格とすることについては、次の第三項においてもさらに改めて詳述する。
（5）『日本書紀』推古十年冬十月条（新訂増補国史大系一巻下、一四〇頁）。
（6）同上書、推古三十二年夏四月壬戌「以二観勒僧一為二僧正一、以二鞍部徳積一為二僧都一。即日以二阿曇連一為二法頭一」（同上書一六五頁）。
（7）同上書、欽明十四年（五五三）六月・十五年二月条（同上書七九・八三頁）。
（8）井上秀雄『東アジア民族史』等。
（9）推古十年冬七月「是時選二書生三四人一、以俾学二習於勧勒一矣。陽胡史祖玉陳習二暦法一、大友村主高聡学二天文遁甲一、山背臣日《ヒ》並《ニ》立《タテ》学二方術一。皆学以成レ業」（同上書一四〇頁）。
（10）『続日本紀』天平二年三月辛亥（新訂増補国史大系二巻一二二頁）。
（11）「同上書」慶雲四年五月乙丑条「従五位下美努連浄麻呂及学問僧義法・義基・惣集・慈定・浄達等至レ自二新羅一」（同上書二八頁）。
和銅七年三月丁酉、沙門義法還俗。姓大津連、名意毗登《オビト》、授二従五位下一、為レ甲二占術一也。（同書五五頁）。
（12）岡崎文夫『魏晋南北朝史』、小林信明『中国上代陰陽五行思想の研究』。
（13）『雑令』暦条「凡陰陽寮、毎レ年預造二来年暦一。十一月一日、申二送中務一。中務奏聞、内外諸司、各給二一本一。並令三年前至二所在一」（日本思想大系『律令』四七六頁）。
（14）「弘仁陰陽式」御暦三巻、二巻具注、一巻七曜（同上書六九八頁）。
（15）（16）『雑令』秘書玄象条「凡秘書、玄象器物、天之図書、不レ得二輙出一。観生、不レ得レ読二占書一、其仰観所レ見、不レ得二漏泄一、若有二徴祥災異一、陰陽寮奏」（同上書四七六頁）。
（17）日記『殿暦』（『大日本古記録』所収）。

(18)　六月と十二月に、京の四隅に八衢比古、八衢比売・久那斗の三神を祀って、鬼魅が京中に入ってくるのを防いだ祭祀。

(19)　金神は金気《きんき》、毒殺を司る神とされ、年によってその在る方位が異るというのであるが、残念ながらその詳細なことを記す当時の文献は皆無である。

(20)　北辰すなわち北極星を、台密では尊星王と称して崇拝した。その修法を尊星王法という。

(21)　東密では北極星を妙見菩薩として崇めた。その修法を妙見供とか北斗法といった。

(22)　本来は天体の運行をみて時節を察する術であったが、平安時代ではもっぱら天象の異変を察して吉凶を判断するのが中心となった。現在の天文学とは全く異質である。

(23)　法令・旧例・日時・天文など諸事を勘《かんが》え調べて上申する文書のこと。天文の異変などについて陰陽寮や神祇官が占って上申するものが多かった。

(24)　典薬寮の専門職の一つで、道教の呪術を司る。つまり呪いをして、物《もの》の怪《け》などの災をはらうことを司った職。

(25)　『今昔物語集』巻二十に例話が多い（日本古典文学大系四巻）。

(26)　鋺カナマリ（金で作った椀《わん》）。

(27)　『今昔物語集』巻二十の第七話（同上書四巻一五七頁）。

(28)　『愚管抄』巻七（日本古典文学大系八六巻三三六・三三七頁）。

(29)　『三代実録』貞観五年五月二十日壬午条

於二神泉苑一修二御霊会一。勅遣下二左近衛中将従四位下藤原朝臣基経、右近衛権中将従四位下兼行内蔵頭藤原朝臣常行等一、監中会事上。王公卿士赴集共観、霊座六前設二施几筵一、盛二陳花果一、恭敬薫修、延二律師慧達一為二講師一、演二説金光明経一部、般若心経六巻一。命二雅楽寮伶人一作レ楽。以二帝近侍児童及良家稚子一為二舞人一、大唐高麗更出而舞。雑伎散楽競尽二其能一。此日宣旨、開二苑四門一、聴二都邑人出入縦観一、所謂御霊者、崇道天皇・伊豫親王、藤原夫人（吉子）、及観察使（仲成カ）、橘逸勢、文室宮田麻呂等是也。並坐レ事被レ誅。寃魂成レ厲、近代以来、疫病繁発、死亡甚衆。天下以為、此災、御霊之所レ生也。始レ自二京畿一、爰及二外《ゲ》国《コク》一。毎レ至二夏天秋節一、修二御霊会一、往々不レ断。或礼レ仏説レ経、或歌且舞、令下二童貫之子一靚粧馳射、膂力之士袒裼相撲。騎射呈レ芸、走馬争レ勝、倡優嫚戯、逓相誇競上。聚而観者莫レ不二塡咽一、遐邇因循、漸成二風俗一。今茲《コトシ》初咳逆成レ疫、百姓多斃、朝廷為《メニ》祈。至レ是乃修二此会一、以賽二宿禱一也。（傍点筆者。新訂増補国史大系四巻一一二〜一一三頁）。

(30) 綜合日本史大系『平安朝史』下巻。
(31) 山川出版社『日本史小辞典』。
(32) 東京大学出版会『宗教学辞典』。
(33) 宮田登『日本人の宗教』。
(34) 怨霊には、平安中期の名筆家藤原佐理《すけまさ》とか『源氏物語』にあらわれる六条御息所《みやすどころ》のように、死後ではなく、その生前に災をもたらす生霊の場合もあった。しかしこれらの場合は、佐理が藤原行成の名声を妬むとか、六条御息所が恋仇に嫉妬することなどが理由となっているように、その祟りはもっぱら特定の人に限定されていることが多い。その意味において、怨念の深さでは死霊と差はないにしても、その社会的意味においては同じ重さをもつとすることはできないと思うので、ここでは考察の対象外とする（春名好重『藤原佐理』〔人物叢書五八〕参照）。
(35) 『三代実録』巻七、貞観五年五月二十日壬午条（新訂増補国史大系四巻一一二～一一三頁）。
(36) 光仁天皇の皇子、桓武天皇の同母弟。桓武即位と同時に皇太子となるも、藤原種継暗殺事件にかかわったとの疑いから廃され、淡路に流されるが、絶食してその途中で死亡す。
(37) 『三代実録』巻十一、貞観七年六月十一日庚申条（同上書一五九頁）。
(38) 天元六年の干支は癸未であり、歳次とする己卯は、天元六年に最も近い年としては天元二年（九七九）と長暦三年（一〇三九）である。いずれをとるとしても不自然であることには変りはない。
(39) その意味において、この頭注・脚注はすべて本文同様に貴重視すべきだと思うので、拙編の『神道大系』論説篇十八巻『陰陽道』においては、本文はいうまでもなく頭注・脚注も削除することなくすべて全文を収載しておいた。
(40) 本書は著名であるにかかわらず長らく写本のままであったが、近時、村山修一氏は『日本陰陽道史総説』で尊経閣本を印行（頭注・脚注は全部省略）、中村璋八氏は『日本陰陽道書の研究』で京都大学図書館本を印行（頭注・脚注は一部省略）した。
(41) 家蔵本は刊年不明の古川参郎兵衛版であるが、巻一の九丁脱の所は宝永七年版の国会図書館本で補充。
(42) 『実隆公記』明応三年一月三十日条。
(43) 蔵書印があり、それによれば「声誉」とは信州高遠の横町に住する人で、武士ではなくおそらく好学の町人であろうと思われる。

(44)　善書とは道教の倫理を説いたものをいうが、中国において民衆の実践道徳の基礎となったのは儒教よりもむしろ道教であり、その道教の倫理を説く書を善書といった。日本の庶民と善書については、拙稿の「江戸時代における農民と善書」(笠原一男博士還暦記念『日本宗教史論集』下巻所収)に詳論しておいた。

(45)　なお『太上感応編』に『和語陰隲録大意』と『功過自知録大意』の二本を付録的に合本したものがある。大阪の籐細工所江戸屋鉄五郎が板行したもので、『太上感応編』の所に天保十二年(一八四一)に湖東何某が印施したものとある。で、本書の本編の内容は、本文で解題したものの第一部と第二部に相当するものであって、第三部に当る部分は全くない。第二部はほぼ同じ内容であるが、なぜこの本を板行して社寺に奉納し、無料で配布するのかという最も肝要な部分を欠いている。これは、いま一つの重要点である第三部を全欠していることと併せて、この江戸屋鉄五郎の板行本は、かなり杜撰ないわばダイジェスト版にすぎない、としてよいであろう。

(46)　『通変八卦掌中指南』ともいう。この書名の方が町人層には内容が明瞭にわかると歓迎されたらしい。

(47)　『信仰叢書』所収本は上巻十二丁表裏の図と下巻四丁表裏の図ならびに跋語と刊記を欠いており、印法の図の組み方もかなり便宜的に変えている。昭和六十二年(一九八七)刊行の『神道大系』論説編十六の『陰陽道』所収のものはすべて天明元年刊の原本通りで省略部分は一切ない。

(48)　「醮儀」については、既に『太上感応編霊験』の解題において詳述しておいた。

(49)　註(47)に示した『神道大系』(論説篇十六「陰陽道」)に所載した私の当該書の解題は、家蔵の寛政元年本を底本とした。なおそこでは『日本経済叢書』本の省略している振り仮名などは一切除かず、すべて底本どおりにしておいた。

(50)　ここでの解説においては、多くの版のうち最初に稿の成った安永五年版を、源無が増補校訂した寛政十二年版の再板である家蔵本を、底本として考察した。

(51)　本書は書名の角書に「増補絵鈔」と絵鈔の語を付していることが示すように、葛飾北斎(戴斗)の絵が二一図挿入されている。これも注目すべき点の一つである。

# 付章　遷宮の式年制の意義

## 第一節　伊勢神宮遷宮の式年制立制の問題点

古代において帝都が移動するということは、単に天皇の居所が移動したという歴史地理的な意味をあらわすだけでなく、いろいろ複雑多種な要素の集約された結果の表現である。律令国家の繁栄の象徴であった平城京が、桓武天皇の延暦三年（七八四）十一月の長岡宮への移幸で帝都でなくなり（『続日本紀』）、その長岡京も同十三年十月にはさらに新しい京に遷り、翌月「平安京」と命名された（『日本紀略』）。この僅か一〇年の間に再度の遷都をみたことは、その意味でとくに注目しなければならないことである。

この帝都の移動を基準として、普通には奈良時代から平安時代へといわれるのであるが、これは律令政治の行われた同じ古代であるにしても、この用語は時代区分の便宜的な表記法というだけで満足すべきではなく、もっと歴史の本質的なものとして受け取る態度が要請されるわけである。そして、この時期に当る天皇は、いうまでもなく桓武天皇であった。したがって、この桓武朝の治政に、律令時代の変質の基本的なものを求めようとする態度が強くなってくるのは、当然のことといわなければならない。

ところで、古代における律令体制の理論的背景をなす強い要素の一つが民族信仰としての神祇思想であったことは改めていうまでもない。とすれば、この帝都の移動に象徴される八世紀末において、神祇思想には果していかなる展開がみられたか。とりわけ、古代日本の統治理念を構成する重要な要素である神祇観に、変化があったのかどうか。いいかえるならば、周知のように律令体制の転換期と目されている桓武期において、その神祇観はどうであったかということが、大きな問題となってくるであろう。

この場合、それが最も端的にあらわされてくるのは、個々の信仰現象とか祭祀様式などよりはむしろ時の為政者の採った神祇政策であると思う。したがって、当局者の神祇政策の重点がどこにおかれていたか、また主たる対象は何であったか、ということが当然問題となってくる。そういう見地から桓武朝の神祇政策をみてみると、『続日本紀』や『日本後紀』の桓武紀による限り、奈良時代のそれときわだって目立つ変った点は認められない。すなわち、その神祇政策の重点と主対象においては、さほど異ったところはないとしてよい。これは、一応注意しておくべきことであると考えられる。

それならば、両時期は同一の神祇政策を基礎にしていたと把握してよいかということになると、私は、直ちにそうとばかり言いきれないのである。その最大の理由は、伊勢神宮――それは奈良時代から急激に国家的性格を高めてくるのであるが――についての奈良朝と桓武朝の対応の仕方は、かなりの相違があると判断せざるを得ないからである。しかし、この対応の仕方については、通説は、他の神祇政策と同じように全く相違はないとの立場にある。(1)が、それに対して私がかならずしも同じではないとする論拠は、伊勢神宮の遷宮が、必要に応じて随時という不定期ではなく式年制という制度化されたいわゆる式年遷宮として行われるようになるのは、通説にいう七世紀末の天武朝や次の持統朝ではなくて、約一世紀後の桓武朝であったとするところにある。

そもそも式年遷宮とは式年造替遷宮の意であって、伊勢神宮の場合にあっては、内宮・外宮両宮の諸社殿を二〇年毎に造替し、神体を旧殿から新殿に遷すという事実を指している。これは二〇年というかなりの長期間に一回行われるという稀少な行事であるうえ、最も重大な神体の移動・社殿内外の荘厳の更新など神宮側にとって最大の重要性をもつ神事を含むものであるだけに、古くから神宮無双の大営と称せられ、その随一最高の大祭であった。また、伊勢神宮と朝廷との関係からいっても、当然これは同時に公家第一の重事、国家有数の重大な儀典とされていたものである。

いうまでもなく伊勢神宮は、神社という建造物としては、その様式・用材・建築法などからみて、もちろん永久的とか半永久的とかいわれるような建造物ではない。したがって、建物の腐朽に至るまでに、幾多の修理や改築の行われるのは当然である。だから、神宮の創立後、遷宮そのものはおそらく大化前代の非常に古くから行われていたとしても、なんら異とするに足りない。しかしその場合においては、破損・腐朽は人為的よりむしろ自然の条件に左右されるものであるから、その造替は当然のことに不定期であるはずである。つまり、遷宮は、定期的に式年に行われるということではないのが普通であろう。したがって、これが神事の制度として式年化されるということは、ただに建築上の問題であるにとどまらず、神宮祭祀の問題であり、ひいてはこの神宮そのものを大和の朝廷存立の理論的根拠の一つとしている律令国家の神祇政策上の重要な問題であるのである。だから、その式年遷宮制度の始源がいつであるにしても、この式年制立制化の時期を求める問題は、それに該当する時期の国家体制の性格を顕示する一つの重要な要素になるわけである。

さて、伊勢神宮において、その遷宮を二〇年目毎に行うことが制度として立てられたのは、七世紀末の天武天皇の朝に発する、というのが古来主張されているほとんど唯一といってよい説である。江戸時代以来の国学者・神道学者はいうに及ばず、明治以後現在に至るほとんどの史学者においてもこの説に従っているといっても過言でないほどである。戦前の例は枚挙に遑がなく、またその成果には研究上の制約もあったのでしばらく別としても、戦後の代表的な一、二の例をあげるならば、昭和二十七年に公刊された『季刊神道史学』の「神宮遷宮特輯号」においては、神道史学界の碩学小島鉦作・岡田米夫両氏は、従来の説を集大成されたうえで天武朝起源説を強く打ち出されている。(2)また、科学的歴史を標榜した最初の歴史辞典ともいわれている平凡社の『世界歴史事典』の「伊勢神宮」の項には、武田政一氏が同様に天武天皇説を支持している。(3)なお、平安初期の伊勢神宮について政治史的に鋭い分析を加えられた前川明久氏は、式年遷宮の問題についてはかつて発表した私見を不可とされ、(4)「伊勢神宮が壬申の乱を契機として皇室の唯一の氏神社たる絶対の権力を握ったのは奈良初期前後であったという見解をも参看するとき（直木孝次郎氏論考）、やはり式年遷宮立制の起源は七世紀末から八世紀初の頃に溯り得るのではあるまいか」と、通説の天武起源説を支持している。(5)管見の範囲内では、僅かに福山敏男氏が通説に対して消極的ながら批判の意を蔵しておられるにすぎないのであって、(6)伊勢神宮の式年遷宮については天武朝起源説が現在に至るまで唯一といってよい説で、まず定説に近いものといってもよいほどである。

それならば、通説は、いったいいかなる根拠に基づいて天武天皇朝における式年立制の起源を打ち出しているのであろうか。

そもそも天武朝起源説は、いくつかの論拠をあげているのであるが、大別すればほぼ次の二つに分かれる。

第一類は、直接天武天皇の意志に基づいて起ったことを説くもので、主として神宮側の文献である『太神宮諸雑事記』『二所大神宮例文』『造伊勢二所太神宮宝基本紀』『太神宮参詣記』（いわゆる『通海参記』）などの記すところに拠っている。これら諸書の説くところは、それぞれ朱雀三年（太神宮諸雑事記・二所太神宮宝基本紀）、白鳳十三年（二所大神宮例文）、天武天皇十四年（太神宮参詣記）の諸説に分かれているが、天武天皇の代にかかるという点ではすべて一致している。そして、これらのうちで天武天皇十四年乙酉（六八五）説が最も妥当であって、この時の制に基づき、持統天皇の四年庚寅（六九〇）に皇大神宮、同六年壬辰に豊受大神宮のそれぞれ第一回の遷宮が行われた、とするのである。

第二類に属するものは、間接的に天武朝起源を説かんとするものである。と同時に、第一類の諸説はいずれも神宮側の記録のみに基づいていて、六国史などの正史に式年遷宮の記載のないことに考慮を払っていない欠患を、補おうとするものである。それだけに、いろいろ多くの事象からの間接推理が主となっているが、要するに、天武天皇の治績からみて、式年制の創始は天皇の意に発するということに妥当性が認められる、というのである。少しく細説するならば、『日本書紀』によれば、天武天皇は敬神の念が非常に深く、壬申の役中の危急存亡の間にあっても伊勢神宮への遙拝を行って皇位の継承を祈り（天武元年六月丙戌条）、また、推古天皇の末年以来中絶していた伊勢の斎宮を即位とともに再興していること（同二年四月己巳条）。また、これは神宮側の記録によってではあるが、両宮に禰宜を初めて置かれたのも天武天皇であるということ(7)、そのほか律令の制定や国史の編修など国家の基本的なことを多く確立されたのも同天皇の重要な治績である。してみれば、こうした大化前代以来の伝統の保存や恢弘に多大の努力をされた天武天皇の代に、伊勢神宮の遷宮の式年制が定められたことは容易に想像できる、いな当然すぎるぐらい当然なことである、というのである。

以上が、天武天皇朝を伊勢神宮の遷宮の式年立制の起源とする通説の主要な論拠である。いかにもこれだけでもってみれば、まことに通説の説くように遷宮の式年制は天武天皇の意志に発するとすることが、一応妥当のように思われる。しかしながら、通説の主張する二種の論拠はいずれもかなり間接的な推理の上にのみ立てられているのであって、直接証明するといった点はほとんど認められない。その意味において、まず、上記の二種の論拠の再吟味から考察を進めたいと思う。

## 第二節　天武朝起源説の吟味

前述のように、伊勢神宮の遷宮の式年制は直接に天武天皇の代に起源を発すると説くものを第一類としたのであるが、注意すべきことは、この類に属する文献は、ほとんど神宮側の資料だけに基づいて成立した記録ばかりである、ということである。そして、これらの諸書に説いていることでまず気づかれるのは、その各々の主張する立制年代が同一ではなく、いずれも相違しているということである。もちろんそれらの年代は、相互に相違しながらも一応はみな天武天皇の代にかかるという点においては一致している。しかしながら、それにしても、いずれも神宮側の記録でありながら、その基づくところの資料によってそこに露呈されている年次の乱雑性は、軽々に看過することはできない。

その異る年代のうちで、まず朱雀三年説を主張するのは『太神宮諸雑事記』（以下「神宮雑事記」と略記する）と『造伊勢二所太神宮宝基本紀』（以下「宝基本紀」と略記する）であって、後者はとくにこの朱雀三年を乙酉の歳（六八五）とことわっている。(8)次に、天武天皇十四年説をとるのは『太神宮参詣記』（『通海参詣記』ともいう。以下「参詣記」と略記する）である。(9)もっともこの「参詣記」は乙酉の歳ともしているので、その点を中心に考えれば「宝基本紀」の朱雀三年説と同年ということにもなる。しかし、逸年号としての朱雀については、天武天皇元年（六七二）とするもの（『神皇正統記』『水鏡』など）、天武十二年（六八四）とするもの（『二中歴』『皇代記』など）など諸説があって一定しない。そこでかりに乙酉の歳に最も近い天武天皇十三年甲申を朱雀元年とするのに従っても、同三年は丙戌となって一致しない。とにかく、乙酉の歳を朱雀三年とするのは管見では「宝基本紀」以外にはないのであるから、これを「参詣記」の年代同一とするのは危険であろう。

いま一つの白鳳十三年庚寅説は『二所大神宮例文』に記すところである。(10) 白鳳私年号についても諸説があって一定しないが、庚寅の歳（持統四年〔六九〇〕）まで白鳳が継続したとするのは『古代年号記』にいうだけであって、ほかにはない。しかもそれによっても庚寅は十八年になって、十三年ではない。十三年を基準とすれば、甲申あるいは乙酉の歳としなければならないはずである。こうしてみると、第一類の神宮側の記録は、四書ともにその主張する年次は全く違っていて、文字どおり粉々として一致していないと断ずるのが常識であろう。

ところで、こうした相違をみるのは、これら諸本の伝写の際の誤りに起因するのか、それとも所伝そのものが違っていることをあらわすのか、直ちに判断を下すことはむつかしい。だが、さらに考えるならば、冒頭でもいったように、これらがいずれも神宮側の文献であるということに注意する必要があろう。すなわち、神宮側の四種の文献相互にこれほどまでの相違があるというのは、伝写の際の誤りとするよりは、むしろ所伝そのものに相異があったがためと考えることの方に、妥当性があることを示すものとしてよかろうと思う。したがって私は、これらの所伝は、遷宮の式年立制は天武天皇の意志に発するとしたことそのもののなかに、後世からの権威づけの意図のもとになされた溯源的伝説化があったとする可能性を認めても、あながち無理な推定ではなかろうと思うのである。この点については後にまた触れるとして、いずれにしても、これらの神宮側の各書の説く主張の間にみられるこうした矛盾は、天武朝起源を決定的ならしめる積極的な論拠になるものというよりはむしろ、逆にそれを弱める働きをするものにすぎないとせざるを得ないのである。しかも、通説が最大論拠の一つとしている『二所大神宮例文』の問題の箇所をよくみると、

白鳳十三年庚寅九月、太神宮御遷宮。持統天皇四年也。自二此御宇一、造替遷宮被レ定二置廿年一。但大伴皇子謀反時、依二天武天皇之御宿願一也。（傍点筆者、「持統天皇四年」以下はもと分註である）

と、明瞭に白鳳十三年庚寅の歳を持統天皇の四年としているのであって、通説にいうように決して天武天皇の代に創るとしているのではないのである。なるほど、天武天皇の意志に発したとはしている。しかし、それはあくまでも宿願であったのであって、式年遷宮を制度的に定置されたのは「此御宇」すなわち持統天皇の代であると明確にいっているのである（ただし以下の文についての考察は後述）。してみれば、『二所大神宮例文』は天武朝起源を説くものではなく、持統朝起源説を証するものとするのが素直でしかも史料の正確な読み方であろう。したがって、立制年代が神宮側四書の各書それぞれに相違するだけにとどまらず、内容においても、天武天皇起源と持統天皇起源の両説に分かれることとなり、なにも通説にいうごとく、天武天皇の代にかかるという点ではすべて一致しているということには、決してならないのである。

次には、神宮側のこの四つの文献の信憑性そのものについて検討してみよう。

周知のように、この四書のうちで平安中期ごろまでの成立と認められているのは「神宮雑事記」ただ一つであって、「宝基本紀」は鎌倉中期、「神宮参詣記」は同中期以降、『二所大神宮例文』に至っては南北朝ごろのものといわれている(11)。このように、いずれの書の成立年代も、いま問題としている七世紀末葉より少ないもので二世紀、多いものは六世紀半ば近くも後の時代のものであるということは、それだけでもって記録の内容の信憑性が薄いと判断するのが史学の常識であろう。しかしながら、書中に採り入れられている材料の如何によっては、後世の文献であろうと一概に否定し去ることのできない例もあるから、一応問題の箇所を検討することとする。

『二所大神宮例文』については既に触れたので省略するとして、他の三書をみてみると、いずれも三書中では最も成立年代の古い「神宮雑事記」によるか、または「神宮雑事記」が依拠した所伝がもとになって成立しているようである。「宝基本紀」のごときは、ほとんど「神宮雑事記」と同文といってもよい。したがって、「神宮雑事記」の文を検討すれば他の二書の検討を省いても、それで充分であろう。さて「神宮雑事記」に記す問題の部分であるが、やや長文になるが全文を引用すると、

朱雀三年九月廿日、依二左大臣宣奉勅一、伊勢二所太神宮御宝物等於差二勅使一被レ奉レ送畢。色目不レ記、宣旨状偁、二所太神宮之御遷宮事、廿年一度応レ奉レ令二遷御一、立為二長例一也云々。抑朱雀三年以往之例、二所太神宮殿舎御門御垣等波、宮司相二待破損之時一、奉二修補一之例也。而依二件宣旨一定二遷宮之年限一、又外院殿舎倉四面重々御垣等、所レ被二造加一也。[12]

とあり、一見して『日本書紀』をはじめとする当時または当時に近い古文献の書きぶりと、かなり異っていることに気づかれるであろう。明らかに形の崩れた後世のものである。しかし、それが単なる文章の改作・修飾にすぎないのか、あるいは全く平安中期ごろの作になるものであるのかは、読後の感じだけで決定するわけにはいかない。そこで内容の点検に移ると、まず注目されるのは問題の式年を立制した宣旨状である。宣旨とは『職員令義解』に「謂、侍従之宣命也」（中務省条）とあるように、天皇文書の様式の一つである。古文書学の定義に従うと、平安時代になり蔵人所の設置のことなどから勅旨伝宣についての制規に変化が起ると、それにともなって文書の様式の上にも変化をみるに至り、天皇文書たる勅書から新たにできたものが宣旨状であるという。[13] 事実、『類聚符宣抄』に載せる延暦九年（七九〇）二月十四日の内侍宣が初例であるようである。してみれば、宣旨の定式化は平安初期に成立したものとしなければならない。少なくとも、その定式化を奈良中期以前に溯らせることは困難であろう。だから、「神宮雑事記」

に宣旨状とあるのは明らかに矛盾である。当時のものとすれば、詔書とか勅書または宣命とあるべきであって、書きざまもおそらく宣命体が相応しいであろう。またかりに、これを天武天皇の発せられた勅を平安中期の「神宮雑事記」に収載するに当って、平安当時の例にしたがって宣旨の形式に改作したのだとするならば、これは、また見事な改作といわねばならない。「廿年一度応レ奉レ令二遷御一、立為二長例一也」の一句のごときは実に簡にして要を得た名文であって、おそらく長文であったと思われる原勅をまことに要を得て簡約していることになる。いまは改作ということを仮定した場合のあくまでも仮定の話であるが、もし「神宮雑事記」が政府や公家側の記録といった性格の文献であるならば、編纂関係者がこのように改作または省文化するということも考えられないことではない。しかしながら、「神宮雑事記」は政府の編修した記録ではなく、明瞭に神宮側の作製した記録である。してみれば、いやしくも遷宮の当事者たる神宮側の記録が、神宮の最も重大な行事の始源を語る天武天皇の勅を、簡単な文に改めるとか省略するということを果してなし得たであろうか。神宮の当事者が原勅の省文化的改作をしたと考えることは、考えること自体がまことに不自然であろう。したがって、こうした無理な解釈を重ねなければ筋を通すことのできない宣旨状は、七世紀代の天武天皇の勅をそのまま伝えるものとするよりも、平安期になってから天武天皇に仮託して作られたものと考える方が妥当だと思うのである。[14]

以上のように、これら四種の文献は、その成立年代から推してもまた内容から検討してみても、いずれも七世紀代の神事に関してはそのまま承認することがためらわれるものと断定して大過ないように思う。してみれば、このように信憑性の薄い文献を根拠として主張されている天武朝起源説は、再検討なしにそのまま信ずることができ難いものになるであろう。

ところで、上述の史断批判に関連していま一つ付け加えておきたいことは、上記の四書はいずれも神宮側の文献ではあるが、かならずしもそれらは最高の根本的基礎史料ではないということである。周知のように、現存文献中で伊勢神宮に関して最も重要な根本史料といわれるものは、一般に『延暦儀式帳』と総称されている『皇太神宮儀式帳』と『止由気宮儀式帳』であり、ついでは『延喜式』中の「延喜太神宮式」である。皇太神宮の儀式帳は桓武天皇の延暦二十三年（八〇四）に、止由気宮のそれはその前年にそれぞれの禰宜より神祇官に提出された解文であって、平安時代初頭という成立年代からいってもまたその内容・作製手続きなどからみても、前記の四書とは問題にならないくらい信憑性に富むものであることはいうまでもない。ところがこの『延暦儀式帳』の両書においては、遷宮について記すところは「新宮造奉時行事幷用物事」の条に、それぞれ、

常限㆓廿箇年㆒、一度新宮遷奉。造宮使長官一人、次官一人、判官一人、主典二人、木工長上一人、番上工卅人参入来。即取㆓吉日㆒、二所太神宮拝奉、即発㆓役夫㆒。伊勢・美濃・尾張・参河・遠江等五国、国別国司一人、郡司一人、率㆓役夫㆒参向造奉。(15)

あるいは、

限㆓常廿箇年㆒、一度遷奉新宮造之。

と、式年の二〇年であることは明確に示しているが、(16)その始源に関しては、一言の触れるところもないのである。天武天皇の意志によって立制されたのが事実であるか、またはそうした伝承が儀式帳作製当時存在していたのであったならば、神宮から神祇官へ提出する解文に、式年を記しただけでその立制の起源に触れないことは絶対にないであろう。『延暦儀式帳』を資料としたと思われる「延喜太神宮式」が、この起源のことに触れていないのはいうまでもない。十世紀中葉のものと推定される『新儀式』においても、式年のことはあるが立制の起源については全く触れておらない。(17)以上のことを基にして考えると、立制の天武朝起源を載せる最古の文献が十世紀中葉以後の成立と認められ

る「神宮雑事記」であるから、文献史料による限り、天武朝起源説は、平安時代の中期ごろになって神宮祠官のなかから唱えはじめられたものではなかろうか、と推定することの方がむしろ自然のように思われてくるのである。

以上で、天武朝起源を主張する第一類の論拠はいずれも信憑性が薄弱であることが明瞭になった、としてよいと思う。したがって、通説は信じ難いとして大過ないと思うのであるが、一応、第二類に属する論拠の検討を経てから、結論を出すことにしたい。

第二類に属する通説の論拠は、天武天皇の治績から類推して式年立制が同天皇の意に発することを間接的に証明しようとするものである。この類の主張するところもかなりバラエティに富んでいるが、その論の依拠する文献に基づいて整理してみると、『日本書紀』に記す天武天皇の事績記事に根拠を求めようとするものと、それ以外の文献に記すものに基づいて立証せんとするものとの二つに大別される。まず、第一。

書紀の記事に、天武天皇が壬申の乱中の倉皇の間にもかかわらず大神宮を遥拝されたり、推古末年に中絶されたままになっていた伊勢の斎宮を再興されたことをあげて、天皇の伊勢神宮に対する崇敬の念の深かったことを推定するのは、その限りにおいては決して誤りではない。しかしながら、だからといって、これらの事象をもって直ちに式年立制を天武天皇に直結せしめる根拠にするのは、いささか軽々な論定としなければなるまい。そもそも書紀によれば、天武天皇による神祇制度の整備に関してはひとり斎宮の復興に限らず、

勅曰、元来諸家貯㆓蔵神府㆒宝物、今皆還㆓其子孫㆒。（天武三年〔六七四〕八月庚辰条）

とか、

勅、天社・地社神税者三分之一為㆑擬㆓供神㆒、二分給㆓神主㆒。（同六年五月己丑条）

など地方の諸社の経営条項に至るまで、いろいろと指摘することができる。これら地方諸社に関する事項は、中央政

府による神祇制度の整備という観点からみた場合、果して伊勢神宮の遷宮の式年立制化以上の重要性を持つものといえるであろうか。斎宮復興の問題は、かなり重要なものといってよい。しかし後にあげた二つの事項は、どう考えても式年立制はもとより斎宮復興よりも同等以下の重要性の薄いものと考えても誤りはないとしてよかろうと思う。一般的にいって、公的な編纂物が重要なものを省略して軽微なものを採り上げるということは、まず普通には考えられない。しかもそれが、中央の権威を増大こそすれ決してマイナスの効果をもつ性格のものでない場合には、なおさらのことである。そうしてみると、書紀が、式年立制が天武天皇の意に発する事実を無視ないし省略して、地方諸社の神主の租などに対する勅を短期間に二回も記載することは、まことに不自然そのものといってよい。

また、既に『日本古代の仏教と神祇』第二編第二章で詳述しておいたように、天武朝の祭祀に関係することで、書紀は例年夏四月と秋七月に行われた広瀬大忌神と竜田風神の祭を、ほとんど例外なく毎年載せている。こうした恒例的な祭祀を、その創始の年だけでなく、以後も省略せずに毎年記載している。それに対して、朝廷にとっては広瀬・竜田両神より遙かに大きな意味をもったはずの伊勢神宮の二〇年に一度しか行われない最大の神事を、その起源はもちろんのこと、施行されたことを一回たりと記さぬというのもおかしい。臨時的な神事・祭祀についても、伊勢神宮より遙かに朝廷の関心の薄いはずの土左大神の、神刀献上のごとき神事までを記しているだけに、なおさらそう考えさせられるのである。(18)

こうした不自然な矛盾をさらに倍加させるものとして、次のことに注意される。すなわち、通説によれば、天武天皇の遺制に基づいて第一回の式年遷宮は持統天皇の四年(六九〇)に内宮が、外宮は同六年に行われたというのであるが、書紀によればそうした事実は認められない。つまり、「持統紀」には、これについて一言半句も触れていないのである。ことに第一回の外宮の遷宮のあったという持統六年には、天皇は農事を妨げるという重臣の諫言を無視して伊勢巡幸に出発し、神郡・伊賀・伊勢・志摩を観ている。そして、それぞれの地の国造などに冠位賜与、百姓の調役免除のあったことを六ヵ条にわたって詳細に述べている（同年二月丁未・乙卯、三月戊辰・辛未・壬午・乙酉条）。にもかかわらず神宮関係そのものについては、全く見出すことができないのである。もし通説にいうのが事実であるとするならば、これは全く矛盾したことになるといわねばならないであろう。

以上のようにみてくると、第二類の論拠としてあげる書紀の天武朝にかかわる神祇関係の記事は、天皇の式年立制を推定させる根拠となるどころか、むしろ逆にそれを否定し、通説が矛盾に満ちたものであることを露呈せしめるものといっても大過ないとしてよいであろう。

しかし、こうした私の論旨に対し、書紀には式年立制のことが偶然脱漏したかもしれないとの反論が提出されるかもしれない。だがこうした考え方は、書紀の編纂事情を想起すれば、全くいわれのない論であることが直ちに判明するであろう。正史『日本書紀』の編纂事業はまさしく天武朝に発しているのであり、その主任は天武天皇直系の舎人親王であった。大友皇子の即位すら否定したほどの天武天皇派である舎人親王が、天皇神性の根源ならびに理論的根拠である天照大神を祀る伊勢神宮の遷宮の式年制という制度上の重大事を、しかもそれが天武天皇の意に発するとするのであるから、これを脱漏すると考えるのは、そう考えることすら既におかしいのである。私は、天武十年（六八二）の詔に、

詔㆓畿内及諸国㆒、修㆓理天社、地社神宮㆒。（「天武紀」同年正月己丑条）

とあるのが、まさしく天武朝の実情を語っているものと思う。すなわち、伊勢神宮においても、式年の遷宮ではなくて時に応じての修理ないし遷宮が行われていたもの、と考えるのが妥当だと思うのである。立制記事の書紀脱漏などという恣意的な解釈をするよりも、この天武十年条の記事を素直に受けとめるべきであろうと思う。

上述のことから、第二類の論拠として次にあげる書紀以外の文献に基づいて説こうとするものは、さらに不充分な論拠にしかなり得ないだろうということは、充分予想される。したがって無視してもよいと思うが、通説の再吟味という意味から、一応考えることにする。

通説がここであげているのは、直接には内宮・外宮両宮の禰宜の設置が天武天皇の代に始まるということを証明しようというものである。もちろん、これは書紀に記すところでないので、基づくところは鎌倉中期ごろ成立の『豊受大神宮禰宜補任次第』と同末期ごろの『詔刀師沙汰文』である。これらはその成立年代からいって、史料としての信憑性が極めて薄いことは改めていうまでもないことである。しかし、成立年代は後代であっても、記事の如何によっては一概にそうとばかり決め難い場合もあるので、一応検討する必要はあろう。ただこの両書の内容はほとんど同一であるので、ここでは成立年代の古い『豊受大神宮禰宜補任次第』の検討だけで充分と思う。

さて、この書における問題の箇所は、天武元年壬申（六七二）の条に、

　禰宜外少初位上神主兄虫在任十五年。

　右神主、二門御気一男也。始任二禰宜一是也。天武天皇即位元年壬申、以二神志己夫一、補二任大神禰宜一、以二兄虫一任二豊受大神宮禰宜一、大神主御気依二老耄一譲故也。(19)（傍点筆者）

とある。体裁は補任類の普通の形式にすぎず、全文の意味も簡単明瞭であるが、ただここに「外少初位上」とあるのがいささか異称である。いうまでもなく、この種の位階は大宝令の制定によって改定されたものであるから、文武天皇以後のことである。天武朝制定の冠位は明・浄・正・直・勤・務・追・進というのであって、それも天武十四年（六八五）の制定である（「天武紀」同年正月丁卯・七月庚午条）。兄虫の在任は一五年間だから、かりに天武十四年以後に賜わったとしてみても、それは「進位」でなければならない。それ以前だとすれば、天智天皇三年（六六四）の制定

にかかる冠位二六階中の「大建位」であるべきはずである。いずれにしても、「少初位」なる位階は天武朝のものではない。これだけをもってしても、上述の記事は信用し難いとしなければなるまい。また、『二所太神宮例文』も禰宜職の両宮定置を天武朝とするのであるが、同書にはさらに、両宮神主の朝恩に浴する賞次第として、

天平廿一年四月、依二黄金出来御祈賞一、二所太神宮禰宜始浴二朝恩叙爵一也。[20]（傍点筆者）

と、両宮禰宜の朝恩叙爵に浴した最初を、東大寺大仏の造顕に必要な黄金が陸奥より産出されたことにかかわったからとの理由による、天平二十一年（七四九）のこととしている。もし禰宜の定置を天武元年（六七二）とする『豊受大神宮禰宜補任次第』などによる通説に従うならば、天平二十一年までの七七年間、神宮禰宜が正式に朝恩に浴したことがないということになる。かかる八〇年近い長期にわたって神宮禰宜が朝恩に浴することがないというような不遇な境涯にあったというのは、朝廷と神宮の関係からいっても、さらに律令国家の性格から推しても、到底考えられないことであろう。同一書に、このように前後矛盾撞着することをのせているのも理解に苦しむところである。そして、むしろこの『二所太神宮例文』の記事からは、両宮に禰宜が定置されるようになるのは、事実においては天武朝よりはむしろ聖武朝に近かったのではないか、とさえ推測せしめるものがあるのである。[21]このように、書紀以外の文献に基づく天武朝両宮禰宜定置説は、その依拠する文献の成立年代から推してもまたその記事の内容から検討してみても、信憑性はまことに薄弱である。したがって、これらを根拠とする伊勢両宮に対する天武天皇の特殊意志発揚論が、通説成立の論拠の一つとして天武朝起源説を主張する働きをなすものにならないことは、改めていう必要もないであろう。

ところで、通説はまだ律令の制定、国史の編修までをその根拠として挙げている。国史の編修については、既に編纂主任が舎人親王であることに関連して通説主張の論拠になりえない所以を述べておいた。したがって、ここでは律令制定を論拠にすることについて考えてみたい。天武天皇が、天智天皇のいわゆる近江令を享けて浄御原令を制定さ

れたというのは著名な事実である。そして、これが基礎となって文武朝の大宝律令、元正朝の養老律令を生んでいったのは周知のことである。しかしながら、この一連のことがどうして直接に遷宮の式年立制が天武朝に起源を発するということにつながるのであろうか。私には、どうしても論理的に理解することができないのである。しかし、そうは言っても、論者によっては簡単に見解の相違といわれるおそれもあるので、いまは一応関係のあるものと仮定して論をすすめることにする。遷宮というのは、当の伊勢神宮のみならず、朝廷にとっても非常な重大事であることは既に述べた。したがって、こうした重大事を従来のように自然の損耗の度に応じて行うという不定期でなく、そうした自然現象との度合とは全くかかわりなしに、二〇年に一度かならず実施するとの遷宮の式年制の制定、つまり制度化であるから、なんらかの形で令にこのことを記すか、またはそれについての痕跡でも認められるのが当然であろう。浄御原令は現存せず、また大宝令は散佚してしまったにしても、これらに基づいた養老令が存在するのであるから、これを尋ねる便宜は充分にあるのである。そこで「養老神祇令」をみると、すべて二〇条中伊勢神宮に関しては以下にみるごとき二ヵ条はあるが、遷宮・式年について触れているのは一ヵ条も存していないことにまず注意されよう。すなわち、伊勢神宮については、その常祀と神戸について、

凡常祀之外、須下向二諸社一供中幣帛上者、皆取二五位以上卜食者一充。唯伊勢神宮、常祀亦同。

凡神戸調庸及田租者、並充下造二神宮一、及供レ神調度上。其税者、一准二義倉一、皆国司検校、申二送所司一。(『令義解』巻二神祇令)

と、あるだけである。神祇についてのものが全部で二〇条であるなかで、直接、神宮に関係するのが一割の二ヵ条であるから、律令政府が神宮に相当の関心を抱いていたことはよくうかがえる。が、神宮を中心にして考えてみると、この二ヵ条は果して式年遷宮以上の重要性をもつものといえるであろうか。律令体制全体として考えても、また範囲

を神宮のみに限定してみても、この両条に式年遷宮と同等以上の重要性を認めることは、おそらくできないであろう。だから、もし式年の制が通説にいうように天武朝に決定していたのであるとするならば、神祇令においてこれを伊勢神宮のもつ重要性からみて成文化していないことはないはずである。ことに神戸条の規定をみると、先にあげた「天武紀」の天武十年条の内容と相俟って、かえって神宮は養老令制定のころにおいてもまだ式年遷宮という制度の立制によるのではなく、従来のように、時に応じての修理や改築が施された遷宮が行われたことを思わしめるのである。『令集解』においても、これらの条文については、諸法家たちが祖・税・准義倉のことのみ云々しているだけで、式年遷宮のことに関しては全く言及していない。「延喜大神宮式」が、立制起源に触れていないことについては既に上述しておいた。私は、ここにおいても、書紀について先に考察したのと全く同じ結論に到達せざるを得ないのである。

ところが、通説においては、以上のことだけでなく、さらに天武天皇の全体の治績をいわゆる国粋伝統の保存とその恢弘ということで特徴づけ、これをもって天武朝起源説の論拠の一つとしている。しかし、これは全く一方的な恣意の論というべきではなかろうか。既に多くの先学によって明らかにされているように、天武天皇は、壬申の乱後は大化改新以来どちらかといえば軽視されていた仏教を、再び重視して積極的な仏教興隆策を採用、その精神を政治の指導原理にも滲透させせんとするほどでもあったという。すなわち、天武天皇の時代は、神祇制度の整備や八色の姓制定などに代表されることをもってのみ、把握されるべきではなく、もっとひろい分野にわたって、改新政治全体を拡充されたものであったということを指摘すれば充分であろう。ここではただ、正史にあらわれる式年遷宮最古の例としては、『続日本後紀』の嘉祥二年（八四九）九月丁巳条に、

遣下二左少弁従五位上文室朝臣助雄等一奉中神宝於伊勢大神宮上、是廿年一度所レ奉例也。（傍点筆者）

とある記事であることを、付言するにとどめておく。(22)

以上で、通説の天武朝起源説についての論拠を再吟味し終えた。そして、全ての検討を通しての結論は、どの論拠も信憑し難いということである。それも、単に信憑性が薄いという程度でなく仮構との断定を導いて大過ないと思うのである。

さて、通説は誤りとしても、式年遷宮そのものは厳然たる事実として存在し、歴史上重要な意義をもって現在に至るまで継続されている。だから、その意義を解明するうえからいっても、やはりその遷宮の式年制という制度化はいつに創るかということは、明確にする必要があるといわなければならない。

そうした意味から、次節以下においては、この起源問題を中心とするものについての私見を開陳することにしたい。(23)

## 第三節　桓武朝起源説の提唱

伊勢神宮の式年遷宮すなわち遷宮の式年制が、制度として確立されたのが天武天皇の代でないとするならば、それはいったい何時であるのか。

結論を先にいうならば、私は、平安時代の初頭、桓武天皇の朝に創ったものとするのが妥当であろうと考えている。以下、桓武朝起源を妥当とする私見の論拠を述べることとする。

まず立論の順序として、持統四年（六九〇）を内宮、同六年を外宮のそれぞれ第一回の遷宮とする神宮側の記録は、以後の式年遷宮についてどのように伝えているかを一見しておきたい。『二所大神宮例文』や『神宮雑事記』に従うと、いまここで問題の時期としている平安初期の九世紀中葉ごろまでに、ほぼ九回行われていたことになっている。

すなわち第二回として内宮の和銅二年（七〇九）と外宮の同四年、以下、天平元年（七二九）と同四年、同十九年と天平勝宝元年（七四九）、天平神護二年（七六六）と神護景雲二年（七六八）、延暦四年（七八五）と同六年、弘仁元年（八一〇）と同三年、天長六年（八二九）と同八年、嘉祥二年（八四九）と仁寿二年（八五二）などであるが[24]、果して、事実この通りであったかどうかが問題である。この両書はともに神宮側の記録であるから、その意味では当事者側の記録として重視すべきであるが、既に前節で述べておいたとおり、平安時代にはいってからの年次のものはともかくとして、それ以前にかかわる記事についてはいずれも史料としてはかならずしも信憑性に富むものといえないもので、奈良時代中に行われたとする式年遷宮の年次を記載のままに信用することの危険であることが、まず予想される。「六国史」をみてみると、遷宮に関して式年の語が出てくるのは弘仁三年（八一二）が初見である（後述）。また式年遷宮そのものを明示する最古の例は、既に触れた『続日本後紀』の仁明朝の嘉祥二年（八四九）である（後述）。「六国史」の編纂態度やこれの正史たる所以から推して、これらがいずれも八世紀代に行われたはずのいくつかの遷宮や、式年制のことにほとんど触れていないということは、『二所大神宮例文』や『神宮雑事記』にのみ伝えられていることに対して、無条件に肯定することには、どうしても否定的にならざるを得ないであろう。したがって、古代における法規や制度関係の記録として最も信頼のおける「六国史」を基準とするならば、平安時代も九世紀前期に近い頃が遷宮の式年制成立時期の下限ということになろう。

　このことは、遷宮という語の使用例からも推定せられるであろうと思う[25]。すなわち、古くは「遷宮」といわず「宮《ミヤ》移《ウツ》シ」といっていたようである。それが、平安中期ごろから「宮移シ」に代って「遷宮」という語が一般化されてきたらしい[26]。このような用語の変化は、それ自身としてはもちろん式年制を直接意味するものではない。しかし制度的な用語としては、「宮移シ」よりも「遷宮」との語の方が遙かに適当、つまり制度的なものに対する観念から生み出されてくる用語と思うのである。いいかえるならば、この語は遷宮の式年の立制後に使われ始めたと考えるのが穏当であろう。そういった意味で、遷宮なる用語が一般化され始めた平安中期ごろから溯って、それほど隔っていない時期に式年立制の起源年代を求めるのが自然であろうと思われるのである。(27)

ところで、先に「六国史」のなかの初見とした『続日本後紀』の嘉祥二年（八四九）九月丁巳条には、

遣㆘㆓左少弁従五位上文室朝臣助雄等㆒奉㆗神宝於伊勢大神宮㆖、是廿年一度所㆑奉、例也。（傍点筆者）

とあって、この時が始源でないことは、「廿年一度所㆑奉例也」とある「例」の一字で明らかである。したがって、立制の始源時期確定の下限は、この嘉祥二年よりさらに溯った時期に求めねばならない。

「六国史」に相応する公的なものとしては他に令と式があるが、養老令が式年遷宮に触れていないことは既に述べた。『延喜式』は、その「太神宮式」に神宮の経営・規模・組織などについて詳細に述べており、「祝詞式」には遷宮の際の祝詞まで収載している。だから法制的にみるならば、最古の時期は『延喜式』の撰修されたころすなわち醍醐天皇の代の十世紀初頭、となるのであるが、先の嘉祥年間より半世紀余りも遅れるのであるから、ここでは問題とならない。ところが、嘉祥二年時より二回後の仁和二年（八八六）九月に行われた遷宮に関連して、『三代実録』は、その前年の仁和元年十一月二十一日条に、

是日、勅遣㆘㆓散位従六位上大中臣朝臣罕雄、判官一人、主典一人㆒、造㆗伊勢大神宮㆖。拠㆑式、廿年一度改作。去貞観十年修造、其後十ヨ八年于玆㆒矣。（傍点筆者）

と記している。これによれば、二〇年に一度の式年遷宮は式に基づいて行うものであることが明らかである。しかし、この時が仁和元年であるから、ここにいう式は延長五年（九二七）完成の『延喜式』ではなくて、貞観十三年（八七一）成立の『貞観式』か、弘仁十一年（八二〇）の完成ののち天長七年（八三〇）と承和七年（八四〇）の両度に修正施

行された『弘仁式』のいずれかでなければならない。不幸にして両式とも散佚している今日、直接にこれに当って検討することはできないが、『本朝法家文書目録』に残る目録から考察するならば、『貞観式』とするよりは、主として『弘仁式』に拠ったと考えるのが妥当であろう。[28] とすれば、仁和二年の式年遷宮は既にその前年から『弘仁式』の規定によって準備が進行していることになるので、『延喜式』以前に、既に『弘仁式』によってその準備段階からの式年遷宮実施の詳細が法制化されていたと推定されるのである。かくて、立制化の始源年次の下限は、仁明朝の嘉祥年間よりその父の嵯峨天皇か叔父の淳和天皇の代、少なくとも『弘仁式』の完成した弘仁十一年か、それが最初に修正施行された天長三年（八三〇）まで、約三〇～二〇年溯らせることが可能であろう。

「六国史」のごとき公的記録関係のものを基礎とする限り、以上の推論が管見の限界である。しかし、朝廷の公的記録より範囲をひろげて神宮側の根本記録である『皇太神宮儀式帳』にまで眼をむけると、「新宮遷奉御装束用物事」の条に次のような記事のあることに注目される。すなわち、

宝物十九種、

金銅揣《タタリ》二基

（以下もと分註）右延暦四年宮遷時、依二神祇官符載言上解文一、即被二供奉一。（『群書類従』神祇部、傍点筆者）[29]

とあるのであるのであるが、これによれば、桓武天皇が奈良時代の帝都であった平城京から長岡京に遷都された翌年の延暦四年（七八五）に遷宮が行われたことになる。先の「神宮雑事記」や『二所大神宮例文』にも同年遷宮の所伝があるから、[30] これを基礎にして考えれば、式年立制の時期は、弘仁年間からさらに延暦四年以前に溯ることになるのである。問題は、かかってこの記事の信憑性如何にあるといってよいであろう。

そもそも『皇太神宮儀式帳』は、『止由気宮儀式帳』とあわせて「延暦儀式帳」と称され、伊勢神宮関係のものと

しては最古の基礎的根本史料であることは改めていうまでもない。その成立年代は、延暦二十三年（八〇四）八月二十八日に皇大神宮の禰宜より神祇官の検校を経て太政官に差出された解文に発するということは、禰宜荒木田神主公成が巻尾に記す由来によって明瞭である。またこの書の成立した由来は、桓武朝廷が格式制定の準備として各官庁に解文を徴されたがためであって、これらのものが基準となって、やがて弘仁・貞観の両式を経て「延喜太神宮式」に結実したものであろうということも、夙に先学の明らかにしているところである。(31) 以上の経過からみて、等しく神宮側の記録とはいえ、本書は先に検討した「神宮雑事記」以下の諸書とは、その成立年代・作製事情・信憑性において著しく優れていることは明らかであろう。神祇官の検校を経て太政官に提出したものである以上、ことさらな作為性に富む記載や神宮の一部の当事者による恣意的で一方的な牽強付会は、原則として記し得ぬはずである。ことに、遷宮のように国家財政の負担で行われ、朝廷の意志にかかわる度合いの深いものであればあるほど、なおさら一方的に神宮側の都合のよいことのみを言上し難いであろう。しかもこの「延暦儀式帳」は、延暦四年からそれほどの年月をおかない同二十三年の成立であるから、時間的にみて充分同時期のものと見て差支えがないと思われるし、また質的に考えても、同じ桓武天皇の治政下にある神祇官の管掌下にあった時期の記録である。加うるに、本書がもとになって『弘仁式』以下の式の「太神宮式」が編纂されたと推定されるのであるから、この記事の信憑性は「六国史」に劣らぬものと断定してよかろうと思われるのである。

以上のことから私は、式年制による遷宮の始源は延暦四年までは確実に溯り得ると論定したいのである。そして管見の範囲内では、信じ得べき記録の考証からはこれ以前の時期に式年制による遷宮の事実を認めることができないので――後述する理由も併せてではあるが――伊勢神宮の遷宮は必要に応じて随時に行うのではなく、二〇年に一度との式年により行うとの制度、すなわち式年遷宮の制ができたのは、桓武天皇の治政初期、かりにそれ以上に溯るとしても奈良時代末期の光仁朝を出ない時期に創ったものと推定したい。以上が、私の式年立制の桓武朝起源を提唱する論拠なのである。

以上で私見の大要は述べ終ったのであるが、さらに、桓武朝起源を裏づけると思われる事象や、ここに立制の起源をおくことによって、いままで矛盾と考えられていたことが無理なく解釈されることもあるので、それらの考察をもって上記した論定の補足にしたいと思う。

まずその一つ。平安末期の仁安三年（一一六八）に伊勢神宮が炎上したのであるが、その直後から朝廷において遷宮に関していろいろの故実が論議されたことを、『兵範記』は詳細に伝えている（仁安四年正月十二日条）。それによると、この時は炎上という特殊な場合であったので過去においても同様な事例が求められ、まず奈良末期の宝亀十年（七七九）と平安初期の延暦十年（七九一）の例があげられた。しかし、要は遷宮が当面の目的であると議論が定まり、後白河上皇の意を体した摂政藤原基房は太政大臣藤原忠雅・左大臣藤原経宗・内大臣源雅通の三大臣と左大将藤原師長などの上卿に命じて、造替を円滑に施行せんとしていろいろの故実を求め、神宮・外記の双方から先例を提出せしめている。この時、もし式年遷宮が奈良時代より行われていたとすれば、当然その時の実状が議題に上ったであろう。先例故格を金科玉条と墨守する平安貴族の常態からいって、先例のうちでも最も古いものが関心の対象にならないはずはないからである。しかし、この時に遷宮のための造営の最古のものとして議論の中心になっているのは、延暦十年十二月二十六日の太政官符の案文であった。そして、結論として「早任二延暦例一可レ有二沙汰一」との院宣が出されているのである（『兵範記』仁安四年正月十三日条）。このことは、先にもいったように平安貴族の政治方式から考えると、公卿たちの金科玉条としてそれより一歩も外へ踏み出すまいと努めた先例の故実は、延暦以前に溯り得なかったということを示すものでなくてなんであろうか。しかも四公卿とも、外記・神宮から出された太政官符の案文に対して、一抹の疑点を抱きながらもこれに拠っている事情、ことに藤原忠雅の言に「就中延暦以後、正殿以下広大華麗云々」とあるように、(32) 平安貴族の間では、既に神宮造営に関しては奈良時代と平安時代とを区別して考えていたことを示唆している点などが、なおさらにそう考えしめるのである。

次にあげたいことは、既に度々述べたように、伊勢神宮は天皇神性の理論的根拠の具体化であって、ただに朝廷と表裏一体の関係にあるにとどまらず、政治的にも両者の密接度は奈良時代以後格段に深められていったのであるから、その大事は文字通り国家的な大事であった。だから、神宮に関する事項の具体的内容は、当然ある程度公的に一般化されていくはずであろう。しかし前節でも考察したように、神祇令においては神戸条で神宮経営の負担方法の一端をいうだけであって、式年遷宮の大事については全く触れておらない。ところが『皇太神宮儀式帳』になると、

常限二廿箇年一、一度新宮遷奉。造宮使長官一人、次官一人、判官一人、主典二人、木工長上一人、番上工卌人参入来、即取二吉日一、二所太神宮拝奉。即発二役夫一、伊勢・美濃・尾張・参河・遠江等五国、国別国司一人、郡司一人、率二役夫一参向造奉。(新宮造奉時行事幷用物事)

とあり、『延喜式』はさらにこれを具体的に詳記して新造建造物の範囲、費用の分担法、祭祀の順序と種類、新造装束などにわたって詳細に述べている。朝廷ならびに神宮の重大事であるにもかかわらず、神祇令では全く触れていないものが、このように延暦年間成立の儀式帳において初めて具体的に明示され、それに基づいて完成された『延喜式』で細部にわたって詳記されているということは、平安初期になって、初めて式年制として遷宮の制度が整備・確立されたことを語るものとして大過ないと思うのである。

ところで、以上の推論に対して辛辣な疑義が提出されるかもしれない。それは、私見のように式年立制が桓武天皇の治政初年に発するということがもし事実とするならば、そのことを「儀式帳」に載せないはずはなかろう。「延暦

儀式帳」が神宮側の最古の根本記録である以上、当然そのことに触れるべきである、という疑義である。しかも、この疑問に答えることができなければ、私見の桓武朝起源説はまず根定から覆えされることにもなるといってもよかろう。

『皇太神宮儀式帳』は式年遷宮そのものについては明記しているが、その式年制という制度はいつから始まったか、あるいは桓武朝ないしその前代の光仁朝に発するものかなど、式年立制の始源については一言も触れておらない。これは確かに私見とくい違う大きな矛盾である。しかしながら私は、この点についてはおおよそ次のように考えている。まさに「延暦儀式帳」は、式年制の起源のことを、その時期の如何にかかわらず当然記載すべきであった。これを除いたことは、致命的欠患であるといわれても止むを得ないであろう。確かに、一応はそう考えられる。しかし、甚だ逆説的ないい方ではあるが、これが立制時期の起源について触れていないことこそ、かえって起源を桓武天皇の代に発することを示すものだと思うのである。というのは、儀式帳成立の事情を想起すれば分明になるであろう。

この「儀式帳」は、伊勢神宮の禰宜が神祇官の検校を経て太政官へ提出した解文である。いうまでもなく解というのは、下級官庁から上級官庁へ上申する公文書である。してみればその内容は、上級官庁の詳知していないことや上級官庁の諮問に対する答申、あるいは下級官庁が上級官庁に対してとくに了解してほしいと願う特殊事情や要望事項などが中心になるのが普通である。ところで、いま問題としている式年立制というのは、神宮が自ら決定する性格のものではなくて、事は天皇の意志に発するものである。いいかえれば、発議権も決定権も神宮側にあるのではなくてすべて中央にある。つまり、神事・祭祀などは別として、建造物や土地など宗教性からいうならば二義的な意味をもつものについては、具体的には太政官が決定し、それを神祇官を通じて神宮に通達すべき性質のものであった。したがって、神宮から神祇官へ提出する解文において、下級官たる神宮禰宜が天皇の決定権によって定められたことを、事新しくわざわざ記載するはずのないのが当然であろう。それも、通説にいうように一世紀以上も古の天武朝に発するものであるのならば、あるいは上申事項のなかに加えることがあり得るかもしれない。しかし、桓武天皇の意によって初めて制度化されたことを、同天皇治下の神祇官へ神宮禰宜が上申するはずはないのではなかろうか。もしこのとき禰宜が「儀式帳」に書き入れたとすれば、書く方こそおかしいといわなくてはならないと思うのである。以上の意味において私は、「儀式帳」に式年遷宮の起源を記していないことこそ、むしろ、かえって桓武朝起源の傍証になるものと考えるのである。

なお、いま一つ私見の障害となることがある。それは『日本後紀』の嵯峨天皇の弘仁三年（八一二）の記事に次のようにあることによって、通説の天武朝起源説に左袒する論のあることである。

　神祇官言、住吉・香取・鹿嶋三神社、隔二廿箇年一、一皆改作、積習為レ常、其弊不レ少。今須下除二正殿一外、随レ破修理上、永為二恒例一。許レ之。（六月辛卯条、傍点筆者）

先学の古典学者佐伯有義氏は、ここに「積習為常」とあることによって二〇年一度の制が甚だ古くから行われたことが知られるとされて、言外に天武天皇起源説に呼応の意を示しておられる（『標註六国史』五）。佐伯氏の想察されるように、弘仁三年は先に提出した私見の延暦初年より約三〇年を隔てるにすぎず、式年制を積習とするのにはいささか極端な表現である。しかもこの弘仁三年条では、伊勢神宮のことには全く触れておらない。したがって、神宮以外の住吉・香取・鹿嶋の三社には古くから式年が定められていたけれども、伊勢神宮だけは延暦初年から式年制が始まったのであると強弁できないこともない。しかしながらこれは、伊勢神宮の特殊性を揚言するまでもなく、いかにも無理で不当な解釈である。それならば、この記事はいったいなんと解すべきものであろうか。

思うに、伊勢・住吉・香取・鹿嶋の四社が〃四所の大神〃として事あるごとに朝廷から特別の待遇を受けていたことは、史上枚挙に暇がない。しかもその特別待遇というのは、四社以外の他の神社と比べればきわだって目立つというのであって、四社相互の間にあってはそれほど著しい差のあるといったものではなかったようである。だから、弘仁三年条に伊勢神宮を除いた他の三社のことのみをいっているのは、桓武天皇の代になって伊勢神宮に式年遷宮制が確立されたことに対応して、他の三社においても、延暦初年以後弘仁三年までの間に、過去の殊遇の例に照して同様の制度を立てたことを示すものとしてよいであろう。ここでとくに伊勢神宮を除いているのは、神宮の式年立制については既に自明のことであるとともに、目下の問題としてはここで採り上げる必要がないと認めていたためであろう。と同時に、神宮を除く三社を採り上げているのは、この三社の遷宮実態がその規模や形式などにおいて神宮とほとんど同一であったために平安宮廷の実情に副わない点が生じたこと、また神社経営などの点においてもある程度の困難性が発生してきたためではなかろうか。「其弊不ㇾ少」といっているのは、おそらくそういった事情を意味するものと考えてよいと思う。だから、その規模などを縮少することだけにとどめて従来の〃四所大神〃という形式を保ち、伊勢を除く他の三社間において、過去の事例に相応する待遇を厚薄の差をつけずに与えるという体裁を整えたのが、この条の趣旨と解されるのではなかろうか。周知のように、四所の大神の同一の待遇というのが、平安時代になると、いつのまにか伊勢神宮と他の三社の間に差がつけられるようになってきた。もちろんこのことは、神宮が皇祖神を祀る最高神社であることが基本的事情ではあろうが、単にそれだけではなく、平安時代になってから国家財政が次第に困難度を増してきた問題も関係するであろう。また後文で触れるように、政治上の考慮から、神宮の特殊性をとくに強調しなければならない意味もあるに違いないと思う。私は、この『日本後紀』の弘仁三年の条に神祇官の言として「積習為ㇾ常」とあるのは、時間的に久しいという字義通りの意味だけでなく、おそらく政治上の必要や国家財政の面などから、他の三社に対しては実質の伴わない名目上の同待遇しかとり得ない事態におちいっている、神祇行政当事者の苦渋が、ことさらにこうした誇張の語を使わしめたものであろう、と推定する。そして、続いて「其弊不ㇾ少」

といっている背景にも、神宮に比し三社の待遇の実質的低下の生ずることをなんとか理由づけて、正当化しようとする平安宮廷の苦悩が、横たわっていると思うのである。したがってこの記事は、桓武朝起源説を考えるうえにおいて、いささかの障害にもならないとして大過ないであろう。

以上で、式年立制を桓武朝とする私見についての全ての論拠を述べ終った。論旨中にあるいは史料の誤読や考察の未熟に起因する誤りがあるかもしれないが、通説にいう天武朝起源説よりは遙かに妥当であるということだけは、断言し得ると思うのである。

## 第四節　桓武朝起源説に対する反論——持統朝起源説——

前節において私の意図したところは、伊勢神宮の遷宮の式年制の成立は天武朝に創るとする通説を、再吟味せんとするところにあった。その結果、通説の論拠とするところは、天武朝起源を証するものとしてはいずれも曖昧で信憑性の乏しいものばかりである。それらは、おそらく平安時代の中期ごろになって、朝廷からではなく、神宮側の神職関係者の方から唱導されたものではなかろうかと推定したのである。さらにまた、通説を排しても遷宮の式年制そのものは厳然たる事実として存在する以上、その起源はやはり明らかにしなければならないと思い、それについては、桓武朝起源という見解を導き出したのである。

私が「伊勢神宮式年遷宮起源の問題」と題して、初めて桓武朝起源の私見を提示した時、(33)これに対して痛烈な反論を提出されたのは神宮皇学館前学長田中卓氏であった。(34)しかも田中氏の論は、単に私見の批判たるにとどまらず、新たに通説に対しては持統朝起源説という新見解の提唱でもあったのである。しかしこの持統朝起源説は、後文でも詳述するが、通説の天武朝起源説と本質的には変りないものと認められる。と同時に、小論の目標の一つでもある桓武朝の神祇政策を検討するうえからいっても、重要なかかわり合いをもっているものと思う。この両方の意味から、田中氏の見解の吟味が必要となる。そこでまず順序として、本節では、田中氏の主張される持統朝起源説の論拠についてみてみようと思う。

田中説の所論は、要約すると、ほぼ次の三部から構成されている。

(1)　桓武朝起源説に対する批判

(2)　奈良時代における式年遷宮

(3)　式年遷宮の立制年代としての持統天皇朱雀三年説の提唱

この(1)(2)(3)のすべてにわたって私見の非なる所以を論じているのであるが、とくに(1)は、もっぱら私見に対する批判にあてられている。その論点は、次のほぼ三つに分かれる。

まず第一。私が桓武朝起源を妥当とするものとして提出した論拠を、田中氏はそのほとんどを議論する問題にすらなり得ないと無視されて論議の対象から省略、ただ僅かに、『皇太神宮儀式帳』による延暦四年遷宮の論のみを批判の対象として採り上げるに足るものとされた。その論の結論は要するに、延暦四年以前に史料が見出されないにしても「その歴史家（下出を指す）は式年遷宮の確実な史実は、少くとも延暦四年にまで溯ることが出来、それ以上は、古伝による他はないと叙述すべきであって、直ちにそれを式年遷宮の〝最初〟と決めてかかることは妥当でない」（「　」内は田中論文の引用、以下同じ）ということに帰着するのである。

第二の論点は、桓武朝の立制が事実であるならば、なにゆえに『延暦儀式帳』や『続日本紀』にそれの記載がないのであろうか、と質される。しかもこの場合も、私が第二節で述べた私見（註(4)参照）をすべて強弁にすぎずとるに足らないと簡単に片づけられて、「なぜ儀式帳にもれているのであろうか、と、むしろ自説の反省材料にこそ用いるべきものと思われる」という。さらに、先に書紀に天武朝立制の記事のないことを私が通説の弱点とした論法を、田中説はここで逆に利用されて、「続紀に桓武天皇立制が脱漏したとするならばそれは批判の空転であり、むしろ自己撞着を来す結果になっている」と、私見の論旨のギャップをつかれるのである。(35)

第三の論点は、『日本後紀』の弘仁三年六月辛卯条の、住吉・香取・鹿嶋三社の「隔二廿箇年一、一皆改作」するのを「積習」としていることについて、前節で示した解釈についてである。私は前節で詳述しておいたように、この記事にあらわれる「積習」は単に時間的に久しいという字義通りの意味だけではなく、おそらく国家財政が伊勢神宮を加えた四所大神の二〇年毎の式年遷宮の実施に耐え得なくなったことに伴う政治・財政上の必要から、伊勢神宮以外の三社に対して、相互に実質的な裏づけのともなわない名目上のみの同待遇を与えることにより、なんとか過去の伝統の維持を図らんとする神祇行政当事者の苦悩が、ことさらにこのような「積習」という誇張した語を使わしめたのであろうと考えたのである。これに対して「もしこのように、自説を任意に前提として、それに都合の悪い史料を容易に別の意味にすりかえてしまうというような方法が許されるならば、なるほど一切の論証は天馬空をゆくがごとくであろう」と決めつけられ、私見を、批判の対象にも価しないと断ぜられた。そして、結局、桓武朝に力点をおく私見にはなんら見るべき積極的な根拠がなく、むしろ、率直に神宮側の古伝に従うべきであるとされるのである。

(2)は、神宮側の古伝を、主として「神宮雑事記」と『二所大神宮例文』に求め、それに基づいて奈良時代の式年遷宮について考察しているのであるが、その神宮の古伝にいう和銅二年(七〇九)、天平元年(七二九)、同十九年(七四七)、天平神護二年(七六六)の第二回から第五回に至る遷宮が式年に行われたのは事実である、というところに帰着しているのである。このように奈良時代に第二回以後の式年遷宮が行われたとする田中説の論旨からいうならば、その制度の起源を、通説において第一回の式年遷宮が行われたといっている持統天皇の即位四年以前に求めようとする展開をみるのは当然のことであろう。

最後の(3)は、(2)において説く持統朝起源論の論証である。上記のように、田中氏は神宮所伝の古伝はすべて正しいとする態度を最大前提として、確固たる基本条件において通説の吟味に当る。そして、まず通説にいう白鳳十四年乙酉説と同十三年庚寅説はいずれも誤りであって、『流布本太神宮諸雑事記』にいう朱雀三年説が正しいという結論を導かれているのである。しかも、この朱雀三年は持統天皇の二年戊子（六八八）であって、この年に遷宮の式年制が定められた、とするのである。[36]

以上が田中氏の所論の概要であるが、その主張は、立制起源を持統朝とされる点において、通説にいう天武朝と分たれる。しかもこれは、時間的に厳密にいえば年数に若干差違があるのだから通説とは異るといわなければならないが、田中氏自身も力説されている通り、一般に〝天武持統朝〟と呼称されていることでもわかるように、その歴史的意味においては、通説とほとんど変りのないものである。したがって、田中説はこれを「恐らく、持統天皇が夫君、天武天皇の崩御後、かつて共に苦労せられたあの壬申の乱の想い出を偲び、今は亡き天武天皇と御自身の神宮に対し奉る厚き御信仰を、改めてここに式年遷宮立制という具体的な形として結実せしめられたものであろう」と意義づけておられるのは、その限りにおいては当然のことであろう。したがって、この意義づけをいいかえるならば、田中説にいう朱雀三年説も、実質的にはやはり通説と同じ範疇に属するものとして把握してもよいということになろう。

# 第五節　奈良時代における遷宮の式年制古伝の吟味

かつて発表した私見（註（4）参照）において、私は、神宮所伝にいう奈良時代の遷宮については、それを式年遷宮の遷宮として記録する文献の性質を検討した結果、それらはいずれも式年制によるものとすることには信憑性がほとんど認められないと判断したので、第二回から第五回に至る遷宮を式年遷宮とする所伝自体の記事については、その内容に全く言及しなかった（小論の第三節でもこれに触れなかったのは、上記の理由よりも、論争の整理のための立論の便宜上からである）。しかしながら田中氏の持統朝起源説は、これらを無条件で式年遷宮とする信頼すべき古伝とされ、それを最大の前提条件とした上で立論されている。つまり立論の根拠が、私見と田中説では全く相反しているのであるから、このままにしておけば、結局、水掛け論で終ってしまう可能性が大いにあろう。したがって本節では、第三節で述べた桓武朝起源説の立証の補充の意味も含めて、田中説が最大論拠とする奈良時代における遷宮が式年遷宮の施行と伝える神宮所伝の古伝そのものについて、改めて吟味を加えようと思う。

ところで、田中説ではしきりに奈良時代の式年遷宮の古伝というが、それは、八世紀代に成立した『続日本紀』やそれに類する性質の文献に記されているというのではなく、いずれも平安中期以後に神宮側において成立した文献のみによるところであることに、まず注意しなければならない。すなわちそれらは、『太神宮諸雑事記』（以下「神宮雑事記」と略称する）と『二所大神宮例文』（以下「神宮例文」と略称する）において、いわれているところなのである。この両書の伝えるところによれば、延暦四年の遷宮は第六回の式年遷宮であって、それ以前には、七世紀末の持統天皇即位四年の第一回から和銅二年の第二回、天平元年の第三回、同十九年の第四回を経て天平神護二年の第五回に至るまで、式年遷宮が行われていたことになっている。ところで第二節で詳述したように、「神宮雑事記」は平安中期、「神宮例文」に至っては鎌倉末期から南北朝時代にかけてのころの成立であるから、この両書に基づく神宮所伝のみをもって、直ちにその内容を奈良時代の史実として受け入れるのが危いことは、改めて揚言するまでもないところであろう。しかし田中説は、これらをほとんど無条件にそのまま史実として認めるのである。既に度々述べたように、私は基本的にその史実性に疑問をもつのであるが、いまは論を進めるために、一応この所伝を基礎にして考えていくことにする。

神宮古伝によれば、延暦四年（七八五）の前の第五回とする式年遷宮は天平神護二年（七六六）である。これを事実とする田中説は、前節で触れた『日本後紀』弘仁三年六月辛卯条の解釈が唯一の積極的論拠であって、それ以外は、神宮側の古伝がこの年の遷宮を伝えているのを疑うべき根拠がない、といっているにすぎない。すなわち、神宮所伝についていえば、無条件にこれを信ずべきであるという態度で、なぜ神宮所伝に史料批判は必要ないと断定されるのか、その判断の基準を一向に示されないで、まことに了解に苦しむところが多い。しかしこの天平神護二年の遷宮については、先の『日本後紀』弘仁三年条と併せて再論すべきことが多いので次節以下に譲り、ここではまずそれ以前の遷宮古伝について考えることにする。

## 1　天平元年と同十九年の遷宮伝承

第三回と第四回とされる式年遷宮は、それぞれ天平元年（七二九）と同十九年に行われたということになっている。田中説は、この伝承を、神宮の古伝にしたがって事実だと認められるのであるが、この場合は、従来からの通説や先の天平神護二年のように単に古伝に盲従するというのではなく、精緻な考察を加えた結果の上での立論である点が違っている。

田中説の、これについて主張される論拠は二つある。その第一は、年代についてである。すなわち第五回式年遷宮の天平神護二年（七六六）を基準として正確に二〇年ずつを溯ると、それぞれ二〇年目は天平十九年（七四七）・神亀五年（七二八）・和銅二年（七〇九）となる。ところが神宮の古伝に従うと、天平十九年と和銅二年は一致していて問題はないが、その中間の遷宮は天平元年となっていて、算定上の式年である神亀五年からは一年ずれておくれている。つまり、和銅二年より二一年目となっており、したがって次の天平十九年の遷宮は天平元年より一九年目と一年早くなっている。式年というタテマエからいえば、このような年代のずれが二回も連続してあるというのはまことにおかしなことで、後世より奈良時代の式年遷宮伝承を作為したものとすれば、こうした年代のずれを故意に造作する必要はないはずである。だから、この年代のずれが生じているということは、決して後世において造作したものとは考えられない。したがって、このような年代の不自然さがみえる点にこそ、神宮の古伝が当時をそのままに記録したと証するものである、というのである。

まず、この第一の論拠の吟味をする。

式年制は、明確に遷宮は二〇年一度と規定しているのであるから、それが二一年になったり一九年になったりしているということは、確かにおかしい。後世から造作したものとすれば、まさにこのような不合理な点こそ数字的に正確に造作されるべきであろう。にもかかわらず、そうしたおかしいことが、そのまま記述されているのであるから、神宮の所伝はまさしく当時のものであり、したがって、天平元年と同十九年にはそれぞれ第三回と第四回の式年遷宮が行われたとする田中説は、それだけをとりだしてみれば一応もっともな論といえよう。しかし、この年代のずれということをもって直ちに当時の記録である証拠とする主張は、果して妥当であろうか。この論は、換言すれば、合理的な推定年代よりずれた年代を記録しているものは、すべて当時の事実をそのまま伝える真実の記録であって正しい所伝である、ということになる。周知のように『日本書紀』に記す天皇・諸皇子などの生歿年やその系譜関係などについては、いろいろの問題がある。それらは、合理的に考えられる範囲を逸脱してずれているものがかなり多い。このことが書紀の記事に史料批判が必要な所以であるが、これらの年代のずれがあるということから、すべて後世からの作為が入っているのではなく、かえって当時のままの事実の所伝であることを示すということがいえるであろうか。式年の問題と人間の生命ないし活動可能年代ということでは、数字的に問題を対比することは一見無意味のようであるが、後者といえども大体の枠は決まっているのであり、年代のずれが、一年という短期であるか数年以上であるかというだけの差にすぎない。田中説にいう方法論を適用すれば、年数についての書紀の記事はすべて当時のままの所伝であるということになるであろう。

また、古社寺においては多くの縁起類を有するが、それらのなかには、いろいろの事象について他の信憑性の高い記録類と年代のずれているものがかなり多い。これらのものも、年代がずれているからこそいずれも正しい所伝であるということに、果してなるであろうか。だから、年代のずれているということには、田中説の主張するような場合もあるかもしれないが、むしろそれは稀れであって、後世からの作為が入っているからこそずれが生ずるという場合の方が、逆に多いのである。田中説のように、一方的に当時の所伝であるといい切ることにはかなりの危惧があると思わざるを得ない。

ところで、以上のような論は、省みて他をいうがごとき論であると批判されるかもしれない。そこで、神宮側の所伝を、記録そのものに則していま一度吟味してみよう。式年遷宮を伝える神宮所伝は、既に度々いったように「神宮雑事記」と「神宮例文」であって、天平十九年（七四七）の遷宮は、両書ともにこれを記録している。(37)この年は天平元年を基準とすれば、田中説のように一九年目であるが、天平神護二年（七六六）を基準にして溯れば丁度二〇年目の年に当る。第二回といわれる和銅二年（七〇九）の遷宮も両書とも伝えているのであって[38]、これは第一回といわれている庚寅年（持統四年〔六九〇〕）より二〇年目に当る。したがって、田中説のように逆算の方向からだけ考えれば、一九年目が天平元年、二一年目が和銅二年と造作者は引き続いて二回までも誤算をしたということになるが、上記のように両方からしぼっていけば、問題は第三回といわれる天平元年だけということになる。これが前年の神亀五年であれば算定上すべて一致するわけであるから、誤算はただ一回きりということになるであろう。このようにみてくると、かりに田中説の論法に従った場合にしても、その結論にはかなりのニュアンスの違いがでてくるのではなかろうか。すなわち、造作者の引き続いて二回の誤算は考えられないとされても、一度ならば、あるいはその計算違いの起る可能性があるということを想定されたのではなかろうか、とも思われる。

次に、この奈良時代中の年数の相違というのは、平安時代の式年遷宮の場合にみられるように、絶対的な端数が生ずるものとなっておらないことに注意する必要がある。すなわち、第一回から第六回とされる延暦四年（七八五）に至る間の年数を整理してみると、きれいに二〇年目という数字に整合されているのである。ところが、延暦四年から鎌倉末期の元亨三年（一三二三）に至る五三九年間に二九回の式年遷宮が行われているが、その間に正確な式年に外れたのは三回だけであって、他の二六回は厳格に式年が守られている。その外れた三回というのはいずれも平安初期の遷宮であって、二六年目の弘仁元年（八一〇）、二一年目の嘉祥二年（八四九）、一九年目の仁和二年（八八六）であるが、この場合は、三回の差を相済してみても六年という端数が出てくるのである[39]。平安時代から南北朝直前に至る数百年間に行われた二九回のなかで、二六回までが厳重に式年が守られているのであるから、この枠外に出ることを極力避けようとしていたことはいうまでもあるまい。平安後期において、式年以外の時期に仮殿遷宮が二回行われたことがあるが、(40)その時においても、この仮殿遷宮年次を基準とせずに前の式年の年次を基準にして行っていることをみても、式年厳守の方針が貫かれていることはよくうかがうことができる。

しかし、さらに注意すべきことは、このように式年を厳守しようとの態度を堅持している一方において、先にあげた三回の式年の年数のずれをどこかで調整しようとしている点は、一向に認められないということである。ことに、年数のずれる式年遷宮の行われた三回は、いずれも平安宮廷の隆昌期である平安前期に行われたのであるから、それは、公家勢力の衰えたために式年にあわせた遷宮を行い得なかったとは、到底考えられない時期のものである。したがって、この種の遷宮が平安前期に集中していることは、式年立制があったにしても、それがまだ伝統化されていなかったがためにあらわれた現象なのか、それともまた、一度一度の遷宮に重点を置いていて、式年を起源の年に合せて調整しようとするような意識がなかったかの、いずれかであったのではあるまいか。ともかく平安時代は、少なくともその前期においては、年次に遅速があっても強いてこれを二〇年目という整数に合わせようとはしていないようなのである。式年遷宮の実施が明確な事実として認められる平安前期がこのような状況であるのに対して、奈良時代の式年をみると、天平元年に一年の遅れがあると直ちにそれは直後の同十九年の遷宮を一年短縮することによって修正され、全体を通じて、二〇年目という数字に見事に整理されているのである。このようにみてくると、年代にずれがあるということは、かならずしも神宮所伝の信憑性を高める所以にのみ働くものとはならず、かえって、その作為性をあらわすものになるとも考えられてくるのではなかろうか。

さて、次はその問題の天平元年遷宮の所伝であるが、「神宮例文」には、

天平元年己巳、内宮（御）遷宮。聖武御宇。自㆓和銅二年㆒及㆓廿一年㆒。（巻二六、二所太神宮正遷宮臨時幷仮殿遷宮次第）

と、明瞭に遷宮と記しているが、「神宮雑事記」には、ただ、

天平元年九月、二所太神宮御神宝等、具ｲ記㆑使、右中弁。同九月十三日、参宮。（第一、聖武天皇条）

とあるだけであって、これが遷宮なのかどうか明瞭でない。しかし、田中氏はここに神宝とあることに注目し、『続日本後紀』嘉祥二年九月丁巳条に、

遣㆘㆓左少弁従五位上文室朝臣助雄等㆒奉㆗神宝於伊勢大神宮㆖。是廿年一度所㆑奉、例也。

とあることや、『類聚国史』に、

貞観十年九月七日丁酉、遣㆘㆓従五位下守右少弁藤原朝臣千葉、左大史正六位上刑部造真鯨等於伊勢太神宮㆒、奉㆗太神財宝㆖。是隔㆓廿年㆒所㆑造也。（巻三、伊勢太神）

とあることをもって、勅使による神宝奉納は遷宮のためのものであることをあらわし、しかも嘉祥二年（八四九）・貞観十年（八六八）はともに式年遷宮のそれであるから、「神宮雑事記」にいう天平元年の神宝奉納はまさに式年遷宮を指すものであるとする。したがって、このように解すれば、天平元年の遷宮は「神宮雑事記」にもあることとなり、両書とも一致することになるとするのである。しかし、神宝奉納即遷宮という解釈が、果して唯一の正しいものなのであろうか。なるほど田中説に挙例されたものは、いずれもそのことを示しており、その限りにおいては誤りではないであろう。だが、この例をもって「神宮雑事記」にそのままあてはめようとするのには、少なくとも二つの疑点がある。

第一の疑点。「神宮雑事記」は平安後期の十一世紀中葉までの遷宮を記載しているが、その間、嘉祥二・貞観十・延喜五・延長二・応和二年の五回脱漏しているものを除き、他はすべて明瞭に「太神宮遷宮」と遷宮の文字を明記しているのであって、「神宝奉納」と表記しているのは天平元年ただ一回だけということである。なぜ、この時に限って他の時と同じように遷宮と明記せずに、こうした間接的な表記法を採ったのであろうか。田中説はその疑問を一向

に解いてはくれない。また「神宮雑事記」からも、それについての解答の手がかりすら発見することはできないのである。またかりに田中説のいう天平元年の間接的表記法が遷宮をあらわすと考えた場合、その論拠となっているのは嘉祥二年・貞観十年といずれも九世紀後半の事例である。天平元年は八世紀前半であるから、その間に一世紀以上の隔りが存する。九世紀後半において神宝奉納即遷宮と解されるからといって、直ちにそれを一世紀以上も溯る時期のものに無条件で適用するということが、果して妥当であるかどうか。かりにある程度の可能性が認められるとしたにしても、それのみをもって直ちに遷宮以外にはあり得ないことと断定しきるということは、やはり避けなければならないものだと思う。

第二の疑点。田中説が根拠とする九世紀においても、かならずしも神宝奉納が遷宮のみを意味するとは限らなかった、ということである。田中説が例証としてあげたもの以外に、九世紀中に伊勢神宮に神宝の奉納された事例を古い順にあげると、

イ　大同二年（八〇七）八月癸亥、遣下レ使奉中神宝幷唐国信物於伊勢太神宮上。（『類聚国史』伊勢太神）

ロ　承和五年（八三八）冬十月戊子、遣下二左兵庫頭従五位上岡野王等一、奉中神宝於伊勢太神宮上。（『続日本後紀』）

ハ　貞観十二年（八七〇）九月八日丁巳、遣下二正五位下守左中弁源朝臣直、右大史正六位上広階宿禰八釣於伊勢太神宮一、奉中神宝上。是日、太政官停二尋常政一、但非二廃務之例一也。（『三代実録』）

ニ　元慶二年（八七八）三月七日癸卯、遣レ使奉二伊勢太神宮幣幷神宝弓桙剣等物一。（同上書）

と四例をも数えることができる。この四例のいずれの場合も直接に勅使を派遣して神宮に神宝を奉納されているのであって、先に田中説が遷宮を意味するとしてあげた嘉祥二年九月丁巳と貞観十年九月丁酉に実施された神宝使差遣といささかも変ったところはない。しかしこれらの四例は、いずれも式年遷宮や臨時遷宮の年次とは全く合わないので

あるから、これらの神宝使差遣が遷宮とは全然関係がないものであったことは明らかであろう。これをもってみれば、神宝奉納はかならずしも遷宮のみを意味しないのであって、遷宮以外の場合に発遣される例もかなり多かったものといわなければならない。イは同時に唐国からの信物を納めるのであり、ニは、神宝の他に幣・弓杵・剣などと明記しているから、純粋な神宝使とはいえないと反論されるかもしれない。(41)そこでかりにこれを除いたとしても、ロ・ハは田中説の挙げる嘉祥二年・貞観十年の場合と全く一致する。してみれば、九世紀における神宝使差遣には少なくとも二つの場合があったことになるわけであって、決して遷宮の場合だけに限られているものではなかったことになる。このように、いろいろの原因で発遣されるうちの一種だけを採り上げて、神宝使は遷宮に関係する場合のみと断定し、さらにその断定を一世紀以上も以前のことに無条件に溯らせて天平元年のそれに該当せしめるのが妥当でないことは、改めていうまでもないであろう。

以上は田中説の論旨に沿って九世紀だけの神宝使について考察し、その結論の一方性を指摘したのであるが、同じことが、実は問題の年代である八世紀の天平年間においても認められるのである。

『続日本紀』の天平十年（七三八）五月辛卯条に、

使二右大臣正三位橘宿禰諸兄、神祇伯従四位下中臣朝臣名代、右少弁従五位下紀朝臣宇美、陰陽頭従五位下高麦太一、齎二神宝一奉二于伊勢大神宮一。(42)

とあるのを先のロ・ハと比べれば、これが全く同一の神宝使発遣という事象を指すものであることは一目瞭然であろう。しかもこの天平十年は、神宮所伝にいう式年遷宮の年次に当らないことはいうまでもない。そしてこの年は、今ここで問題にしている天平元年より遅れること僅かに九年であるから、八世紀前半においても神宝奉納が決して遷宮のみに限定されるものでなかったということは、九世紀後半のころと全く同様であったということになろう。さらに、この時の神宝使の顔ぶれをみると、右大臣橘諸兄以下、神祇伯中臣名代・右少弁紀宇美・陰陽頭高麦太などと、中央政府最上層部に属する面々である。これを天平元年のそれが僅かに正五位上に相当する右中弁ただ一名にすぎないものであったことと比べると、かなりの差が認められる。同年代の神宝使にこうした差が存在するのは、神宝使差遣は式年遷宮に限定されるとする田中説を事実とする限り、大きい矛盾とせざるを得ないであろう。いずれにしても、田中説が論拠とする九世紀後半の事例においても、また天平年間のそれにおいても、神宮への神宝使差遣は決して遷宮の場合のみに限定されるものではなかったのである。したがって私は、「神宮雑事記」の天元年の記事をもって直ちに遷宮のみを意味するとされる態度に対しては、にわかに賛同の意をあらわすことができないのである。(43)

以上の疑点から「神宮雑事記」の記事には無条件に従うわけにはいかないとしたが、しかも同書には、神亀五年の記事を欠いており、直接遷宮に触れるところがない。したがって、神宮所伝において天平元年の式年遷宮を明確に伝えるのは前掲の「神宮例文」のみということになる。しかし既に第三節で述べたように、「神宮例文」は鎌倉末期から南北朝期にかけて成立したものであって、いま問題としている八世紀よりは実に数世紀後のものである。しかも管見の範囲内ではあるが、同書にのせる奈良時代にかかわる記事の信憑性について論証したもののあるのを知らない。思うに、「神宮例文」中の奈良時代に関する記事については、一般社寺のいわゆる縁起類に数百年前にかかる由緒・伝承について記しているのと同等の扱いをするのがまず史学の常識であろう。

以上の諸点からみて、神宮所伝にのみ式年遷宮が天平元年に施行されたということについては、やはり無条件に認めることができ難いのである。

次に、田中説の第二の論拠の吟味に移る。田中説は、神亀五年（七二八）と天平十八年（七四六）の両度にわたって斎宮寮の整備拡充が行われた事実を採り上げ、これは、それぞれ翌年に控えた式年遷宮の準備のためのものである。

そしてまた、式年遷宮の施行を認めない限りは、この両度にわたる斎宮寮の拡大の史実の意味を理解することはできないとするのである。なお、この斎宮寮の整備拡充に関連して、斎宮司が昇格して斎宮寮と司から寮になった時期、いわゆる寮昇格の年次の問題については、註(44)で解かれているように直木孝次郎氏と田中氏の間で論が分かれている。しかしその当否は別として、神亀五年が斎宮にとって重要な時期であったとされる点においては、両氏とも全く一致している。だから、当面問題としている田中論の第二論拠の吟味にしぼるならば、寮昇格の年次がいずれであったにしても、論を進める上においてはほとんど影響がないとしてよかろう。(44)

さて私は、田中説の第二論拠に対して少なくとも以下の三つの疑点をさしはさまざるを得ない。

まず第一の疑点であるが、『続日本紀』の神亀四年八月壬戌条に、

補二斎宮寮官人一百廿一人一。

とあるから、神亀四年(七二七)から五年にかけて、斎宮寮の拡大充実がみられたということは間違いない。しかし、田中説のようにこれが翌々年の天平元年(七二九)に行われたと神宮所伝にいう式年遷宮に、直ちに結びつくかどうかが問題である。田中氏の論は、

これは、その翌年にひかへた式年遷宮に備へて、斎宮寮の拡充整備せられたことを容易に推定せしめるものであって、もし然らずして、これを全くの偶然といふならば、それはあまりにも偶然にすぎるであろう(註(44)所引田中論文三四頁)。

というように、天平元年に式年遷宮があったということを前提において神亀四年の斎宮寮の問題を解釈するという展開になっているのであって、決して、既知の斎宮寮の問題を起点として未知の事実を究明するという論旨になっておらないことに注意しなければならない。すなわち、続紀の神亀四年の斎宮寮の整備の記事は、直接、なにも式年遷宮

そのものが事実だということを証するために記されているのではないということを素直に認めるべきなのである。だから、問題はやはりもとの天平元年の遷宮そのもののところへ帰ってくることになってしまう。ところが既に第二節以下で詳述したように、式年遷宮についての神宮所伝中、最も信憑性が高いと認められる「神宮雑事記」の記事についてさえ、いろいろの事態を示すとの解釈が成立するのであって、決してこれを式年遷宮のみに限定することはできないのである。してみれば、こうした性質の所伝のみに基づいて構成されている田中説の前提条件としているのは、多くの仮定のなかの一つにすぎないか、または、ある可能性を示すものとしかいい得ない。したがって、遷宮に関して一言も触れておらない『続日本紀』の神亀四年の斎宮寮拡大の記事は、天平元年に遷宮の事実があったことが実証されることによって初めて式年制による遷宮に結びつけて考えられてくるのであって、寮の拡大整備が事実であったからといって、直接それが式年遷宮が事実であることを示すことにはならないのである。

また、この記事に関連して付記しておきたいことは、神亀末年から天平初年にかけての斎宮寮拡大の意味について、直木孝次郎氏は、長屋王の時代から藤原氏への推転期に当っていることと無関係ではないのではないか、という試論を提出されていることである。[45]後文でも触れるように、私はむしろこの直木説の方に肯綮に価するものを覚えるのである。

第二の疑点、これは上記のことに関連するのであるが、なぜ斎宮寮が拡大されたのかというその意味のとり方である。田中氏は、先の論述に続けて、

奈良時代の中期にあって、斎宮寮がそれ自体として、あるいはその拡充整備に関聯して、明瞭に史上に特筆される時期は、実に神亀五年と天平十八年の二度である。しかもその年次こそは、それぞれ天平元年・天平十九年という神宮側史料の伝える式年遷宮年次の、あたかも前年に当ることに注意しなければならぬ。

と、はっきり式年遷宮を唯一の意味にとらえられているのである。

ところで、神宮所伝の奈良時代における式年遷宮は、先にもいったように持統四年の第一回を含めて和銅二年・天平元年・同十九年・天平神護二年の五回であって、天平元年と同十九年は、それぞれ中間の第三回目と第四回目に当る。してみれば、田中説を逆のいい方で表現するならば、斎宮寮は三・四回目の遷宮の時に限って拡大整備されたということにならざるを得ない。田中説に従う限り式年遷宮と斎宮は不可分の関係にあるのであるから、他の一・二・五回の時について斎宮に関することがあらわれていないというのはいったいどういうわけなのであろうか。五回目の天平神護二年の場合は、前回の天平十九年で充分に斎宮寮が拡大整備され、その補強の必要が認められなかったから国史上に記されなかったのであろう、と考えられないこともないから一応別としても、第一・第二回目の時はどうしても説明がつかない。また第三・第四回と引続いて拡大整備されているのであるが、四回目のそれは三回目のを不充分としたのか、それともまた異った規準で実施されたのであろうか。と同時に、最初の拡大のみられた天平元年は、当然結果として和銅二年の時よりも規模が大きくなったということになるが、なぜ天平元年の時に限って従来にみない重要な制度の充実が行われねばならなかったのであろうか。田中説に従って、斎宮寮を式年遷宮にのみ直結して考える限り、こうした疑問が続出してくるのである。

さらに不審な点がある。書紀・続紀の伝えるところによれば、天武二年（六七四）に斎宮に卜定され同三年に神宮に派遣された大来皇女が、持統朝の朱鳥元年（六八六）に京師に召還されてから以後は（天武紀二年四月己巳・持統紀朱鳥元年十一月壬子条）、文武二年（六九八）に当耆皇女が斎宮として発遣されるまでの十余年間は（続紀同年九月丁卯条）、神宮に斎宮は在任しておらない。そして、この斎宮不在の期間に、神宮所伝によれば、第一回の式年遷宮が持統四年に行われたということになるのである。これは、田中説の強調する遷宮と斎宮の関係についての所論と、全く矛盾する事実だといわなければならないであろう。

ところで、上述の斎宮寮設置年次についての田中説がもし正しいとするならば、それが斎宮司から斎宮寮へ昇格した時期は、神亀四年ではなくて大宝二年（七〇二）ごろということになる。そもそもこの司から寮への昇格というのは、制度上からは最も重要なものの一つである。公法的見地からみるならば、内部的な拡大整備にとどまっている神亀五年や天平十八年のものよりも遙かに重要な意味をもつものといわなくてはならない。しかも、このような重要な官制上の変更の行われた大宝二年という年次は、第二回といわれる和銅二年の式年遷宮に先立つこと実に七年前であるから、これをもってその準備にあてるためのものとするのはあまりにも牽強付会にすぎよう。してみれば、かりに田中説に従った場合においても、奈良時代における斎宮寮（司）の拡大整備はかならずしも式年遷宮とのみ関連づけて考えねばならない、ということにはならないのである。

さて、天平十八年（七四六）の斎宮寮については続紀に、

置二斎宮寮一。以二従五位下路真人野上一為二長宮一。（八月壬寅条）

とみえることから、田中説はこの年にも拡大整備が行われたであろうと推定する。この推定自身には、さして異論はない。しかし、なぜ拡大されたのであろうかとの意味になると、「神宮雑事記」の奈良時代に関する記事についての史料吟味が行われていない以上、やはり無条件に田中説に従うわけにはいかない。むしろ直木氏の説かれるように、天平年間において伊勢神宮の著しい発展がみられ、国家神としての内容がますます充実してきたことに伴ってとられた当然の措置である、と解するのが妥当だと思うのである（註(44)の直木前掲論文）。

以上述べてきたように、田中説はことごとに斎宮寮の拡大整備が式年遷宮の傍証になるとするのであるが、思うにそれは、式年遷宮があったと伝える神宮側の史料を無条件に信じ、それを最大の前提条件として、常に斎宮寮のこと

をそれに結びつけて考えるという思惟方法をとられたことによって起った結果であろう。

さて、最後の第三の疑点であるが、これは主として神亀五年の斎宮寮と遷宮を直結することについての疑問である。そもそもこの年の斎宮寮の拡大というのは、大宝二年のそれがさらに整備されたことを示すのではなく、この年に斎宮司から斎宮寮に昇格したことを語ると考えるのが妥当であるということは、既に述べた（註(44)参照）。続紀がこのことを脱漏しているのは周知のところであるが、同年条をみると、いくつかの注目すべき事象にぶつかる。

(イ) 是日、始授二外五位一。仍勅曰、今授二外五位一人等、不レ可レ滞二此階一、随二其供奉一、将叙二内位一。宜二悉茲努力莫一レ怠。（五月丙辰条）

(ロ) 是日、勅始置二内匠寮一。頭一人、助一人、大允一人、少允二人、大属一人、少属二人、史生八人、使部已下雑色匠手各有レ数。（八月甲午条）

(ハ) 又置二中衛府一。大将一人、従四位上、少将一人、正五位上、将監四人、従六位上、将曹四人、従七位上、府生六人、番長六人、中衛三百人、号曰二東舎人一、使部已下亦有レ数。其職掌常在二大内一、以備二周衛一。（同上条）

(イ)は位階制度の改変であり、(ロ)・(ハ)はともに新しい官庁の設置を示すものである。ただ(ハ)については『類聚三代格』にさらに詳しい格文が載っているが（巻四加減諸司官員幷廃置事）、笹山晴生氏の詳細な論考によれば、この格文は神亀五年当時のものでないというから、ここでの考察からは一応除くことにする。[46] この(ロ)・(ハ)で新設された内匠寮と中衛府はもちろん令外の官であるが、改めていうまでもなく前者は中務省の被官で宮中内外の工匠営作のことや儀式などに際しての営膳を司る官庁であり、後者は、天平神護元年（七六五）にそれぞれ改定整備された近衛府・外衛府とならんで（続紀同年二月甲子条）、奈良時代を通じて重点的に天皇の身辺や宮廷の直接の警衛に当った衛府である。こうした重要な意味をもつ新官庁が、それぞれ神亀五年に開設されたのであった。なお、

大学寮
　律学博士二人　直講三人
　文章博士一人　生廿人
以前、一事已上同二助博士一（『類聚三代格』巻四加減諸司官員幷廃置事）

なる勅が神亀五年の七月に出されており、また貞観十三年（八七一）十二月二十七日の「応レ加二増竿博士位階一」という太政官符によれば、

去神亀五年初置二律学一為二正七位下官一（同上書巻五定官員幷官位事）

とあることで明らかなように、新官庁の開設ではないが、やはり神亀五年に、既設官庁の内部において新しい官職と職分の設置を図っていることが判明する。また、続紀の同年八月壬申条に、

太政官議奏、改二定諸国史生博士医師員幷考選叙限一。史生大国四人、上国三人、中下国二人、以二六考一成選、満即与レ替、博士医師以二八考一成選。但補二博士一者、惣二三四国一而一人、医師毎レ国補焉、選満与レ替。同二於史生一語並在レ格。

というのも、同様の趣旨としてよいであろう。このようにみてくると、神亀五年を中心にして律令官制全体が大きく整備されんとする動きのなかにあったことが推定されるのである。また(イ)は、前掲八月壬申条の考限選叙の格にも関係するところがあるが、要するに、内外の五位をもって高卑姓を分たんというのであって、いわば官位制の取扱い方に一つの大きな修正を加えんとしたものということができよう。その詳細は、『類聚三代格』巻五にのせる「内外五位不レ合二同等一事」なる太政官謹奏が語るように、単に五位の階数を増加するだけの意味にとどまらず、考限選叙・待遇・位禄・位田・賻物・位分資人・蔭子・父妻などの取扱いに至るまで、内外位について大きな差をつけようとし

たものであることがうかがわれる（野村忠夫『律令官人制の研究』）。つまり、これらは、官位に関係する直接の服務内容に至るまで微細な規定を加えて、その厳重な規制下におかんというのである。延暦十二年（七九三）正月六日の勅においても、この格をひいてほぼ同内容のことを強調しているから（『類聚三代格』巻五）、律令貴族・官人社会においては、この神亀五年の改革がいかに大きな影響をもったものであったかが推定されるであろう。また、同じ神亀五年三月二十八日に出された勅において、

諸国郡司五位以上相二逢国主典以上一者、不レ問二貴賤一皆悉下レ馬、如有下官人於二本部一逢中国司上者、同位以下必須レ下レ馬。不レ然者揖而為レ過、其有二故犯一者、内外五位以上録レ名奏聞、六位以下決二杖六十一、不レ得二蔭贖一。（『類聚三代格』巻七郡司事）

と宣せられていることも、同じ趣旨の働いているものであることはいうまでもなかろう。その他、続紀の同年三月丁未・同月甲子・四月辛卯の諸条にみえる規定なども、[47]また(イ)に通ずる精神に貫かれているものといってよいであろう。

神亀五年とは、まさにかくのごとき年であったのである。官制そのものにおいて、また官人の服務・職分の内容において、このような大きな改変の加えられた年であったのであって、ただに一斎宮寮の昇格だけが特筆大書されるべき時期ではなかったのである。

以上のように、問題は一斎宮寮の昇格のみにとどまらないとするならば、このような大きな変革が神亀末年を中心に認められることを、いったいなんと解したらよいのであろうか。直木氏は先の論考において、「定見は持ち合わせないが、この時代が長屋王の時代から藤原氏への推転期に当っていることと無関係ではないのではないか」と述べているが、おそらくこれは、対象を斎宮寮だけに限定して考察されたからこういった漠然とした表現をとられたのでは

ないかと思う。しかしながら、上記のように視点を官制や官人社会などの関連する事項にまでひろめるならば、正しくこれら一連の事象こそこの神亀年間が養老令下の推転期なるがためにあらわれた事象であると断定して大過ないであろう。

周知のように、神亀年間に至るころは、地方にあっては律令制の矛盾がそろそろ露呈し始めており、中央においても、貴族相互間の権力闘争が次第に激しくならんとしつつある時であった。天武朝において絶頂に達した皇親政治が退潮に向わんとするのをくい止め、再びこれを既往の盛時にかえさんという長屋王を中心とする動きが、おそらくこうしたいくたの官制の改廃などとなってあらわれたものと思われる。田中説は、式年遷宮の施行ということを認めなくては斎宮寮の拡大の意義を理解することはできない、とする。しかしながらそれはどうも短見であって、神亀五年における斎宮司が斎宮寮へと昇格した事実は、単に伊勢神宮の範囲内のみで解すべき事柄ではないのである。それは神亀年間の聖武朝全体の動きにおいて、つまり、皇親を中心とする天武朝の繁栄期に律令制を復帰せしめんがための種々の官制改革・綱紀粛正の一環としてとらえてこそ、初めとその意味の理解がつくものといわなくてはならない。直木説に従えば、天平ごろから伊勢神宮の発展が著しくなってくるという。これも、上記のことと必然的な関わりがあると考えられるのであって、要するに斎宮司の寮への昇格は、聖武朝初期の政治刷新の一つの象徴と考えてこそ、初めてその歴史的意味が理解されるといってよいであろう。換言するならば、式年遷宮の有無とは関わりなしに、斎宮司は斎宮寮に昇格したものと考えて一向に差支がないのである。

ところで、上来、断片的にしか触れなかった天平十八年の斎宮寮について一言付加しておきたい。先に引用した天平十八年八月壬寅条に、

置二斎宮寮一、以二従五位下路真人野上一為二長官一。（傍点筆者）

と「置」字を使っているのは続紀の誤記であって、この年に斎宮寮が新設されたことを意味するのでなく、正しくは、田中・直木両説のようにその拡大整備を示すものとするのがおそらく事実であろう。(48) しかしながらこれを、田中説のように、翌天平十九年に行われたとする式年遷宮のための準備と解することには、やはり一、二の疑点か存するのである。

その一つは、かつて直木氏も指摘したことであるが（前掲論文）、もし田中説のように神亀五年の斎宮寮の拡大が翌天平元年の式年遷宮のためのものであったとするならば、なぜ引き続いて次回の天平十八年にも拡大されねばならなかったのか、ということである。もっともこの点について田中説は、「神宮雑事記」の天平十九年十二月条に諸別宮も神宮と同じように遷宮され、しかもこの時に別宮にも二〇年一度の式年制が定められたとあることから、この天平十九年は遷宮の規模が前回の時よりも拡大されたのであるから、それに応じて斎宮寮も拡大整備されたのであろうといってはいる。したがって「神宮雑事記」の記事がもし正しいものとすれば、この疑点は田中氏の解釈でもって一応了解してもよいこととなる。しかし、いままでに度々言及したように「神宮雑事記」の記事そのものが史料批判に耐え得ないことがはっきりしているのであるから、直ちにそれにのみ説くところに従うわけにいかないのは当然のことであろう。(49)

いま一つの疑点は、この時の斎宮寮の人事についてである。この天平十八年の八月壬寅に斎宮寮の長官となったのは従五位下路真人野上であった。ところが野上は、僅か一年後の同十九年九月丙申に大監物に転じている。続紀の官職記事にはかなり脱漏があるのであるが、それでも斎宮頭任用関係は一四例を数えることができ、そのなかで路真人野上のように短期間の在任のものは見当らない。だからおかしいというわけではないが、彼の転任の時期が神宮所伝にいう式年遷宮実施のその年に当っているということ、これは軽々に看過できないところである。しかも田中説にいうところに従えば、遷宮は九月に行われるのであるから、路真人野上は遷宮の直前において、というよりはむしろその進行中か完了直前において職を他に転じたということになる。すなわち遷宮にあれほど密接な関係のある斎宮寮が、その最高責任者の交代を最大任務の遂行中に行ったことになるのである。二〇年前に斎宮司からの昇格をみた斎宮寮を、再度新設のごとく記す続紀が——その整備の理由がもし田中説のように遷宮のためであるとしたならばなおさらのこと——この突然の人事異動を載せているのは、まことに不思議なこととしなければならない。遷宮の直前ないし施行中に異動すべき理由が発生したとするならば、おそらくそれは野上のなんらかの失態によってと推定するのが自然であろう。そうとすれば、彼の転任は当然のことに左遷の意味をもたなければならないはずであろう。しかし、彼の転じた職の大監物は中央の有力官衙の中務省にあって、大蔵省・内蔵寮などの物品の出納に立ち会い倉庫の鍵を掌る職であって、位階も従五位下相当官である。いかに低くみても、まず斎宮頭と同等のものとするのが妥当であろう。左遷などとは、とても考えられない。また、遷宮が無事に行われたための論功行賞の意味の転任とすれば——遷宮の直前または実行中にそのような人事異動があるとはおよそ考えられないのだが——普通ならそれは栄転の意味となる。しかし、これも強いていえば地方から中央に戻ったということぐらいであって、先にみたように別に栄転というほどのものともいえない。奈良末期の例ではあるが、正五位上相当官の大宰少弐に任ぜられた従五位下笠朝臣名麻呂の場合に比べれば、栄転に該当しないことは歴然としている。(50)むしろ、治部少輔に転じた従五位下安倍朝臣草麻呂や摂津亮になった外従五位下引田朝臣虫麻呂のケースと同じような、(51)普通の転任ととるべきであろう。いずれにしても、遷宮に際会したとたんの転任の理由を説明するものとはならないのである。

また、遷宮のためにわざわざ斎宮寮を再拡大したとする田中説がもし正しいとするならば、その直前ないしは最中に斎宮寮の最高責任者が転出したのであるから、直ちにその後任を任命するのが当然であろう。しかし、続紀からは天平宝字三年（七五九）十月までその任命をみることはできない（壬寅、以㆓従五位下丈部丈麻呂㆒為㆓斎宮頭㆒）。続紀の脱漏とも考えられないでもないが、もしそうとすれば、斎宮にとって最重要の行事であるはずの遷宮の時に、その斎宮寮の長官の転出先だけを載せて新任者を脱漏したとしなければならず、これは、前年にわざわざ「置㆓斎宮寮㆒」と拡大整備を「置」と誤記までした続紀の書きざまを、田中説のように解する限り、まことに矛盾したことになるのである。

そもそも天平十八年の続紀の記事は、直木氏の解されたように、天平年間における伊勢神宮の発展に伴う現象であるとするならば無理なく理解できるのであるが、田中説にしたがって、翌十九年に行われたと神宮所伝にいう式年遷宮の準備のためと解する限り、どうしても理解することのできない矛盾したことが、続出してくるのである。(52)

## 2　和銅二年の遷宮伝承

神宮所伝が第二回の式年遷宮とする和銅二年（七〇九）については、田中説の論拠は、ただその年数が二一年目という端数になっていることや、神宮の古伝に明らかな疑いがかけられない限りは信じてよいとされるなど、どちらかといえば、かなり主観的な論を述べられているにすぎない。

しかし、年数が二〇年でなく二一年という端数になっていることが、かならずしも神宮所伝の信憑性を高める所以にはならないということについては、既に前節で詳細に論じたことなので再びここで述べる必要はないであろう。

また、神宮側の古伝に明らかな疑いがかけられない限りは信じてよいとされる点も、神宮所伝に厳正な史料批判を加えたうえでいわれているのではなく、単に「式年遷宮が天平元年にまで溯って是認されるとすれば、そのことを伝える神宮側の古伝は、頗る信用を高めた」というのが前提になっているにすぎない。ところが、天平十九年の式年立制所伝はもちろんのこと、天平元年のそれについても多くの疑点の存することは、上来詳述してきたとおりである。これらの疑点が解決しない限り、田中説は成立し得ないものとしてよかろう。してみれば、そのことを伝える神宮側の古伝は、信用度を高めたということにはならないのである。つまり、平安中期以後成立の「神宮雑事記」と南北朝ごろの成立とされる「神宮例文」によってのみ伝えられている和銅二年の式年遷宮説は、信憑性の少ない文献を論拠にし得ない臆説にすぎないということになる。したがって、こうした所伝を無条件に承認するのは妥当でなかろう。

ところで、いま一つ付記しておきたいことは、「神宮雑事記」の和銅二年遷宮の記事についての直木氏の見解である。(53)すなわち、

和銅二年己酉、於二太神宮外院之乾方一、始立二宮司神館一、五間二面、萱葺屋二宇、定二置永例料一也。同二年、太神宮御遷宮、同四年、豊受宮御遷宮。(『群書類従』神祇部、傍点筆者)

と、ここに和銅二年が続けて二回でてきて三年がなく、直ちに四年となっているのは「同二年、太神宮御遷宮」とある二は三の誤写とみるべきではないか。宮司神館についての和銅二年の年次が和銅元年の誤写でないことは、己酉と干支のあるところから明らかである。してみると、太神宮は和銅三年に遷宮したというのが「神宮雑事記」のもとの書きざまであったのではなかったか、というのである。さらに直木氏は、私の天平元年遷宮否定説を承認されたうえで、上記の考えに基づき「神宮雑事記」による遷宮を次表のように整理された。

持統四年(六九〇)――和銅三年(七一〇)――天平十九年(七四七)――天平神護二年(七六六)
　　　二一年　　　　　　三八年　　　　　　二〇年

この二一年・三八年というのが式年二〇年遷宮制と全くあわないことはいうまでもない。(54)

私は、「神宮雑事記」は和銅三年を二年と誤写していると直木氏が推考されたのは、おそらく正鵠を射ていると思う。そしてこの見解が認められるとすれば、「神宮雑事記」は二〇年式年制と合わないことを連続して載せているのであるから、「神宮雑事記」自身その内部において大きな矛盾を冒しているものといわなければならない。いずれにしても、式年制について「神宮雑事記」所伝の信憑性を高めることにはならないのである。

## 第六節　持統朝起源説の検討

奈良時代に施行されたと神宮所伝がいう式年遷宮のうち、和銅二年・天平元年・同十九年のものについては、前節で述べたようにいずれも多くの疑問が存する。したがって、田中説に関して残るところは、新知見として提出された、第一回とされる持統四年庚寅（六九〇）の遷宮とその前々年に式年立制の起源をおかれる問題だけとなる。

ところで、通説にいう天武朝に式年立制があったとするのは、田中氏自身も私と同様に否定されるのであるから、天武朝起源説についてはもはや再論の要はない。だから、持統四年の遷宮所伝のこと、それに関連して新しく提唱された朱雀三年すなわち持統二年戊子（六八八）起源説の吟味をすればよいということになる。しかし田中説の論旨は、朱雀三年立制が事実であるから、その翌々年に当る持統四年に第一回の式年遷宮が行われるのは当然であるとする。つまり、持統四年遷宮という伝承に対しては、当初からいささかの検討も加えず無条件で承認するという論旨なのであるから、ここにおいては田中説の骨子である朱雀三年式年立制の問題を主たる対象として考察すれば、それで充分であろう。

田中説の持統朝起源の主張は、要するに、「神宮雑事記」を最高の基本文献とし、その記述を徹底的な論拠とする。

そしてその論拠はかなり複雑な展開をとっているのであるが、整理すればほぼ以下の三点に要約できるであろう。まず第一は、通説にいう天武十四年説と白鳳十三年説はそれぞれ後補の挿入であるから除くべきで、残るところは群書類従本の「神宮雑事記」にいう朱雀三年説のみである。だから、先に私が天武朝起源説は信じ難い理由の一つとした通説は諸説紛々として一致しないというのは下出の誤解であって、通説否定の理由としては成立し得ないとする。

第二は、この朱雀三年を「神宮雑事記」が天武朝のこととして記しているのは、後世の誤りである。すべからく現在の学界の通説にしたがって朱雀三年は持統二年に当てるべきであるとする。

第三は、先に私は「神宮雑事記」に載せる朱雀三年の宣旨は後世のもので当時のものとは認められないとしたのであるが、田中氏はこれを非とし、持統朝に宣旨があっても少しも不思議ではない。だから、その宣旨の内容にしたがってこの年に式年立制があったとするのが正しい、というのである。

以上の三つを主要な論拠として「神宮雑事記」にいう所伝は正しいと主張され、さらに、左大臣任命の年月と太神宮なる用語例の二つをもって自説の傍証とされたのである。

この田中氏の考察が主対象としたのは、私が先に採り上げたのと同じく「神宮雑事記」の朱雀三年条である。[55] 既に第二節で示しておいたが、改めてその全文を掲げておきたい。

天武天皇

朱雀三年九月廿日、依二左大臣宣奉勅一、伊勢二所太神宮御宝物等於差二勅使一被レ奉レ送畢、色日不記、宣旨状偁、二所太神宮之御遷宮事、廿年一応レ奉レ令二遷御一、立為二長例一也云々。抑朱雀三年以往之例、二所太神宮殿舎御門御垣等波、宮司相二待破損之時一、奉二修補一之例也。而依二件宣旨一定二遷宮之年限一、又外院殿舎倉四面重々御垣等、所レ被二造加一也。（『群書類従』神祇部）

まず、田中説の第一の論拠の検討から始める。田中氏は、通説の天武朝起源説中の一説である天武十四年説は後世に付加されたものとされるのであるが、『異本太神宮諸雑事記』(56)を典拠として展開されるその所論は、まことに明快である。私は田中説の典拠とされる『異本太神宮諸雑事記』をみる機会にめぐまれなかったので、第二節で述べたように、天武十四年説の所拠の文献としては『太神宮参詣記』だけをあげておいた。しかしおそらくこれは、田中説のように『異本太神宮諸雑事記』の方が『太神宮参詣記』よりも古い成立と思われるから、それをもって天武十四年説の代表とすべきであろう。しかも、異本の文章は群書類従本よりも後と推定される論証も、正しいと思われる。したがって、この説は朱雀三年説より信憑性がないとする田中説の主張は、承認してよいであろう。

次の白鳳十三年庚寅説であるが、これは既に第一節で触れたように『二所太神宮例文』に、

白鳳十三年 庚寅 九月、太神宮遷宮、持統天皇四年也、自二此御宇一、造替神宮被レ定二置廿年一、但大伴皇子謀反時、依二天武天皇之御宿願一也。

とあるものである。ところが、これを白鳳十三年庚寅説として採り上げたことについて、田中氏は、それは下出の失考であるとされた。しかしこの批判は全く見当違いであって、これをもって式年造替の始期が天武朝にあることを示すものとしているのは、私ではなくて、実は通説を支持している人達なのである。(57)私は、この条の分註によれば、これは天武朝でなく持統朝起源を語るものであるといっているのである。だから、通説の支持者がいうように、式年制の起源は天武天皇の代にかかるという点では諸書すべてが一致しているということにはならない、といっているにすぎない。したがって、通説は内容的にいって天武朝起源と持統朝起源の二つに分かれるとしなければならないだろう、というのが私の論旨なのである。だから、前記のように私の失考とされる論は理解に苦しむ。

ところで、田中説は先に掲げた「神宮雑事記」にいう朱雀三年説のみが正しい古伝だとする理由だが、その基づくところは、要するに朱雀三年は持統天皇の二年戊子（六八八）に当るというところに帰する。

そもそも「朱雀」という年号は『日本書紀』にいうところの「朱鳥」に他ならないというのは、既に周知のように坂本太郎先生の明らかにせられたところである（「白鳳朱雀年号考」『史学雑誌』三九編五号）。だから、天武天皇丙戌年（六八六）が朱雀元年であるからその三年は持統天皇の二年戊子に当るとする田中説は、その限りにおいては正しい。だが注意しなければならないのは、朱雀三年が持統二年に当るということと、持統二年を朱雀三年と表記するということとは、似ているようではあるけれど問題は全く別だということである。いいかえるならば、前者が正しいからといって、わざわざ後者の表記法によって記している史料が、常に無条件に七世紀末の該当する年代の史実を示すものとはいえないということである。改めていうまでもなく、書紀には朱鳥の年号はあるが朱雀の使用例はない。しかも朱鳥は丙戌年の一年だけであって、書紀においては継続していないのである。書紀以外のものに、この朱鳥年号が丙戌以後も継続したように記しているものもないではないが、それらはいずれも書紀完成後の八世紀以後に成立した文献である。そして先学に従えば、朱雀年号のあらわれるのは『熱田太神宮縁起』が最古であって[58]、その時期は九世紀後半の貞観・寛平年間と推定されている（坂本太郎前掲論文）。したがって、年次を朱雀と表記するようになるのは九世紀後半以後、少なくとも平安初期に溯るものではないということがまず推定されるであろう。

そもそも「神宮雑事記」の第一次の成立が普通いわれているように、その奥書に従って九世紀後半の清和朝の徳雄神主のころで、彼が古記録によって編述したのが事実であり、それが最終的な成立をみた寛治七年（一〇九三）ごろまで大した変化をみせなかったものとするならば、原本の宣旨状に従って持統二年戊子とあるか、あるいは、奈良時代か平安初期ごろの史料によったのであるならば、当然、朱鳥三年と記されるはずであろう。それをしもことさらに朱雀三年と明記しているのは、九世紀後半においては朱雀年号は前述のように僅か『熱田太神宮縁起』にしか認められず、朱鳥＝朱雀というのはまだ一般的風潮とはいえないのであるから、徳雄神主がもしあえてそれをしたものであったとするならば、神宮の中心的人物としてはいうまでもなく、古伝尊重に最高基準をおくのを伝統とする神主職としては、まことに不可解なことをしたものであったといわなければならないであろう。したがって、そうした無理なことを考えるよりは、むしろ『扶桑略記』などのように朱雀年号使用法が一般化されてきた十一世紀ごろになって作為されたもの、と考えるのが自然だと思えるのである。(59) 要するに、朱雀三年という年次のみを採り上げて、それが持統二年に当ることをいかに立証しようが、そうした年号表記法の出現が上述のように九世紀後半を溯り得ないのであるから、それをもって、その条下に記されている記事内容のすべてがそのまま無条件で、直ちに七世紀の史実を示すものとはならないのである。そのためには、朱雀の使用例がさらに古くから慣用されていたことが明らかにされねばならず、ことには、記事の内容そのものの信憑性が「神宮雑事記」以外のもの――既知の信じ得べき史料によって立証されることが必要なのである。しかしながら田中説は、年次表記の決定こそまことに明快であるが、その結論を直ちに記事の内容そのものに安直に適用しているにすぎない。すなわち田中説は「朱雀三年という年次のみを明確に押え……それ以上のことは、朱雀＝朱鳥の学説に従って、朱雀三年を持統天皇二年(戊子)と決定すれば、それでよい筈だ」としているが、問題は決してそうした簡単なものではない。こうした年次の表記にかかわる問題は、実は史実究明の出発点にしかすぎないのであって、問題はここから展開されねばならないと思うのである。

この意味において、少なくとも「神宮雑事記」の記す天武天皇に関する条項全体――もちろん朱雀三年条を含めて――の吟味が必要であろう。さて、天武朝にかける「神宮雑事記」の記事は、

① 「白鳳二年壬申云々」
② 「即位二年癸酉云々」
③ 「或本云」

④「又或本云」
⑤「白鳳四年甲戌云々」
⑥「朱雀三年云々」
⑦「宣旨状偁云々」
⑧「柳朱雀三年以往之例云々」

と、およそ八事項について記す部分から成っている。

①の白鳳二年壬申の項は、壬申の乱に際し天皇は伊勢神宮に祈願を捧げ皇子をもって神宮の御杖代とすると誓った、その感応で勝利を得たというのである。このことは、書紀にも朝明郡の迹太川の辺りで天照大神を遙拝したとあり（天武元年六月丙戌条）、大来皇女を斎王に卜定している記述（同二年四月己巳条）とだいたい照応している。これに対する神宮の感応で勝利を得たなどについては書紀にみえないが、「神宮雑事記」の性格から考えてそう深く穿鑿する必要はないであろう。ただ、壬申の年を白鳳二年に当てているのが問題であって、これに従うと天智十年辛未の年が白鳳元年に当るということになる。そもそも天武白鳳年号を記す諸文献はほとんどが壬申元年かまたは癸酉元年であって、(60)「神宮雑事記」のみが辛未元年である。こういう点から考えると、①項は古記録に基づいて書かれたというよりも、おそらく後世になって書紀などに内容を合せて造作されたのではないか、と疑われるのである。

②の即位二年癸酉の項は、天皇が自ら神宮に奉拝し祈願したというのである。これについては書紀には全く記載がない。書紀にないから直ちにそうした事実はなかったと断定はできないが、しかし上記のように、書紀は天皇がはるか離れた所から遙拝されたことを記している。こうした遙拝すら掲げているのであるから、それよりも断然重要な意味をもった天皇親拝が事実あったのであれば、書紀がそれを脱漏するということはおそらくないであろう。それをし

も「神宮雑事記」では、九月十七日と日付まで明瞭に記しているのである。これだけのことを考えただけで、この項についてもやはり疑問を抱かざるを得ないのである。

③の或本云と④の又或本云の両項は、③は天皇が神宮に参着したとし④は飯高郡から遙拝して帰ったというのである。その年次ははっきり記していないが、おそらく②にいう即位二年のことと思われる。③については、②と同じことが考えられるから再論しない。④は、これに該当する事項を書紀から見出すことはできない。しかしまた、積極的にこれを否定する根拠もない。だが「神宮雑事記」は、これについて④の末尾に「件記文両端也、記日本紀也、」としているところをみると、編者自身もいずれをとるべきか迷っているようである。また「日本紀」に拠ったと明記しているけれども、書紀にはその事実を記さないのであるから、この両項についても、やはり無条件に信ずることはできないとしてよいであろう。

⑤の白鳳四年甲戌の項は、多基子内親王が神宮に参入したというのである。おそらく多基子内親王とは、天武天皇の皇女である多紀皇女を指すのであろう。とすれば、多紀皇女が伊勢神宮に赴いたのは、書紀によれば朱鳥元年丙戌（六八六）であってその間に一二年の錯誤がある（同年四月丙戌・五月戊申条）。天武朝においては、その他に十市・阿閇の両皇女も神宮に参入しているが、それは天武四年乙亥（六七五）で「神宮雑事記」とは一年くい違う。甲戌と乙亥の相異を無視して四年の二字を合せても、皇女名が多紀と十市・阿閇では一致しない。さらにこの項においても「秋九月十三日」と参入の月日を明記しているが、書紀の「二月丁亥（三日）」「四月丙申（十七日）」のいずれとも一致しないのである。これらのことから考えて、この⑤項も信憑性が薄いものとして大過ないであろう。

⑥の朱雀三年の項は、既に本節冒頭に引用したところで明らかなように、左大臣の宣奉勅によって神宮に神宝使が発遣されたというのである。後文で改めて詳細に論ずるが、前節でも若干触れたように、神宝と遷宮との関係からの

みの視点でこの年に神宝使が発遣されたというのは矛盾に満ちている。

⑧の柳朱雀三年以往之例の項は、これも前節に引用したところを一読してわかるように、徳雄神主か、あるいはそれ以後の神主の文である。したがって、この項は平安中期以後のものであることは明瞭なのだから、ここでは考察の外に置く。

以上のようにみてくると、「神宮雑事記」に記載する天武天皇の関係条項にわたって疑問がもたれてくるのであって、七世紀後半の史実を伝えるものとしてはその信憑性はきわめて薄いものであるとしてよかろう。してみれば、残る⑦の宣旨状の項にどのような評価を下すべきかは、改めていわなくても明らかであろう。しかも田中説によれば、「依二左大臣宣奉勅一」以下の神宝のことを述べている文を全部省いて、「朱雀三年九月廿日」から直ちに「宣旨状偁」の文につながるという。そしてその宣旨の内容は正しい史実だとするのである。上来述べてきた吟味にもし大過ないとすれば、田中説のような結論は決して生まれてこないはずである。[61]

次には、田中説がこの朱雀三年の宣旨状の内容を無条件に承認して、式年立制はこの年であるとすることそれ自身について、別の視点から吟味したい。まず考えねばならないのは、かりに田中説に従った場合、次のような不可解なことが生じてくることに注目される。

「神宮雑事記」のこの項は、宣旨状の内容を記す文の前に「依二左大臣宣奉勅一、伊勢二所太神宮御宝物於差二勅使一被レ奉レ送畢、色目不レ記」と明記している。これは、朱雀三年に二つのことがあった。すなわち、宣旨状が出されたということと、神宮への神宝奉納のために勅使の差遣があったということの二つを示している。ところで、遷宮のための神宝奉納は、遷宮の前でなく同時に行われるのが原則であった。[62]とすると、朱雀三年の神宝奉納は、同時に遷宮の行われたことをも意味する。しかしこの宣旨状を記載する「神宮雑事記」は、第一回の式年遷宮は持統四年であるといっていて、その間に二年の差違があって一致しない。したがって、もし朱雀三年の神宝奉納と持統四年の第一回遷宮との両者とも正しいとすれば、この時は新殿造立をみないうちに神宝だけが先に朱雀三年すなわち持統二年に納められて、持統四年の新殿への遷宮の時には改めてその奉納がなかったということになる。これは後の例——註(62)であげたのはいずれも平安初期の例であるが神事という性格から考えても、また同じ律令体制下であったという点からもこれ位の期間で大きな変化はなかったと推定しても大過なかろう——とも異るし、少なくともまだ神宝を納める場所である新殿ができていないのであるから、常識的には理解し難いことである。あるいはこれについては、第一回の遷宮の時に限ってこのような特例があったとする推論もできるかもしれないが、それならば、なぜにそうしなければならなかったのかという積極的な理由が推定されない以上、これも単なる空論にすぎなくなる。こうした矛盾が存在する以上、これら朱雀三年と持統四年の二つの所伝は、どちらかの一方が誤っているか、あるいは両方とも正しくないかのいずれかということになるであろう。この両者とも正しくない場合は、直ちにこれらの所伝を否定し去ればよいから簡単である。問題は、どちらか一方が誤っている場合である。かりに朱雀三年条が間違っておれば、少なくとも持統四年の遷宮は式年のそれではなくて従来からの慣行である破損に随って造営、ないし修理によるものとなって、いま問題としている式年制とは全く性格の異るものとなる。また、持統四年の所伝が誤りとすれば、朱雀三年に式年立制があったというのが全く意味をなさなくなるであろう。そして持統四年を第一回として、以下第二・第三・第四・第五と数える奈良時代の式年遷宮についての神宮所伝の信憑性は、著しく動揺せざるを得ないことになる。いずれにしても、両者とも誤っている場合と、結果においてはほとんどかわりのないものとなるのである。このように、朱雀三年の条を認めようとする限り、神宝奉納と遷宮との間にきわめて矛盾した関係を招来することとなるのであって、この所伝の信憑性に疑問をもたれてもやむを得ないとしなければなるまい。

もっとも、この二つの所伝の矛盾については田中氏も気づいておられ、おおよそ以下のような解釈をされた。すなわち「依二左大臣宣奉勅一、伊勢二所太神宮御宝物等於差二勅使一被レ奉レ送畢、色目不レ記、」という文章は、元来は持統四年の遷宮の条に記さるべきものであったのが、誤って朱雀三年条に入ったのである。したがってこれは、持統四年の記事と朱雀三年の式年制定の宣旨の記事が錯乱したものであって、「朱雀三年九月廿日」とあるうちの「九月廿日」の四文字も、宣旨の月日ではなくて、おそらく遷宮の行われた月日が錯乱してここに記されたのであろうとするのである。一応、矛盾の見事な解決法といってよい。しかしながらその論旨の進め方をみると、朱雀三年条の解釈によって式年立制とそれによって行われた第一回の遷宮を立証するというのではなく、朱雀三年の式年立制と持統四年の遷宮はともに事実であるということを無条件に前提として、いいかえれば、頭から神宮古伝は疑うべきものではないとして、そのうえで、これに適合するように自由に文章を大幅に入れ換えて矛盾の解決に当っているのである。田中説に従って「神宮雑事記」の文章を入れ換えて書き直すと、

朱雀三年「…………」宣旨状偁、二所太神宮之御遷宮事、廿年一度応レ奉レ令レ遷、立為二長例一也云々。

（「…………」内の三四文字は錯乱したものとして持統四年条に移動した部分）

即位（持統）四年庚寅『九月廿日』太神宮御遷宮、『依二左大臣宣奉勅一、伊勢二所太神宮御宝物於差二勅使一被レ奉レ送畢、色目不レ記、』

（『　』は錯乱したものとして朱雀三年条より移入された部分）

となる。いかに大幅にかつ自由に相互の文章を入れ換えていることであろうか。机上で、全く別の史料を作り上げた、といっても過言でないほどの変え方である。それも畢竟するところ、田中氏自身も認めている神宝奉納と遷宮が同時でないという矛盾した記事の辻褄を、無理に合わせんがためだとしてよいであろう。氏は、私が『日本後紀』の弘仁三年六月辛卯条の、

神祇官言、住吉香取鹿嶋三神社、隔二廿箇年一、一皆改作、積習為レ常、其弊不レ少、今須下除二正殿一外、随レ破修理上、永為二恒例一。（傍点筆者）

にあらわれる「積習為レ常」の解釈として、かつて発表した私見において、[63]時間的に久しいという字義通りの意味だけでなく、おそらく政治上と財政上の必要から、神宮以外の他の三社に対しては実質の伴わない名目上の待遇に終らせるための神祇行政当事者の苦悩が、ことさらにこのような誇張の語を使わしめたのではあるまいかと推定した。このことに対して田中氏は「もしこのように、自説を任意に前提として、それに都合の悪い史料を容易に別の意味にすりかえてしまうというような方法が許されるならば、なるほど一切の論証は天馬空をゆくがごとくであろう」と批判されたことがある。[64]「積習」といういわば修飾語的に使われている字句の解釈についてさえも、これほど痛烈に批判された田中氏が、一つのまとまった史料の文章をばらばらに分解し――それも形容詞的な修飾語ではなく事件そのものの本質を語るものや年月日という客観的なものまでを含めて――ほとんどそれらの総入れ換えに近い操作を自由に行って、原史料からは夢想もできない新史料の文と新史実を作り上げられるというのは、私には全く理解に苦しむところである。[65]先にもいったように、これほどまでに「神宮雑事記」の記事の大幅な入れ換えをされた理由は、神宝奉納と遷宮の年次を一致させんがためと、いま一つ、左大臣の在任者が朱雀三年中にはいなくて、持統四年七月に至って丹比真人嶋が右大臣に任命されたことに合せんがためであったのである（田中氏は「神宮雑事記」の五種の写本のいずれもが「左大臣」とあるのは、「右大臣」の誤写とされる。したがってこの場合においても、決してそれは「神宮雑事記」の信憑性を高めるものではないとしてよいであろう）。[66]

以上、田中説が新たに提唱した持統朝起源説のすべての論拠について吟味をしてきたのであるが、その結果、そのいずれも持統朝起源を事実とする決定的根拠とはなり得ないといってよかろうと思う。

ところで、いま一つ付言しておきたいことがある。田中説は、前述のように朱雀三年の宣旨状についての考察は詳細であるが、神宮所伝の第一回の遷宮そのものについては、「神宮雑事記」に、

即位《(持統)》四年庚寅、太神宮御遷宮、同六年、壬辰、豊受太神宮御遷宮、

とあるのを無条件に承認してそれにしたがっているにすぎない。しかし、この持統四年の遷宮所伝そのものについても、直ちにそのままには認め難い点もあるので、それについて若干言及しておく必要がある。

まず、斎宮に関する問題である。

そもそも田中説は、斎宮と遷宮との間には重要な関係があって、その官衙の整備拡張によって遷宮実施の史実が証明されるということを論拠の重点にしている。しかしこの説に従って持統朝に施行されたという第一回の式年遷宮をみると、まことに矛盾した事実にぶつかるのである。書紀によれば、天武天皇の二年（六七三）四月に卜定されて三年十月に神宮に発遣された大来皇女は、天皇没後の持統称制の朱鳥元年（六八六）十一月壬子になって、

奉㆓伊勢神祠㆒皇女大来、還至㆓京師㆒。

と、召喚されている。天皇の代がわりに斎宮の召喚される例は珍らしいことでないから、このこと自体は別に不思議ではないのであるが、以後、持統朝に新たに斎宮発遣のあったことは書紀に見えていない。そして、次の文武天皇の代になって、文武二年（六九八）九月丁卯に、

遣㆘当耆皇女㆒侍㆗于伊勢斎宮㆖。（『続日本紀』巻一）

と再びその姿をあらわすのである。つまり、朱鳥元年から文武二年までの一二年間、斎宮は空席のままであったことになる。してみれば、持統朝起源説にいう式年立制の年である朱雀三年はもちろんのこと、それによって第一回の式年遷宮が行われたと伝える持統四年も、ともにこの斎宮空席の期間中であったということになるわけである。これは、

遷宮神事実施の最も中心者たるべき斎宮（斎王）の空席のままに最初の式年遷宮が実施されたということになって、田中説の斎宮論に立つと考えるまでもなく、まことにおかしい事実といわなければならないことになる。斎宮が天皇の文字通りの代理であり、神宮が皇室最高の皇祖神を祀る神社であって、遷宮がその神実の移動であってみれば、この最高の重要神事に斎宮が関与しないというのはどうにも理解に苦しむところである。持統朝にも斎宮が発遣されたとか、この第一回の式年遷宮時に持統天皇が親から伊勢に赴かれたという伝えも神宮側には存在していない。このようにみてくると、斎宮の空席期間中に遷宮――それは式年立制後の最初の遷宮であるから最も重大な意味があるはずである――が施行されたとする「神宮雑事記」の所伝は、まことに意味の曖昧なものになってくるといわざるを得ない(67)。

これに対して、書紀や続紀には、斎宮発遣の記事の脱漏があったのではないかという考え方ができるかもしれない。まず続紀であるが――かりに脱漏があったとしても続紀には持統朝を含まないのであるから問題にはならないのだが、当者皇女発遣の文武二年九月は文武天皇の即位一年後である。前後の例から推して、天皇の代がわりに新斎宮の任命をみているのであるから、おそらくこの時の当者皇女は文武朝に卜定された最初の斎王であって、それ以前に新斎王が発遣されていたとするのは時間的にみて無理である。したがって、文武元年から二年に至るまでの続紀の記事には脱漏はなかった、としてよいであろう。

次は問題の書紀であるが、朱雀元年の大来皇女の召換から持統四年までは四年間である。この間に脱漏があったということは、一応は考えられる。しかしながら、書紀の記事において斎宮は、崇神・垂仁紀はしばらく措き、景行紀以後はかなり頻繁にみることができる。そして酢香手姫皇女が用明・崇峻・推古の三朝にわたってその地位にあったことがわかるが、以後、天武天皇の二年まで斎宮の任命はない。この天武朝における斎宮任命が、推古朝で中絶したものの復活であるというのは一般に認められていることであり、また天武天皇の敬神思想の発露であるとくに強調されているところでもある。復活とするか新しい意味をもつものとするかは一応別問題としても、大化改新以後においては、天武天皇の代になって初めて斎宮が任命されたというのは事実であろう。そして天武紀には、

　欲レ遣二侍大来皇女于天照大神宮一、而令レ居二泊瀬斎宮一。是先潔レ身、稍近レ神之所也。（二年四月己巳条）

　大来皇女自二泊瀬斎宮一向二伊勢神宮一。（三年十月乙酉条）

と、単に任命だけでなく発遣から神宮に至る手順までも、適格に伝えているのである。さらにこれだけにとどまらず、斎王でもない十市・阿閉の両皇女や（四年二月丁亥条）、多紀皇女・山背姫王・石川夫人などの伊勢参宮や都への帰着のこと（朱鳥元年四月丙辰、五月戊申条）までも記しているのである。こうした書きかたから考えてみると、斎宮のことに関してはまず脱漏はないものとしてよいであろう。朱鳥元年十一月に都へ召喚された大来皇女は、天武天皇の代を通じ一三年間にわたって斎宮に在任していたものと考えて誤りはないであろう。

このように、斎宮については書紀の編者自身非常に重要視している。ことに大化以後においては、天武天皇が初めて任命したものであるから、持統朝になって急にそれを伝統的なものだからとりたてて意識にのぼらせるようなことがなくなり、記録しないようになったものだとはちょっと考えられないのである。時間的には書紀よりさらに経過している続紀においても、斎宮のことは引き続いて記録されていることが、なおさら上述のように思わせる。

以上のようにみてくると、持統朝に限って斎宮のことが脱漏されたのだとするのはまことに不自然であって、やはり書紀や続紀の記載どおり、朱鳥元年十一月から文武二年に至るまでの一二年間は、なんらかの理由で斎宮の任命がなかったものとするのが妥当であろう。このように、書紀の記事に脱漏のないのが明白とすれば、斎王の空席中に遷宮が行われたとする「神宮雑事記」の所伝は、田中説の趣旨に従う限りますます不都合なことになってくるのである。

私は、斎宮と遷宮との間には密接不離な関係が存するとする田中説の見解は正しいと思う。したがって、その所論を認める限り、斎王の空席中である持統朝に第一回の式年遷宮が行われるということは、まずありえないと考えてよいと思うのである。(68)

## 第七節　天平神護二年の式年遷宮伝承の吟味

以上、数節にわたって浅薄な論考を重ねてきたのであるが、それでも田中卓氏が提唱された持統朝式年立制説ならびに持統四年の第一回より天平十九年の第四回に至るまでの式年遷宮実施説に与し得ない所以は、明らかにすることができたと思う。残るところは、神宮所伝で第五回といわれている天平神護二年（七六六）の遷宮の問題と、天武朝を式年制の起源とする通説に対して桓武朝をその起源とする私見に対する田中氏の批判の検討、この二つだけとなった。

さて、私が桓武朝を式年制の起源とすることに対する田中説の批判はいろいろの点から論及されているのであるが、そのうちで、私見の最も根本的な誤謬と指摘された『日本後紀』弘仁三年六月辛卯条の解釈をめぐる氏の見解が、そのまま田中説の天平神護二年式年遷宮説の最大の論拠にもなっている。したがって、この天平神護二年の式年遷宮伝承を吟味することが、同時に田中氏が私見を批判されたことに対する私の回答にもなろうかと思う。

天平神護二年に第五回の式年遷宮が行われたとする田中説の論拠は二つあって、その一つは、この年に式年遷宮が行われたとする神宮側の古伝を疑うべき根拠はなんら見出し得ない、というのである。しかし、なぜ神宮側の伝承を疑うべき根拠がないとするのかという理由については、いささかも触れるところがない。したがって、客観的にみれば、神宮側の伝承に全く無条件で従ったにすぎないといって差支えないであろう。こうした思惟態度については、既に度々触れてきたことなのでここでは改めて繰り返さないが、私は残念ながらこうした論法に賛成できないので、ここで改めて論ずる必要はなかろう。(69)

いま一つの論拠は、先にあげた『日本後紀』の弘仁三年（八一二）六月辛卯条の記事についての解釈である。問題の箇所は、

神祇官言、住吉・香取・鹿嶋三神社、隔二廿箇年一、一皆改作。積習為レ常、其弊不レ少。今須下除二正殿一外、随レ破修理上、永為二恒例一。許レ之。（傍点筆者）

であって、これは住吉・香取・鹿島の三神社が、九世紀初頭、二〇年を周期として社殿を造替する式年遷宮を行ったことを明示するものである。しかもこの神祇官の奏言中に「積習為レ常」とあるところから、二〇年一度改作の制はこのときに始まったのでなく、かなり古くから行われていたとの解釈が普通とられていた。しかし私は、第三節で詳述しておいたように、積習なる語を文字通りの意とする必要はない。したがってこの記事は、神宮の式年制が延暦初年に定められたとする私見とは抵触しないと考えている。かって『古代学』誌上でこの考えを発表したときに、(70)猛烈な反対をされたのが田中氏であった。

田中氏の反対論の要旨は、この弘仁三年を式年として、その前回は延暦十二年（七九三）に当る。しかし「積習」とあるのだから、少なくとももう一回前の宝亀五年（七七四）にもなければ神祇官の言上は意味をなさない。しかも住吉神社には、その式年遷宮が宝亀前後に施行された事実がある。してみれば、これら三社よりは社格の高い神宮の式年遷宮が、宝亀以後の延暦初年に始まったとする下出の見解は史家の常識からは考えられないことである。そうすれば、延暦四年の二〇年前たる天平神護二年は宝亀初年から僅か一〇年前ほどにすぎないから、この年に神宮の式年

遷宮があったというのは当然であろう、というのである。『日本後紀』の記事を文字の表面だけで形式的に解する限り、おそらく田中説のような見解が導き出されてくるのも自然であろう。しかし私は、この条については、単純に「積習」を字義通りに解するのは誤りだと考える。その理由の一端は既に第三節で触れておいたので、ここでは重復をさけて、さらに別の面から総括的に検討を加えたいと思う。

そもそも『日本後紀』の文は、住吉・香取・鹿島三社の式年遷宮の起源を示すものでなく、弘仁三年またはそれ以後に改作を実施することを語るものである。だから、起源は当年この年以前に求められるということは、私も第三節で既に触れておいた。したがって私見と田中説の分かれるのは、それ以後の解釈をめぐっての問題である。思うに田中説の主張の論点は、積習の意味と宝亀前後に住吉神社の式年遷宮があった、ということに基づいている。そのうちのまず後者であるが、田中説は宝亀前後に住吉神社に式年遷宮があったというが、果してそれを事実として認められるかどうかというのが問題である。田中説がその根拠とされる文献は、『興福寺略年代記』『東寺五代記』『一代要記』『興福寺年記』『伊呂波字類抄』など多岐にわたっているが、これらの文献はほとんど鎌倉時代以後の成立のものばかりであって、最古の『伊呂波字類抄』ですら平安末期を溯ることはできない(71)。そして田中氏自身も認めているように、各書ともその記すところは各説各様で一致していない。したがって、これらの文献はいずれも厳密な史料批判のうえでよるべきか否かを調べるべき性質のものであるが、それらの考察を一切省略し、無条件でこれら数世紀後に成立した編纂物中に記載されているからということだけで、直ちにそれをそのまま事実とすることができないのは、改めていうまでもないことであろう(72)。

このようにみてくると、田中説のなかで私見と対立するものとして検討しなければならない論拠は、積習という表記についての解釈ただ一つだけとしてよいであろう。田中説は、『日本後紀』に積習とあるからには、かならず二回以上行われていなければならないということを、最大の前提条件としている。しかし、果して「積習」というのは絶対に二回以上ということを必要不可欠の条件にしなければ使ってはいけないほどの語なのであろうか。つまり、上奏文や解文などの文中で、陳情的な内容に類する部分に出てくるこの「積習」のような修飾語的なものに対して、法律用語や年月日などの年次用語に対すると同程度の厳密性をもって解することを、必須の不可欠条件としなければならないのであろうか。かつて白鳳朱雀年号の問題について、『日本後紀』弘仁元年九月丙辰条に載せる、

飛鳥以前、未レ有二年号之目一、難波御宇、始顕二大化之称一。爾来因循歴レ世、至レ今是用、皇王開レ国承レ家、莫レ不二登レ極称レ元、随レ時施レ号也。（傍点筆者）

なる嵯峨天皇の詔が、論義の中心になったことがある。天武朝における公的な白鳳年号使用説の有力な根拠であったのは、実にこの詔の「因循歴世」の四文字であった。これに対して坂本太郎氏は「詔の文章は、文勢上の要求から只大体をのべて、特に詳細な説明を省いたに外ならなく、これに向って刻明な解釈を施すのは大人気ないというべきではなかろうか」と断ぜられ、もって今日の「白鳳は私年号なり」との定説を導かれたのである。[73] 私は、この坂本説の論旨を、そのままここにあてはめても一向に差支えのないものと思う。すなわち、既に第三節で述べておいたように、私は「積習為レ常」の四文字は客観的な事実をそのままあらわした意味のものではなく、白髪三千丈式に誇大な修飾語を使うことによってより一層内容の強調を図ろうとしたもの、と考えたにすぎない。[74]

田中氏はこれに対して、見解の相異と再び反論されるかもしれない。しかし、私の考え方が田中氏の納得を得られなかったにしても、氏のあげている論拠・論旨においても、私見を不可とする立証力はいささかも存してはいないのである。

以上、田中氏が反論の形で新たに提唱された持統朝起源説について、私見の再検討の意味も含めて吟味を加えてき

た。その結果、信じ得べき記録をもととしては、延暦四年を式年制に基づく最初の式年遷宮の行われた年とする私見に、最も妥当性があると認める。したがって、平城京をいろいろの意味で旧都とし、新天地に帝都を遷す大事業を貫徹された桓武天皇の治政初期である延暦初年に、皇祖を祀る伊勢神宮の遷宮の式年制の立制があったとする私見を、訂正する必要はないとの結論に到達せざるを得ないのである。

ところで、桓武朝立制が事実とした場合、なぜ『延暦儀式帳』や『続日本紀』がそのことを記載しなかったのかということが、当然のことに問題にされてこよう。そのうち、『延暦儀式帳』に記事のないことの理由については、先に述べておいたことで足りると思う。ことに「儀式帳」については、その起源についての記事のないことが逆に私見を傍証するであろうということについても、第三節で詳述しておいたとおりである。したがって、再び繰り返す要はなく、ここでは主として続紀の記事脱漏について考察を加え、私見の補足をしておきたい。

先に田中説は、続紀の記事脱漏について「恐らく延暦当時において、一般にそれほど意識的に、重大な意味を以て考えられていたのではあるまい」と考えられたが、これについては私も原則的に賛成である。しかし、「一般にそれほど意識されなかった」理由として田中説は「それは、むしろ関心を引かないまでに制度自体が既に一つの伝統と化していたためではあるまいか」というのであるが、これは大いに問題のあるところであろう。

私は、ここに至るまで通説にいう持統四年をはじめとして以後数回に及ぶ式年遷宮を否定する論を述べてきたが、それは二〇年に一度行うという式年遷宮を否定するのであって、決して遷宮それ自体を否定しているのではない。伊勢神宮が最も素朴な掘立柱の神明造の木造建築である以上、ある年数が経てば社殿が新造され、式年制の有無にかかわらず遷宮そのものは実施されていたこと、それは当然である。また伊勢神宮が、今日いうごとき意味における神格と地位を完全に得るようになったのはかなり後代のことと思われるにしても、[75]神宮そのものは、明瞭に大化前代から存在していた。だから、律令時代に入ってから延暦年間に至るまでの間にいく度か遷宮が実施されたのは事実であり、おそらくそれは、数回に及んだことであろうと推定される。そしてそれらの遷宮は、おそらく神殿が存立に耐えぬまでに腐朽しなければ行われないというのではなく、むしろある程度の破損、あるいはある程度の古さになってから実施されたのではあるまいか。神社はその建築の仕方からみて、ことに掘立柱による神宮のような様式では、寺院などと比較すれば急速に腐朽度の進むものであることは容易に推定される。また七世紀から八世紀にかけてのころの古代国家は、その破損などの度合に応じて迅速に修理したり、容易に神殿を造替し得るに足る充分な力を所有していたわけであるから、むしろ、想像以上頻繁に新造されて遷宮が行われたかもしれない。それらの場合、経過年数の相違や材料の不同、また気象条件の変化などによって損朽度などはかならずしも同等ではなかったであろうが、おおよそどれくらいの年数で新殿が造営されるようになったかということには、それほどの大差はなかったのではあるまいか。もちろん、この大差がないということは臆測にすぎないが、かならずしも私のでたらめな臆測とばかりはいえないであろう。そのことは、二〇年を式年にしたということ自体からくみとれると思うのである。

そもそも、式年が二〇年に決ったというこの年数について、何か特別の意味があるということは、管見の範囲内では古代の記録から見出すことができない。後世の神道学者や神主などのなかでそれについて説をなすものがあるかもしれないが、それはこの場合、問題視する必要はあるまい。おそらくこういうところから考えると、この二〇年という年数は、建造物の耐用度——もちろん神宮としての祭祀・儀式その他の儀容を整えるに充分なという意味でのものであって、建造物そのものの物理的耐用度というのではない——について、過去の経験からおおよそ算定し出された基準であったのではなかろうか、と考えられる。しかもそれは、ある年数が経てば、姑息に修理などせずに全く新しい神殿に建てかえるのだという、ある意味での古代国家の逞さを認めるべき性格を内に含めた遷宮であったのかもしれない。いいかえるならば、全くの不定年数で過去の遷宮が行われていたのではなく、少なくとも飛鳥奈良時代では、それほど大差のない年数を距てて実施されていたのではあるまいか。そしてその大差のない年数とは、おおよそ二〇年前後のものであったのではなかろうかということである。つまり私のいいたいのは、上に述べたこととは関係なしに、まず二〇年という年数を先に定めておいて、それからのちにこの年数に合わせて遷宮をするという形で式年制が創設されるとか、または過去の行われ方を祭神に対して不敬に当るとして、これを訂正するという意味で式年制が制定されるといったものではない、ということである。

したがって、この式年立制という問題は、同じ桓武天皇の治政に発するものとはいっても、内外文武官の員外解却とか（続紀、天応元年六月戊子朔条）、関所の廃止（同書、延暦八年七月甲寅条）あるいは漢神信仰の禁止などのように[76]、全く新しく制定するとか、または過去のことを否定するといったものとはよほど性質の異るものである。だから、式年立制が延暦初年にあったにしても、それは貴族層にとってそれほど事新しい新制としては響かなかったのではあるまいか。続紀がこれを記録としてとどめていないのは、田中説がいうような既に式年が伝統化されていたがためでは[77]なくて、上記のように、伝統の制度化であったことが原因であったと考えるのが、遙かに妥当と思うのである。

## 第八節　桓武朝の神祇政策の意味——式年立制の必然性——

以上私は、通説にいう伊勢神宮式年遷宮の天武朝起源ならびに田中氏の提唱する持統朝起源の両説のいずれも妥当でない所以を論証し、桓武朝起源を妥当とする説を提出してきた。したがって、もしこの私見にして大過ないとするならば、それでは何故に神宮の遷宮が桓武朝において式年制になったのか、そして、慣習的に行われていたものが桓武朝に至って制度化されたということが、いったいいかなる意義をもつものと解されるか、これらのことについて答えることが当然の責務となろう。その意味において、最後に若干の考察を加えておきたい。

桓武天皇は律令政治を中興したと一般に評価されるだけに、二十余年間に及ぶその治政はいろいろの改革と刷新に満されている。そのうちの神祇関係のものに例を求めるならば、祈年祭に幣帛を奉る神社を定めて、いわゆる官幣・国幣の別を立てたこと（『類聚国史』祈年祭、延暦十七年九月癸丑条）。神事に関する刑罰が古代的な規定であったのを整理して、大祓料物より上・中・下の祓料物に至る四等の祓と定めたこと（『類聚三代格』科祓事、延暦二十年五月十四日官符）。伊勢神宮の神官に命を下し儀式帳を撰上せしめて神宮の沿革・制度を明かにしたことなど(78)、奈良時代に比べれば、その神事の尊重と神祇制度の整備においては著しいものがあった。対象を伊勢神宮だけに限定してみても、儀式帳を撰上せしめた他に、初めて神祇官の神封物をもって伊勢大神宮司の季禄とし（『類聚国史』神宮司、延暦十七年正月乙巳条）、長上官であった神宮司の考選は長上官に准じていたのを番上官に准ぜしめ（同書、延暦十七年四月己未条）、喪に遭った神宮司は交替させずに服忌が終れば復任し得ることを認めるとか（同書、延暦十九年十二月丙戌条）、あるいは斎宮寮に初めて定員四員の史生をおいたこと（『日本紀略』延暦二十二年正月丁巳条）などをあげることができるであろう。こうした一連の事象は、桓武治政の初年において延暦改元に際して諸臣に爵一級を賜う場合、神宮ならびに神社関係者を優先的に扱った態度にも示唆されるように（続紀、延暦元年八月己巳条）、奈良時代ことに光仁朝以前において頂点に達した政治における仏教の卓越と、官大寺僧侶の過保護的ともいえる優遇政策から脱却して、律令政治の指導精神に伝統的な神祇尊重の念を再生せしめんとした態度のあらわれ、と解することができるであろう。神宮遷宮の式年制の立制も、まさにその一つであったに違いあるまい。つまり、式年立制はそれのみを単独に採り上げて考えるのでなく、桓武朝の政治、とりわけその神祇政策を抜きにして考えてもあまり意味がないものとすべきであろう。

しかしこのようにいったからといって、私は、このことをもって直ちに、式年遷宮の立制は桓武天皇の敬神の念に発するもので、朝廷の関心が仏教から神祇に復活したがためであるとし、ここにのみその意義を認めようというのでは毛頭ない。さきほど、この遷宮の式年制の立制は、桓武朝の神祇政策を抜きにして単独に採り上げて考えてもあまり意味はないといったが、その意は、いいかえれば、神祇政策を生み出す基調までを考慮しなければならないということであって、単純に桓武天皇の神祇政策の表面の範囲内に視点をおくだけで意義づけられるものではない、ということである。すなわち、天皇の民政経済、地方官の綱紀粛正、徴兵制や関所の廃止、良賤通婚の許可など、いわゆる律令政治の復活と称されている関連業績の全体を貫いているものを帰納し、その一環としての神祇政策として考えるべき筋合のものである。したがって、律令制を再び新時代の強力な基本体制たらしむべく、そして、大きく変質せんとしつつある社会の実情にこれを適応せしめんとした政治理念、その全体のなかから把握されるべきものであろう。すなわち、極言すれば、遷宮の式年制の立制はそれ自身としてはそれほど大きな歴史的意義をもつものではなく、桓武天皇の政治刷新の一つの象徴とせられることによって重要な意味をもつものになってくる、というべきであろう。

ところで、この意味について、いま一つ付加しておきたいことがある。それは、桓武天皇の政治は、一般に古代天皇制の展開としてはまさに律令政治の中興として位置づけられているように、かなり強力なものであった。その影響は、少なくとも以後一世紀以上にも及んでいるのである。しかしひるがえって考えてみると、天皇の力強い実行力がかくも強く要請されたほど、奈良時代の後半以後においては律令体制が弛んでいたわけである。律令体制の弛みは、貴族層の、なかんずくその頂点に立つものとしての天皇の権力機構に直接関係することで、その影響は支配層の基盤に最も直截に及んでいく。したがってこれは、実際政治の上においてあらわれる現象面だけにとどまらず、必然的に基本的な理念上の問題にまで動揺を起してくるものである。桓武天皇以後の約一世紀ほどの間は平安宮廷第一の盛運とうたわれているのであるが、平安京の造営の進展は延暦十二年（七九三）から長年月を要しながらも遅々として進まず、同二十四年ついに半途にして中止せざるを得なかったことが如実に示すように（『日本後紀』同年十二月乙巳条）、変質する社会の実情は、刻々として律令体制衰退への歩みを強めつつあったのであり、また、貴族社会そのものも日を逐うにしたがって実力を伴わない形式化の度を深めつつあったのである。こういった時代の軽換期に、上層部からとられる刷新政治というものがなにを所期し、どういう現われ方をするのであるかということは、おのずから明らかであろう。

それは表面的な強力さと華やかさとは裏腹に、新興の意気に燃え建設の喜びを謳うものとはおよそ縁の薄いもので、むしろ往時の繁栄に対しての憧憬の念を深め恢復せんとの苦悩を内に満たしたものであったに違いあるまい。桓武天皇の一連の政治の刷新の内に、この苦悩が秘められているとして大過ないと思う。そして、遷宮の式年制の立制も、まさにその苦悩の一つのあらわれたものとしてよかろう。思うに、律令国家の上昇期にあっては、白鳳・天平の仏教文化の絢爛さに比してかりに破損の度に随って修理営膳を加える程度の貧弱さであったにしても、伊勢神宮の遷宮に対して式年制といった制度化をなさなくても、国家の宗祀としての神宮への崇敬、ひいては天皇神性の理論的背景は微動だにするものではなかったであろう。ところが、奈良時代の中期以後からいろいろと変化が起り、貴族層内部の権力争いは深化され、ひろい範囲に及んできた。班田農民層の階層分化もさらに進展して、社会の実質の変化は徐々に露呈されてくる。こうした事態の進展は、支配層が律令体制に固執する度に反比例して中央とりわけ地方における実際政治の運営を、次第に困難にしていった。当然のことに、朝廷や貴族・官人間の綱紀にも次々と深刻な問題を惹起してくるのである。このときに当って、本節冒頭に摘記しておいたように、神祇に関する制度の整備を強力に進めた桓武天皇の神祇政策は、神祇制度を整備することを通じ、支配層の拠って立つ理論的根拠と精神的支柱をより強化することによって記紀的理念の動揺を防ぎ、もってこの危機を乗り切ろうと所期するところに中心があったと思われる。そして、従来の慣行にまかせて充分なはずの神宮の遷宮を、式年制をとることによってさらに神宮の遷宮を壮大に制度化したというのも、この桓武天皇の神祇政策の意義の一端を示すものと考える。私には、あたかも七世紀の初め、聖徳太子が大和朝廷の危機を克服せんがために十七ヶ条の憲法を宣布されたのと同じような意味が、桓武天皇の胸中にも流れていたように思えてならない(79)。

さて、以上のように考えてくれば、式年制という遷宮の制度化というのは、単に桓武天皇の敬神の念に発するといったような性格だけでとらえられるものではなく、実に変質しつつある社会に応ぜんとして応じきれない政治体制をなんとか支えんとする、時代の苦悩の一つの象徴であるとの推定がおのずと導かれてくるであろう。

そもそも桓武朝の神祇政策は、伊勢神宮遷宮の式年立制に限らず、官幣・国幣の区別制定や斎宮寮の史生増員、神事に関する古代的刑罰の整理などいわゆる神祇制度の整備に関する大型の事象が多い。しかし大型であるにしても、個々の事象の考究の範囲内でのみその歴史的な意義が求められるべきではない。ひろく桓武朝の関連治績を通し、その一環の神祇政策として考えられるべきものである。しかも桓武朝の政治が、大きく変質せんとしつつある社会の実情に律令制を対応せしめんとした政治理念の具体化と把握される以上、神宮の遷宮の式年立制も、単独の事象それ自身としての意味だけに歴史的意義が付加されるのではなくて、これが、桓武朝の政治刷新の象徴の一つとせられる限りにおいて、初めて本質的な意義をもつものということを再言しておきたいのである。つまり、たとえ続紀に記事として記載されないほど時人には事新しく響かなかったにしても、慣習に従って毫も差支えがなかったと思われる遷宮の年数を、とにもかくにも式年として一定の年数に制定したということは、やはり桓武朝の政治理念の発露と考えざるを得ないのである。そして、この理念が上層部から発意されたものである以上、それは奈良時代後期以来の律令体制衰運の起死回生をはからんとする、一つの象徴と推定していささかも差支えがないであろう。私は、ここに桓武朝における遷宮の式年制立制の必然性とその意義を認めたいと思うのである。

これをもって本章の結論としてもよいと思うが、一応、次の二点をあげることでもって結びに代たいと思う。

まず第一。式年立制は天武朝に創るものでないのに、なぜに式年遷宮の創始を天武天皇の代にかける伝が生じたのであろうか、ということである。これも、重要な意義をもつ問題である。とくにその伝が平安中期以後の神宮側の文献において唱えられ始めたものが、そのままの形で鎌倉時代にまで踏襲されているということは、平安時代や鎌倉時代の公家や一部の武家層が、数世紀以前に溯る大化改新と律令国家の発足をどのような見地から眺めていたか、ということにも関連する。しかしこの問題は、本論の主題と離れることなので詳論はさけ、ここでは一応次の点を指摘するだけにとどめておきたいと思う。

天武天皇の創始でないにもかかわらずここに起源を求めた意味は、一言にしていうならば、大化改新は天智天皇によって成就されたが律令体制の完成は天武天皇によって事実上なしとげられたということ。いわば、律令制に基づく国家的性格の事業はその淵源をすべて天武天皇に発する、いな帰すべきものであるという観念が、おそらく平安時代までに普遍的になっていたがためではなかろうか。日本の神話を集大成ならびに再編成して記紀の原型を形成するときに当って、およそ霊威的宗教神たると氏族の祖先神たるとを問わず、すべての神々は皇祖神たる天照大神に帰一すべきものとしたのと同一の心的作用が、九世紀以後の公家やその関係者の意識においては、天武天皇の事績を通して強く働いたのではなかろうか。奈良時代から平安時代にかけて宮廷でよく催された五節舞について、その起源についてはいろいろにいわれている。本居宣長は、『古事記』に伝える雄略天皇の吉野遊幸の際の乙女の舞に結びつけて解釈しているが（『古事記伝』四一）、『続日本紀』によれば、天武天皇の制定にかかると断じている（天平十五年五月癸卯条)。してみれば、奈良時代中においても、遅くとも続紀編纂時までにはこの天武天皇制定説が一般化されていたといわねばならない。その舞の国風たることから、このように起源を限定し得るか否かについては問題はあるが、とにかくこのような田舞のような事象に至るまで、天武天皇の創始にかかるといっていることは注意すべきであろう。このようにみてくると、桓武朝以後において、式年遷宮の起源がやはり天武天皇におかれるようになったということも、あるいは自然の成行であったといってよいかもしれない。

思うに、こうした観念は、公家の立場からいって、律令制が比較的円滑に行われていたときよりも、次第にそれが困難性を増して形式的になっていくのに比例して、強まっていったのではなかろうか。鎌倉時代以後の公家達が、とくに〝延喜・天暦の治〟と称して詩歌管絃に明け暮れた平安中期の貴族の生活を憬れたように、律令体制が衰退期に進んでいることを自ら経験しつつある平安時代の公家層には、皇親政治の最隆期であり律令制の完成へ向ってその建設に躍動していた天武朝を、繁栄の象徴と仰ぐ心理が深く働いていたと思えてならないのである。

いま一つの第二は、神社の遷宮というもののもつ思想史的意味である。かつて石田一良氏は、神道思想の原理について、「神道は歴史的古さを〝汚穢〟と見、原始的古さを〝明浄〟と見る。禊祓はこの心をよく示している。神道においては社殿も祭具も、歴史的古さをもつものを喜ばない。それらは古くなると新しく(もと通りに)つくり直される。年毎の祭は神の〝むすび〟の働きを年毎に更新することを目的とする」といわれたことがある(『神道思想集』三二頁)。卓見である。少なくとも神社の遷宮というのは、古代に多く見られる帝都の宮移しとは異ったプリンシプルによるものと解さねばならないことを明示された、達見としなければならないと思う。寺院などの宗教施設に対する仏教の価値観と、神を祀る社殿などについてのそれとは異るのであって、神祇信仰にあっては、既に遷宮という事態そのものが大きい宗教的機能の発現そのものである、というのが本来であった。その意味からいうならば、その遷宮を式年制にするということは、本来自由であるべき神威の発動を固定化と、形式化するという面のあることを認めざるをえないであろう。なぜならば、もともと一つの信仰事象として神社側にあった主体性が、制度化を企図し実施する側――すなわち律令政府側に移行することを意味するのを完全に否定することができないからである。したがって、遷宮の式年制化は、当該神社に対する為政者の優越の確立にほかならない。神祇信仰そのものに則して、これを思想史的にみるならば、質的にはかならずしも皇祖神信仰の昂揚とのみにきめつけてしまうことができない面もあると思われるのである。

註

（1）　宮地直一『神祇史』の見解を代表とする。

（2）　小島鉦作「大神宮式年造替の社会経済史的考察」、岡田米夫「神宮式年遷宮の本義」。

（3）　武田政一「社殿の造替に関しては天武天皇の世に式年遷宮（正遷宮、初めは二〇年目ごと、後村上天皇〔在位一三三九～一三六九〕以後は二一年目ごと）の制度が定められ、持統天皇（在位六八七～六九六）の世に第一回の遷宮が行われて以来、それは神宮のもっとも重い儀式として、歴代はなはだしい変更をみずに現代におよんだ」（『世界歴史事典』一巻三三六頁）。

（4）　拙稿「伊勢神宮式年遷宮起源の問題」（『古代学』四巻二号）。

（5）　前川明久「桓武天皇と伊勢神宮」（『日本上古史研究』四巻二号）。氏の立論には、式年制を天武朝とする論と、その根拠とされる延暦初年の神祇界の潮流や神宮に関する神宝使差遣についての論などの間に、前後矛盾することが多い。前川説の不可なる所以については、後文において触れる。

（6）　福山敏男氏は、神宮正殿の成立について、天武朝に仏教建築に対抗して正殿やその付属建築が体裁を整えられたとする説に反対しておられるのであって、直接、式年造替の天武朝起源説を排しておられるのではない（『神宮の建築に関する史的調査』一六一頁以下）。ただ私は、その立論の行間から、福山博士も通説に対して懐疑の念を抱いておられるのではないか、と推量するのである。というのは、別のところで「内外両宮の二十年を式年とする造替の制度は、天武天皇のときに定められ、持統天皇の時にはじめて実行されたことが平安後期の太神宮諸雑事記に出ているが、記事の史料価値に不十分なところがある」(『図説日本文化史大系』二巻二三九頁)ともいわれているので、福山博士を消極的批判者とするのはかならずしも私の恣意的な判断ではないと思う。

(7)『豊受大神宮禰宜補任次第』禰宜少初位上神主兄虫条「右神主、二門御気一男也。始任二禰宜一是也。天武天皇即位元年壬申、以二神主志己夫一補二任大神宮禰宜一、以二兄虫一任二豊受大神宮禰宜一、大神主御気依二老耄一辞譲故也」(『群書類従』補任部、新校本三巻一八四頁)、『詔刀師沙汰文』天皇即位元年条(同上書神祇部、同上本一巻二八一頁)。

(8)『太神宮諸雑事記』第一天武天皇条(『群書類従』神祇部、新校本六〇頁)。記文は後に引用するのでここでは省略。『造伊勢二所太神宮宝基本紀』天武天皇条

朱雀三年乙酉九月十日、依二右大臣宣一、奉レ勅、伊勢二所太神宮御神宝物等、差二勅使一被レ奉レ送畢。宣旨状偁、二所太神宮之御遷宮事、廿年一度応レ奉レ令二遷御一、立為二長例一也。朱雀三年以往之例、二所太神宮殿舎御門御垣等、宮司相二待破損之時一、奉二修補一之例、依二件宣旨一定二遷宮之年限一、又外院殿舎御倉四面重々御垣等所レ被二造加一也」(『神道五部書』新訂増補国史大系三四頁)。

「宣旨状偁」以下の文は『太神宮諸雑事記』とほとんど同文である。

(9)『大神宮参詣記』(通海参詣記)上、

此宮ウツシハイツヨリハジマリケル事ニカ(中略)天武天皇十四年乙酉秋九月十日ハジメテ、伊勢二所太神宮ニ神宝廿一種ヲタテマツラル。其時ノ官符ニ云々(『続群書類従』神祇部、完成会本一輯下九二八頁)。

ここにいう官符の内容は、註(8)の両書のそれを書き下したものである。なお『続群書類従』神祇部には『通海参詣記』として増補しているが(同上本三輯下七六〇頁)、ほとんど同内容である。

(10)『二所太神宮例文』第二十六(『群書類従』神祇部、新校本一巻一七六頁)。

(11)阪本広太郎『新校群書類従神祇部解題』、『群書解題』(一上一四~一七頁)・二三~二七・一中一六五~一六六頁・一下一四~一七頁)。管見の限りではこれら解題についての異説はほとんどないから、ほぼ学界の承認を得たものとしてよいであろう。

(12)註(8)参照。

（13）相田二郎『日本の古文書』上二三二～二五七頁。
（14）同じ「神宮雑事記」巻一の天平十九年十二月条には「諸別宮同奉遷天、廿年一度御遷宮長例宣旨了」とある（同上書六二頁）。天武朝の朱雀三年のと同内容のものが同書中に重複して出てきており、しかもここでは聖武天皇の宣旨になっている。このことから考えると、先の朱雀三年の天武朝のものとするのは、この聖武朝のものを誤って載せたのかもしれない。あるいは、この条のを故意に溯らせたのかもしれない。いずれにしても、天武朝の宣旨とされるものが信憑性の薄いものであることを示すことにはかわりがない。
（15）『皇太神宮儀式帳』（『群書類従』神祇部、新校本六頁）。
（16）『止由気宮儀式帳』（同上書三九頁）。
（17）『新儀式』巻四臨時上、伊勢大神遷宮事「大神遷宮事、依レ式歴二廿年一行レ之。前二三年、神祇官申三任造宮使一、除レ旧新造」（『群書類従』公事部、新校本二七四頁）。
（18）かつて拙稿「律令時代の神祇思想の一性格―天武朝を中心として―」（『北陸史学』五号）で述べたように、一地方において崇拝の対象となっていた土左大神のごとき性格の神も、天皇に帰一するという意味をもつものであるので、天皇と地方豪族との関係は、人間対人間という相対的なものではなく、神と人間という絶対的関係であることを再確認しようとすることが、天武朝に熾烈に働いていたことの一つのあらわれなのである。また広瀬・龍田両神の祭祀記事にも、元来は旧豪族と農民層の宗教神であったものを、天皇の神性と祭祀権のなかに包摂しようとする意味が強くこめられているのを否定するわけにはいかない。つまり、こういったすべてのことがらの基礎に天皇の神性ということが確固として存在しているのである。
　そうしてみると、この場合、その天皇の神性の根源である天照大神を祀る伊勢神宮の大事が、しかもこと天武天皇に関することであるだけに、それが書紀に載っていないということがますます矛盾になってくるのである。通説は、こうした矛盾を全く無視しているものといわざるを得ない。
（19）註（7）参照。
（20）阪本広太郎旧蔵本には、本文に続いて「禰宜外従八位上神主首名・忍人各叙二外従五位下一」とある。
（21）『政事要略』巻二十四所引の「官曹事類」に、養老五年（七二一）九月十一日伊勢大神宮の幣を忌部宿禰呰麿に付け、渡会神宮（外宮）のそれを中臣朝臣古麿に付けたとあるのが（「年中行事九月十一日奉幣伊勢太神宮事条」新訂増補国史大系七一頁）、正確な記文における外宮の初見である。あるいはまた、『続日本紀』文武二年（六九八）十二月乙卯条にいうところの、度会郡に遷した多気大神宮が外宮であるともいわれている（福山敏男氏は外宮が現社地に鎮ったのは続紀の文武二年説〔『図説日本文化史大系』二巻二三八頁〕に賛成する）。いずれの場合をとるにしても、両宮禰宜の定置が、それらより遥か以前の天武朝に創るとすることを否定するものといわなければならない。

(22) ただこの『続日本後紀』のいう嘉祥二年（八四九）が式年遷宮の起源を示すものでないことは、「是廿年一度所レ奉例也」と「例也」とあることで明白である。

(23) 小論は、直接には平安初期を対象としているのではないが、後文で詳述するように、私見は桓武朝起源説である。したがって私見はまた、一方においては、桓武朝の神祇政策を解明することにもなろうかと思う。

(24) 併記した年次の先にあげたのが皇大神宮の遷宮年次を、後のものが豊受大神宮のを示す。

(25) 『延暦儀式帳』では「新宮ニ遷シ奉ル」と記し、『本朝世紀』には天慶八年（九四五）十二月九日条に「伊勢豊受宮去延長四年（九二六）廿年一度宮移後、今年至ニ廿年一、可レ有ニ宮移一事」（傍点筆者）とみえている。

(26) 『延喜式』『新儀式』『太神宮諸雑事記』などにおいて初めて「遷宮」語がみえるところから推して、これらの諸書の成立年代を併考すると、おおよそ平安中期に近いころとしてよいと思う。

(27) もちろん、これをもって決定的論拠とするというのではない。しかし、その立制年代の下限をおさえるものとするには充分であろう。

(28) 『本朝法家文書目録』（『続々群書類従』雑部）によれば、『弘仁式』は『延喜式』と全く同分類で、神祇に十巻を充てその第三と第四が神宮関係である。これに対して『貞観式』の神祇部は弘仁・延喜両式の半分の五巻にすぎないだけでなく、そのうちの三巻分が神名帳である。残りの二巻についての細目はないが、神名帳が他の両式と分量的にほとんど同じであるところから考えると、おそらく『貞観式』は重点を神名帳においたのであろう。だから、残りの二巻に『弘仁式』の四時祭・臨時祭・大神宮・斎宮・践祚大嘗会・祝詞などの七巻に相当するもののすべてを収めたとは考えられず、おそらくそれらの一部分かまたは大綱だけをとったものと思われる。

(29) 『止由気宮儀式帳』にも、遷宮については『皇大神宮儀式帳』と同様に行事・雑用物・装束・雑行・式次第などにわたって詳細に記しているが、立制年次に関しては明記しておらない。

(30)『太神宮諸雑事記』延暦四年九月条、

太神宮御遷宮也。而依㆓大風洪水難㆒、以㆓十八日㆒所㆑奉㆑遷也。即斎内親王参仕、件以㆓十九日㆒離宮豊明奉仕、即日帰御畢。

『二所大神宮例文』二六、

延暦四年乙丑、内宮遷宮、桓武天皇御宇、自㆓天平神護二年㆒及㆓廿年㆒。

(31)阪本広太郎前掲解題、西田長男『群書解題』(一上五〜六・一〇〜一一頁)。

(32)太政大臣藤原忠雅がこのようにいっている意味は、平安時代になってから神宮正殿の建築様式が変ったというのではなく、正殿以外の付属建築物の整備とか、神域の組織化などが格段に進展したことを指すのであろう。また、かりに正殿を含むにしても、その場合は建築様式それ自体ではなくて、おそらく建物の荘厳とか殿内舗設などを主とするものと思われる。

(33)註(4)参照。

(34)田中卓「神宮における式年遷宮の起源」(『神道史研究』四巻三号)。

(35)『続日本紀』に延暦四年の遷宮関係記事の脱漏していることについて、田中氏は、それは延暦当時においておそらく一般にそれほど意識的に重大な意味をもって考えられていなかったのではなかろうか、というふうに考えておられる。そしてさらにその意味として、「それは、むしろ関心を引かないまでに制度自体が一つの伝統と化していたためではあるまいかという考え方が、おのづから導かれてくるであろう」とされた。田中説の論のうちこの後半の記事脱漏の意味づけ(「　」の部分)については異論のあるところであるが(詳細は後文)、前半の解釈はおそらく妥当であろう。桓武朝起源の意義と『続日本紀』の記事脱漏についての私の見解は、後文で述べるので、ここでは省略する。

(36)田中氏が朱雀三年即持統二年戊子説を提唱したのは、私見に対する反論の註(34)の論文が最初ではない。既にこれ以前に「イセ神宮の創始」(『神道史研究』三巻六号)において発表されている。しかしその論文においては単に朱雀三年という説を提示されただけであって、その理由や根拠などについてはほとんど触れておられない。したがって、実質上の持統朝起源説の提唱は私見に対する註(34)の反論が、その最初であるといってよいであろう。

(37)『太神宮諸雑事記』第一「天平十九年九月、太神宮御遷宮。即下野国金上分令㆑進給倍利。同十二月、諸別宮同奉㆑遷天、廿年一度御遷宮長例宣旨了」(『群書類従』神祇部)。

『二所太神宮例文』第二十六「天平十九年丁亥九月、内宮遷宮、自二元年一及二十九年一」（同上書）なお、「神宮雑事記」にいう「諸別宮云々」についての検討は、既に第二節で詳細に触れたので、ここでは繰り返さない。

(38)「神宮雑事記」第一、
同（和銅）二年、太神宮御遷宮、同四年、豊受宮御遷宮。
「神宮例文」第二十六、
和銅二年己酉、内宮御遷宮、元明天皇御宇、自二白鳳十三年一及二廿年一。

(39) 延暦四年の遷宮から数えれば弘仁元年は二六年目であるが、臨時遷宮の行われた延暦十一年を基準にすれば一九年目となる。しかしこの場合をとっても、端数の整合はできない。

(40) 寛治四年（一〇九〇）と天永元年（一一一〇）の二回、仮殿遷宮が式年の間に行われている。

(41) ニの場合の号・桙・剣などは神宝の他のものの意味というのではなく、神宝の内容を具体的に示したものと解することもできる。もしそうであったとすれば、ニの場合もロ・ハと同じ意味のものとなる。

(42) この時に神宮に遣使された理由については、前年の天平九年に流行を極めた疫病の屏息を感謝するためのもの、とする直木孝次郎氏の精緻な考察がある（「奈良時代における伊勢神宮―下ノ上」『続日本紀研究』一巻十一号）。私も、この直木説に従いたいと思う。

(43) 遷宮に際して神宝奉納が行われるということと神宝奉納が神宮になされるということとは、厳密に区別して考えねばならない。すなわち、遷宮に際しては神宝奉納が行われるのが事実であるからといって、その逆はかならずしも成立しないのである。前川明久氏は、六国史をはじめとする中央政府関係の記録においては、平安時代になってから神宝奉納の記事が増加することに着目し、「神宝奉納も平安時代の中期に近い嘉祥二年以降奈良時代にもまして重視されて国家的祭祀としての行事となり、遷宮に結びつけてとり行う慣例が生じた」と推定された（「桓武天皇と伊勢神宮」『日本上古史研究』四巻二号）。神宝奉納と遷宮の関係が平安中期に始まると考えられるのはやや過論とは思うが、奈良時代の神宝奉納は直接遷宮を意味しないという推論は妥当であろう。すなわち、前掲論文で奈良時代の神宝奉納は、「改元や疾病流行など災異・変革事あるごとに氏上である天皇が安泰をはかるため、攘災祈福の意をもって皇室の氏神社すなわち伊勢神宮に対して、皇室自体の信仰にもとづいて行ったものであろう」といっているのは、注目すべき見解であろう。

『新日本古典文学大系』本の『続日本紀』が本条についての注釈として（二巻三四〇〜三四一頁）注七に「式年遷宮との関係は未詳」とだけにとどめているが、むしろ前川明久説の見解が明快であって賛成したい。

(44) 斎宮寮の問題については、既に直木孝次郎氏が詳細な論考を発表されている（「奈良時代における伊勢神宮―中」『続日本紀研究』二巻六号）。その論中の斎宮寮設置年代を中心とする問題について田中卓氏は反論を提出されたが（「斎宮」同上誌二巻十号）。引き続いて直木氏はその再反論を公にされている（「奈良時代における伊勢神宮―下ノ下」同上誌二巻十二号）。

(45) 直木孝次郎「奈良時代における伊勢神宮―中・下ノ下」（『続日本紀研究』二巻六号・十二号）。

(46) 笹山晴生「中衛府設置に関する類聚三代格所載勅について」（『続日本紀研究』二巻九号）。しかし笹山氏はこの格文を全面的に否定するのでなく、否定されるのは『類聚三代格』にいう日付であって、中衛府そのものの設置が神亀五年にかかることは承認しているのである。

(47) 『続日本紀』神亀五年三月丁未条、

制、選叙之日、宣命以前、諸宰相等、出二立庁前一、宣竟就レ座、自レ今以後、永為二恒例一。

同年同月甲子条「勅定二外五位々禄、蔭階等科一。又勅、補二事業・位分資人一者、依二養老三年十二月七日格一、更無二改張一。雖レ然、資人考選者、廻聴下待レ満二八考一始選中当色上。外位資人十考成選。並任二主情願一、通二取散位・勲位・々子及庶人一、簡試後請。請後犯レ罪者、披二陳所司一、推問得レ実、決杖一百、追二奪位記一、却二還本色一。其三関・筑紫・飛驒・陸奥・出羽国人、不レ得二補充一。余依レ令。

「勅、京官文武職事五位以上、給二防閤一者、人疲二道路一、身逃二差課一。公私同費、彼此共損。自今以後、不レ須二更然一。其有レ官人重レ名。特給二馬料一。給式有レ差。事並在レ格。

同年四月辛卯条「勅曰、如聞、諸国郡司等、部下有二騎射・相撲及膂力者一、輙給二王公・卿相之宅一。有レ詔捜索、無二人可レ進。自今以後、不レ得二更然一。若有レ違者、国司追二奪位記一、仍解二見任一。郡司先加二決罰一、准レ勅解却。其誂求者、以二違勅罪一々之。但先充二帳内・資人一者、不レ在二此限一。凡如レ此色人等、国郡預知、存レ意簡点、臨二勅至日一、即時貢進。宜下告二内外一咸使中知聞上。

(48) なお田中説は、ここに「置二斎宮寮一」とあるのを、『扶桑略記』が斎宮寮の拡大充実を告げる神亀五年の格を神亀四年七月二十一日条に記した事例をあてはめて考えれば、容易に解釈のつく問題であるともいっている。しかしこれは註(44)で述べたように、神亀五年勅は寮そのものの設置を意味するものであるから、この論旨は通らない。

やはりこれは、どう考えても続紀の誤記とするより仕様がないであろう。

(49) 田中説が最大論拠としてあげている「神宮雑事記」の天平十九年条の、

同十二月、諸別宮同奉〻遷〻、廿年一度御遷宮長例宣旨了。

の記事について、直木氏は書簡で直接私に次のような見解を呈示された。「この記事は、別宮にも式年遷宮をすることを決めた宣旨が下ったということを示しているが、別宮遷宮まで、こうした宣旨が実際に出されたものかどうか疑われる。もちろんそれを否定する史料はないが、太神宮諸雑事記でさえ、天平十九年以後になってはじめて二十年遷宮が確定するのであるから、神宮側の所伝においても、最初は天平十九年を式年遷宮の最初とする説があり、したがって、この年に遷宮施行の宣旨が下ったという説を作った。その次の段階において、遷宮の起源をさらに古くするために和銅三年と持統四年に遷宮した説を作る(直木氏が「神宮雑事記」の和銅二年を三年の誤記とする理由については本節の第2項参照―筆者註)。そして最後の段階において、朱雀三年遷宮宣旨発令という所伝を作り、それに合わせて、天平十九年の宣旨を別宮遷宮の宣旨に書き直したものであろう」というのである。

式年遷宮起源に関する神宮所伝の形成過程について、まことに大胆な推論であるが、「神宮雑事記」を史料として扱う場合の態度についての氏の所論には、聞くべきところが多い。私もこの条について、既に前節で私見を述べているのであるが、それとこの直木氏の見解を併考すれば「神宮雑事記」の史料としての本質にさらに迫ることができると思うのである。

(50) 従五位下笠朝臣名麻呂は、宝亀六年十月辛未に斎宮頭になって、同八年十月辛卯に大宰少弐になった(『続日本紀』)。

(51) 従五位下安倍朝臣草麻呂は、宝亀八年十月辛卯に斎宮長官になって、延暦二年十一月乙酉に治部少輔に転じた。また外従五位下引田朝臣虫麻呂は、天平十年閏七月丁巳に斎宮長官に任ぜられ、同十三年十二月己亥に摂津亮に転じた(同上書)。

(52) 群馬大学教授森田悌氏は私と田中卓氏の所論はいずれも非として、天平十九年(七四七)までは式年遷宮制は未成立で、天平十九年が式年遷宮の起源であるとの新説を提唱された。で、天平十九年とする森田氏の新説についての私見をここで述べるべき順序になる。

しかし一九九二年に『延喜式研究』七〇号に発表された森田氏の「伊勢神宮式年遷宮」の所論は、下出が一九五五年『古代学』四―二に発表した「伊勢神宮式年遷宮起源の問題」と、直ちに私見に反論された田中卓氏の「神宮における式年遷宮の起源」(『神道史研究』四巻三号)と「式年遷宮の起源」(『伊勢神宮の創始と発展』所収)における論争を対象にして両説はいずれも非と断定され、前記した天平十九年を起源とする新説の提唱になった。論争後しばらく時をおいてであるが、下出が「八世紀代の伊勢神宮―遷宮の式年制の意味を中心として―」(明治大学『人文科学研究所紀要』十六号)で天平元年と同十九年の遷宮伝承について再論しているが、森田氏の新説はこれを全く見ていないうえでの所論になっている。天平十九年式年遷宮起源説の不当なことはその再論においても、ここでの本文でも詳述しているので、森田説について再びここで考察を繰り返す必要はないであろう。

(53) これも註(49)で触れたのと同じく、直木氏から私宛の書簡によるものである。ここに明記して厚く感謝の意を表する。

(54) 二一年・三八年・二〇年と不規則な年数の連続を、果して式年といえるであろうか。後文でも述べるように、私は遷宮そのものを否定しているのではなく、奈良時代に式年制が成立していたということを否定しているのである。経験のうえから、古代人が建造物の耐用年数がほぼ一定の年数で弱ってくるのを認めるようになってくるということと、ある特定年数を――もちろんこれは過去の経験から割り出されるものであろうが――式年として制度化するということとは、問題が全然別である。

(55) 註(7)(8)参照。

(56) 田中卓氏によれば、神宮文庫には九八七号以下五種の『太神宮諸雑事記』が蔵されているという。その一つが『異本太神宮諸雑事記』なのであるが、残念ながら私は、今日に至るまでこれをみる機会を得ないでいる。

(57) 第二節参照。

(58) 斎藤励『王朝時代の陰陽道』。ただし斎藤氏は、持統十年丙申まで朱鳥年号が用いられたと推定している。だが、その論拠としている『万葉集』『日本霊異記』をはじめすべて「朱鳥」であって、「朱雀」でないことに注意しなければならない。

(59) 『扶桑略記』天武元年八月条「天皇幸二野上宮一、立二年号一為二朱雀元年一、大宰府献二三足赤雀一、仍為二年号一」。

(60) 坂本太郎前掲論文。またこの点から「二」は「元」の誤写ではないかとの考えもあるかもしれないが、そうすると⑤の項に白鳳三年でなければならないことになる甲戌年を白鳳四年としているところからみると、この考え方は成立しない。

(61) 後世の編纂物において、そこにいう年次がある時期に比定されるからといって、その年次のところに記す記事の内容をそのまま直ちに比定された時期の史実であると断定するのは、まことに危険なことといわなければならない。

（62）『続日本後紀』の嘉祥二年九月丁巳条には、

遣下二左少弁従五位上文室朝臣助雄等一奉中神宝於伊勢大神宮上、是廿年一度所レ奉例也。

『類聚国史』（巻三伊勢太神）には、

貞観十年九月七日丁酉、遣下二従五位下守右少弁藤原朝臣千乗、左大史正六位上刑部造真鯨等於伊勢太神宮一、奉中太神財宝上、是隔二廿年一所レ造也。

仁和二年九月五日庚辰、奉太神宮神宝使左大史正六位上善世宿禰有友、史生二人、官掌一人進発。凡伊勢大神宮神宝、廿年一度改作、前修之後十ヨ九年于玆一、雖レ未レ満レ限、改造既畢、仍奉レ之。

『柳原家記録』（『大日本史料』一編一）には、

寛平元年十月十二日、奉レ遣二臨時幣帛使於伊勢豊受太神宮一、依二廿年一度之遷宮一也。件神宝去月雖レ令レ調、依レ遭レ穢停止、今日重奉レ送之。

と、あることなどで明瞭である。

（63）第一節ならびに註（4）参照。

（64）田中卓「神宮における式年遷宮の起源」（『神道研究』四巻三号）。

（65）『日本後紀』の弘仁三年条については第七節において採り上げ、別の視点から考察するのでここでは詳論を避けた。

（66）本文で述べた以外にも田中氏は、「神宮雑事記」のこの条は、「白鳳二年壬申……或本云……又或本云……件記文両端也……白鳳四年甲戌……朱雀三年九月廿日……宣旨状偁……」と、幾種類もの資料を寄せ集めたのだから混乱を生じたものだともされている。もちろん、後世の編纂物に錯簡の生ずることはないことではない。しかし、そうした漠然とした一般論を直ちにここにあてはめ、その可能性をもって決定的な論拠にするというのには、やはり否定的にならざるを得ないのである。

（67）これは伊勢神宮信仰の側に立って考えれば考えるほど、まことに不可解きわまることになる。

（68）「神宮雑事記」が、第一回の遷宮を持統四年とし第二回を和銅三年としたのは（直木説に従えば同書の「同二年」は「同三年」の伝写の際の誤りとする）、それぞれ持統天皇の称制から即位の年（「持統紀」四年正月戊寅朔）と、元明天皇の平城京遷都の年（「続紀」和銅三年三月辛酉）に合わせたのではないかと考えることも、一つの仮説として許されるかもしれない。

(69) 田中氏がここで論証を省略された理由を強いて推測するならば、あるいは次のようであるのかもしれない。「神宮雑事記」の第一次の整理をしたと推定される徳雄神主は九世紀末の人であるから、天平神護年間のごとき八世紀中葉のことに対してはその記事に充分に妥当性が認められるとして、論証の要を認めないのかもしれない。もしそうであったとしたならば、短いとはいいながら両者の間には一世紀以上の差があるのであるから、やはりこの場合もそれ相応の史料批判が必要であろう。

(70) 註(4)参照。

(71) 『伊呂波字類抄』の最古のものでも、長寛年間（一一六三〜一一六四）成立の二巻本である。

(72) 田中氏は、これら諸書の信憑性については全く言及していない。また管見の範囲内でも、これらの書に記されている奈良時代の記事は信ずべきものだとする論のあることを知らない。したがって、これらの文献のみを基礎として住吉神社の宝亀前後式年遷宮実施を事実だと断定するのは、かなり危険なことといわねばならない。

(73) 坂本太郎「白鳳朱雀年号考」(『史学雑誌』三九編五号)。

(74) この神祇官言上の意図する最も肝心の点は、少なくとも奈良末期までは皇室はじめ中央貴族層の思想的支柱の中心として、神宮とならぶ国家的崇敬の対象であった住吉以下の三社が、なぜ平安時代にはいってからは、神宮に比べれば国家的経営の対象物たる程度を薄くせしめられたのか、また薄くせざるを得なくなったのかというところにある。

したがって私には、積習といういわば形容詞的修飾用語の問題は、本質を遠く離れた枝葉末節的なものと考えざるを得ないのである。

(75) 直木孝次郎「天照大神と伊勢神宮の研究」(藤直幹編『古代社会と宗教』所収)。

(76) 『続日本紀』延暦十年九月甲戌条、ならびに拙著『日本古代の神祇と道教』第二章参照。

(77) 恒例となった重要事でありながら続紀が記録していない場合には、およそ次のような二つの場合が考えられるのではなかろうか。すなわち、

① 奈良時代においてはまだ発生していないか、あるいは発生していても臨時的であって全く恒例ではなかった。したがって当然記録はない。

② 重要なことであるが既に年中行事化したため、行われることがきまりきったこととして、別にわざわざとりたてて記事にする必要を認めなかった。

このうち①の場合は問題はないが、②の場合が問題である。

②の例としては、広瀬・竜田両神の祭祀があげられる。既に拙著『日本古代の仏教と神祇』第二編第二章で詳述しておいたのでここで再論はさけ、簡略に要旨だけをあげると、律令国家にとってこの両神の祭祀は重要な意味をもっていた。神祇令では常典十三祭祀のなかにはいって、大忌祭・風神祭となっているものである。しかし続紀には、宝亀九年（七七八）六月辛丑条を除いて記事はない（これは四月・七月の恒例のものでなく臨時である）。これは、行われなかったから記事がないのではなく、四月と七月の年両度の恒例であるからとくに採り上げなかったのであろう。しかし、これが神祇令の常典に入る起源となった天武・持統朝においては、書紀はほとんど漏れなく毎年両度ともその祭祀の行われたことを記している。おそらくこれは、この両祭祀が神祇令に常典化される縁由が天武朝にあるため、とくにその当時において注目されたからであろう。

これに反して式年遷宮は、通説や田中説において起源とされる天武・持統朝には、書紀には一片すらの記事はない。したがって、これを大忌・風神祭と同様に考えるわけには到底いかないのである。天武と持統朝の両起源説は、少なくともこの点からみても不審といわねばならないであろう。

(78) 『皇太神宮儀式帳』の巻尾には、

以前、供二奉天照坐皇太神宮一儀式、幷年中三節祭、及年中雑神態、顕注レ如件。仍注二具状一謹解。

延暦廿三年八月廿八日（下略）

とあり、『止由気宮儀式帳』の巻尾には、

以前、度会乃等由気太神宮儀式、幷禰宜、内人、物忌等、年中種々行事、録顕進上如レ件。仍注二具状一謹解。

延暦廿三年三月十四日（下略）

とある。

(79) 上田正昭氏によれば、本源的な民間寿詞が宮廷寿詞へと上昇転化していく結節的となるものは、古代国家の発展、ヤマト王権の確立であった。そして、その宮廷儀礼がより一層の強化をみるのは、古代国家の動揺と没落のなかで継続・強化されたということである（「宮廷寿詞の成立―その本質と展開―」『立命館文学』一二八号）。同感である。

私見の桓武朝における伊勢神宮遷宮の式年制立制の意味も、まさに上田氏がここでいっているこの宮廷儀礼の強化と照応する事象といってよいであろう。

# 初出一覧（補訂修補の加筆が多く、ために初出時の表題を改めたものは括弧内に原題を示した）

序　章　神祇信仰・仏教と道教・陰陽道

第一節　道教と仏教の関わり（原題「道教と仏の対論」『仏教思想史』二号　平楽寺書店　昭和五十五年）

第二節　道教と神祇信仰（原題「神祇信仰と道教と儒教」『講座・日本の古代信仰』一巻　学生社　昭和五十五年）

第一章　神仙思想をめぐる問題

第一節　日本における神仙思想の位相（原題「道教と日本人」『白道』三号　真宗大谷派金沢教務所　平成五年）

第二節　卑弥呼の鬼道道教説の再検討（原題「前方後円墳の道教背景論について」『日本古代史論輯』　桜楓社　昭和六十三年）

第三節　「天皇」の称号と神仙思想―津田説の再吟味―（『遠藤元男博士還暦記念論文集』　同上刊行会　昭和四十五年）

第二章　道教と令制

第一節　令制下の呪禁（『中央学術研究所紀要』十二号　昭和五十八年）

第二節　斉明紀の両槻宮―民衆道教の問題点―（坂本太郎博士古稀記念論集『続日本古代史論集』上巻　吉川弘文館　昭和四十七年）

第三章　陰陽道をめぐる問題

第一節　陰陽道の史的位相（『陰陽道叢書』四巻「特論」　名著出版　平成五年）
第二節　淫祠邪教の禁と迷信（原題「迷信の流行」『日本と世界の歴史』八巻　学習研究社　昭和四十五年）
第三節　日本成立の陰陽道書（神道大系論説編一六『陰陽道』　神道大系編纂会　昭和六十二年）
付　章　遷宮の式年制の意義（原題「八世紀代の伊勢神宮―遷宮の式年制の意味を中心として―」『明治大学人文科学研究所紀要』一六号　昭和五十三年）

（新稿に近いほど補訂修補の加筆が多く、ために初出時の表題を改めたものは括弧内に「原題」を示した）

# あとがき

日本においては、縄文時代以来の多くの時代において、思惟的にも宗教的にも多様性の志向に富む性格の生活が、庶民層はもちろんのこと支配層においても基盤に据えられていたが、このことは、いわゆる古代と称される時期においてはとくに著しかった。その古代において、日本民族の理念や国家の形成過程に働いた大陸の思想文物のなかでとくに大きな影響を与えたものとしては、直ちに仏教と儒教が指摘されるのが普通である。この両者は、伝来後いずれも早くに宗教やあるいは学問思想としてのおのが立場を、日本の風土に確立し得たのであるから、こうした指摘のされるのは当然のことである。

ところが、大陸においては、仏教や儒教とならんでいま一つ、同じように宗教または学問思想として独自の体系と立場を確立していたものであるにもかかわらず、それが日本へ伝来してきた場合においては、そうした主体性を発揮して自らの独自的な立場を確立することができなかったものがある。その代表的なものが道教であった。また、道教ほどではないが、仏教・儒教に比すればかなり軽視されたのが陰陽道であった。しかし、日本民族の思想形成の過程に働く大陸思想の関係を考える場合、たとえ日本において完成した形での宗教形態や、学問思想体系を樹立し得なかったとはいえ、その働きを等閑視することは許されないであろう。

この道教は、周知のように中国民族の現実肯定の論理を具体化したものであった。これに対して、日本民族のもつ現実肯定の論理は、ある意味において民族信仰としての神祇信仰に集約されている、ということができる。この点だけから考えても、両者の交渉関係は注意しなければならないであろう。

このような観点から、本書は、古代の日本において道教や陰陽道はどのような受け容れられ方をしたか、こうしたことを序章と第一章において主要な問題として考察した。ついで第二章は、国家における宗教の意味という問題を、とりわけ道教などのような外来の場合において、国家との関わりにおいて、それがどういうように規定され、そのことがどのように機能したかとの問題を、具体的な歴史事象を通して考察した試論である。

第三章においては、儒教・仏教に比すれば軽視され、後代になるにしたがっていわば俗信視されることの進んだ陰陽道の内容の検討究明、ならびにそれに対する貴族層と庶民層の対応の仕方の相違、こうした問題を重点に考察した。最後のものは、道教・陰陽道との関わりを考察の直接目標とはしていないので、章立とは別に付章とした。

神話に象徴される民族信仰の核心をなすものと、建造物に象徴される国家信仰の核心をなすもの、この両者が絶対に不離である一体関係にあるものとして二〇〇〇年以上の長きにわたって存在し得ているのは、周知のように、日本の伊勢神宮が世界においてほとんど唯一のものである、といっても過言ではなかろう。この伊勢神宮は、建造物としては、改めていうまでもなくすべてにわたって完全な木造建築である。したがって年数を経れば破損や腐朽する箇所が生じ、新しい神殿が造営され、いわゆる遷宮が行われるのは当然である。しかし、自然現象としての腐朽の進行状態はすべてにわたって常に一定しているわけではないから、神殿が新造される期間が定期的になるはずがない。したがって、木造建築の腐朽度に関係なく定期的に新造の神殿に遷宮するという式年制は、民族信仰に投影された国家認識のありようを示すものにほかならない。その観点から、伊勢神宮遷宮の式年立制の歴史的意義の問題を考察したのが付章である。

ところで、これら序章から第三章と付章に至る論考の母胎となったのは、別掲した初出一覧の示すように、一九七〇年代以後九〇年代に至る三十余年間に、学会の機関誌や勤務校の紀要等に既に発表した論考のうちから選んだものである。ただし本書のために選んだ一一編の拙稿には、現在に至るまでに既に刊行している数冊の拙著に採録したものはすべて除いており、部分的にも全く含まれてはおらない。そして、このたび新たに選んだこの一一編の拙稿は、いうまでもなく本書を成すに当って改めて修訂・補修の加筆をした。この修補のことであるが、そのための加筆がかなり大幅のものになり、いつの間にか当初予想していた以上にその稿量が増大し、今日の出版界の常識では陽の目を見ることが困難な量に達してしまった。が、幸にして吉川弘文館のまことに暖かい御理解が得られ、このような形で出版していただくことができた。まことに望外の喜びで、感謝の至りである。御芳情をいただいた吉川圭三社長はじめ御世話になった皆様がたの御高配に、心から篤く御礼申上げる次第である。なお、繁雑をきわめる編集業務の一切については、梶原亜砂子氏のお世話になった。私の勝手な申し出も快く海容いただきまことにありがたく、衷心から感謝します。

なお、最後に私事でまことに恐縮なのであるが、病弱な身でありながら戦前から今日に至るまでの数十年間、わがままな私の研究生活を物心両面から支えることを、常に第一に考えてくれている妻の妙子に感謝の意をこめて本書を捧げる、との献辞を記すことをお許しいただきたい。

平成九年七月

下出積與

日本古代の道教・陰陽道と神祇（オンデマンド版）

2018年10月1日　発行

著　者　下出積與《しもでせきよ》

発行者　吉川道郎

発行所　株式会社 吉川弘文館
〒113-0033 東京都文京区本郷7丁目2番8号
TEL 03(3813)9151(代表)
URL http://www.yoshikawa-k.co.jp/

印刷・製本　株式会社 デジタルパブリッシングサービス
URL http://www.d-pub.co.jp/

下出積與（1918〜1998）
ISBN978-4-642-72315-2

著者略歴
大正七年生まれ
昭和十六年、東京大学文学部国史学科卒業
金沢大学教授、明治大学教授、愛知学院大学講師
（非常勤）等を歴任、文学博士

〔主要著書〕
『日本古代の神祇と道教』（一九七二年、吉川弘文館）
『古代神仙思想の研究』（一九八六年、吉川弘文館）
『古代日本の庶民と信仰』（一九八八年、弘文堂）
『道教と日本人』（一九七五年、講談社）
『木曽義仲』（一九六六年、人物往来社）
『加賀金沢の金箔』（一九七二年、北国出版社）
『日本古代の仏教と神祇』（一九九七年、吉川弘文館）

日本古代の道教・陰陽道と神祇

平成九年九月一日　第一刷発行

著者　下《しも》出《で》積《せき》與《よ》

発行者　吉川圭三

発行所　株式会社 吉川弘文館
郵便番号一一三
東京都文京区本郷七丁目二番八号
電話〇三-三八一三-九一五一〈代〉
振替口座〇〇一〇〇-五-二四四

印刷＝平文社・製本＝誠製本

# 索　引

## あ　行

## か　行

## さ　行

## た　行

## ま　行

## や　行



## ら　行

## わ　行